First pubished in 2010 by
The Memoir Club
Langley Park
Durham
DH7 9XE

Typeset by TW Typesetting, Plymouth, Devon
Printed by J F Print, Sparkford, Somerset

经济外交官

Economic Diplomat

[英]尼古拉斯·贝恩 著　张晓通 译

Sir Nicholas Bayne

中国社会科学出版社

图字：01-2014-3612 号

图书在版编目（CIP）数据

经济外交官/(英) 贝恩著；张晓通译 . —北京：中国社会科学
出版社，2015. 12
ISBN 978-7-5161-5911-8

原著：ECONOMIC DIPLOMAT© Sir Nicholas Bayne 2010

Ⅰ.①经… Ⅱ.①贝… ②张… Ⅲ.①对外经济关系—研究—
中国、欧洲 Ⅳ.①F125.55

中国版本图书馆 CIP 数据核字 (2015) 第 069704 号

出 版 人	赵剑英	
责任编辑	卢小生	
特约编辑	林 木	
责任校对	周 昊	
责任印制	王 超	

出 版	中国社会科学出版社	
社 址	北京鼓楼西大街甲 158 号	
邮 编	100720	
网 址	http://www.csspw.cn	
发 行 部	010-84083685	
门 市 部	010-84029450	
经 销	新华书店及其他书店	

印 刷	北京君升印刷有限公司	
装 订	廊坊市广阳区广增装订厂	
版 次	2015 年 12 月第 1 版	
印 次	2015 年 12 月第 1 次印刷	

开 本	710×1000 1/16	
印 张	14	
字 数	237 千字	
定 价	49.00 元	

◇ 在德尔菲遗址（侯苗苗译）

◇ 在伊顿公学饰演福斯塔夫（侯苗苗译）

◇ 伊顿墙球活动（侯苗苗译）

◇ 追求迪伊，查维尔摄（侯苗苗译）

◇ 在特洛伊城墙遗址，迪伊摄（侯苗苗译）

◇ 我们在艾博茨沙姆的婚礼（侯苗苗译）

◇ 马尼拉：给科伦坡计划学者颁发证书； 楼下是迪伊和约翰·阿迪斯（侯苗苗译）

◇ 霍兰神父（穿白色T恤者）以及他驾驶着载我们环绕苏禄群岛的飞机（侯苗苗译）

◇ 攀登马荣火山（侯苗苗译）

◇ 柏林谈判第一回合，苏联大使阿布拉西莫夫坐在右边（侯苗苗译）

◇ 巴黎：装扮圣诞老人，两边分别是尼古拉斯先生和汉德森女士；右边是查理和迪克（戴眼镜者）
（侯苗苗译）

◇ 与扎伊尔总统蒙博托会面（侯苗苗译）

◇ 与两个加拿大人西·泰勒和约翰·佩因特在圣马丁一次夏尔巴会议后的放松（侯苗苗译）

◇ 伦敦七国峰会后受到约翰·梅杰首相接见（侯苗苗译）

◇ 在渥太华厄恩斯奇利的住处（侯苗苗译）

◇ 在加拿大绿荫小镇，装扮成维多利亚时期的
总督及其夫人（侯苗苗译）

◇ 在哈德逊湾威尔士亲王堡（侯苗苗译）

◇ 在世界最北的殖民地阿莱尔特（侯苗苗译）

◇ 在渥太华纪念仪式上讲话的国防部长尼古拉斯·索姆斯与加拿大同事大卫·科莱尼特（穿深色风衣者）（侯苗苗译）

◇ 约翰·梅杰首相和布赖恩·马尔罗尼在厄恩斯奇利（侯苗苗译）

◇ 在日内瓦世界贸易组织金融服务会议上（侯苗苗译）

◇ 我们的孙辈：菲力克斯、克劳迪娅、麦克斯和罗兰（侯苗苗译）

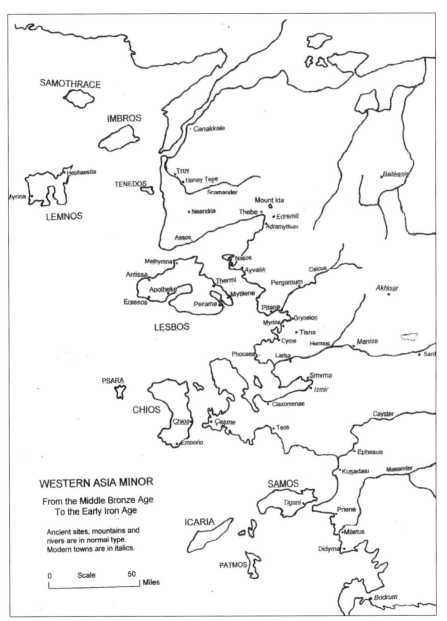

◇ 从青铜器时代到早期铁器时代的小亚细亚西部（侯苗苗译）

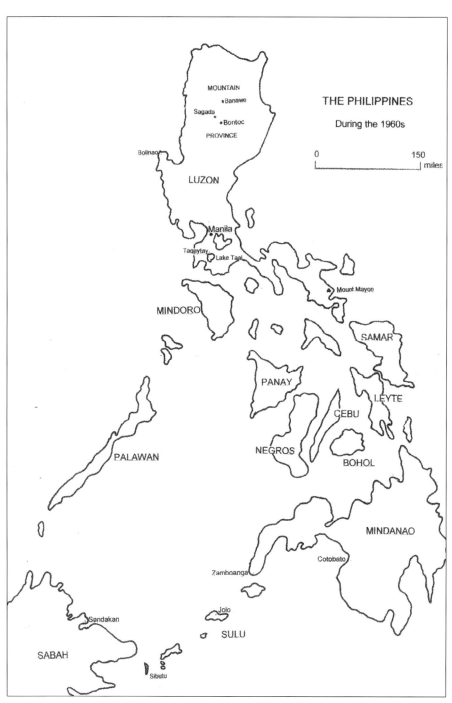

THE PHILIPPINES

During the 1960s

MOUNTAIN
•Banawe
Sagada•
•Bontoc
PROVINCE

0   150
├─────────────────┤ miles

Bolinao

LUZON

Manila

Tagaytay
Lake Taal

MINDORO

Mount Mayon

SAMAR

PANAY

LEYTE

CEBU

NEGROS

BOHOL

PALAWAN

MINDANAO

Cotobato

Zamboanga

Sandakan

Jolo

SULU

SABAH

Sibutu

◇ 20 世纪 60 年代的菲律宾（侯苗苗译）

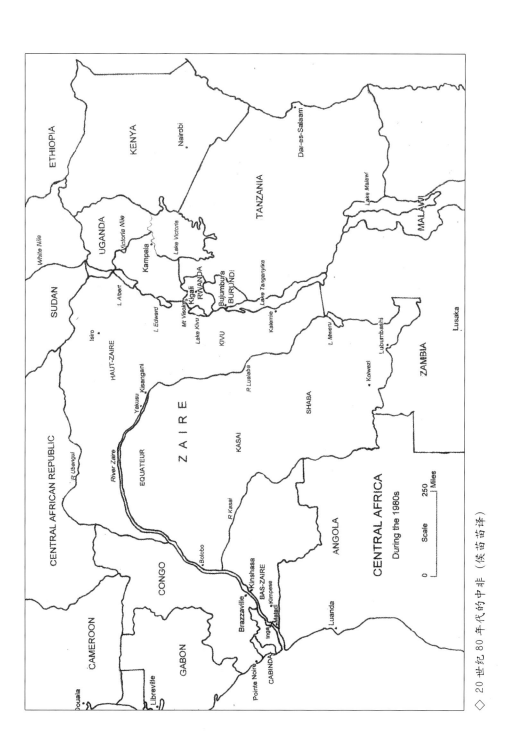

◇ 20 世纪 80 年代的中非（侯茵茵译）

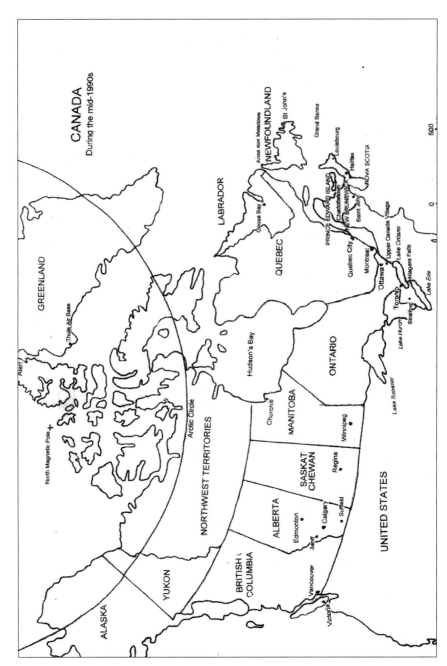

◇ 20 世纪 90 年代中期的加拿大 (侯甾译)

序　言

　　1937 年尼古拉斯·贝恩出生之时，世界上的大多数地方都笼罩在一片硝烟之中，他尚不知自己会将一生的心血都奉献给世界的外交事业。尼古拉斯的父辈们曾在大不列颠帝国的辉煌时刻，尽职尽责地管理这个疆域辽阔的帝国。1961 年，尼古拉斯进入英国外交部工作时，帝国已然不在，但其巨大的政治遗产依然得以存留。然而第二次世界大战以来，随着美国、欧盟以及曾被称为"第三世界"的诸多国家的依次崛起，英国的地位不断受到冲击。庞大的大英帝国早已无存于世，但在尼古拉斯贝恩大使为英国外交效力的这五十年里，英国的影响力并未就此消失甚至有了超水平发挥。这得益于在英国领导人和外交家的齐心协力下，英国在 20 世纪下半叶完成了一次十分成功的转型。这一转型意义深远，已经成为外交史学家的重要研究课题。对在 21 世纪面临着与英国相同挑战的美国而言，这一转型也许能为美国当前的局势提供十分重要而微妙的经验。对其他希望从中得到借鉴的人士来说，这本引人入胜的回忆录也能提供一席旁听的座位。

　　维多利亚时期的小说家、诗人乔治·梅瑞狄斯曾说过，回忆录是历史的后门。所以，这本回忆录，不仅在微观意义上折射出了个人的人生轨迹，还暗示了更为宏大的社会和政治走向。在尼古拉斯青年时期，我们看见他被沉思和实干——两种截然相反的魅力交替吸引，在牛津剑桥和白厅间反复徘徊。而通过他的人生轨迹，我们看到了一个惹人喜爱的年轻人，他天资聪颖，颇有成就，对公共事务时时抱有一颗热衷之心——这种对公共事务的热衷和投入，在维多利亚时期被广为实践，在英国早已蔚然成风，其广度超越了任何其他地方。

　　从尼古拉斯与妻子在菲律宾的一段新婚佳话中，从尼古拉斯与披头士乐队随行人员的口角中，我们窥见了 20 世纪 60 年代多姿多彩的英国人出人意料的一面。随着这位迅速成长的青年外交官被派遣到波恩工作，我们又近距离地见证了"冷战"当中东、西方两个阵营是如何对峙；而尼古拉斯在白厅（包括外交部和财政部）和在经济发展与合作组织（巴黎）工作期间，独立和发展的大潮在世界上交替涌现，成为时代的主旋律。在尼古拉斯轻快的叙事中，英国政治家们足迹遍布全球，全球不和谐事件时有发生，恼人的区域冲突频频出现，20世纪下半叶的又一潮流——民主和全球政治的相互渗透自然体现其间。经济外交，过去是各国外交部里无人问津的"冷门"专业，如今却十分活跃，已成为当代国际关系中有待继续发展的核心事务。回顾贝恩大使的外交事业，回顾他书中精辟独到的总结，我们看到的是一本名至实归的经济外交教科书。

贝恩大使积极参与的重大事务，越来越多地引起了国际关系理论家们的关切。因而我丝毫不感到意外，在为外交事业奉献一生心血后，贝恩大使选择再度回归他年轻时醉心的理论和学术研究，分享他的经验和思想，广益世人。有机会向尼古拉斯学习，是我毕生的亮点。为这样一位良师，一位忠诚的朋友所著的回忆录撰写前言，我深感荣幸。我希望这部举世少有、思想深邃的回忆录，能被更广大的读者阅读并从中受益。

罗伯特·帕特南

2010年于哈佛大学

自　序

　　一生跟随皇家海军四处征战，我父亲的戎马生涯可谓浓墨重彩。第一次世界大战期间，他参与了日德兰海战；1923 年日本关东大地震发生不久，他就前往横滨；第二次世界大战期间，他又负责指挥商船武装计划，装配上武器以后，商船航行就无须再依赖军舰的护航。1947 年退休后，父亲鲜有提及他追随海军的那些峥嵘岁月，我也无心特意询问，当我有心了解时却发现为时已晚。因而我提笔写下这部回忆录，仅仅是想给我的儿孙留下些许记忆，好让他们略有了解我在外交官生涯中究竟做过些什么。

　　比起父亲，我的一生就显得有些平淡无奇，但两相比较，也有一些借鉴学习的意义。父亲在军队中服役的半个世纪里，世界战火纷飞。作为一名军人，他在两次世界大战中促成了英国的胜利，也维护了两次大战间的国际秩序。然而，在我的事业蓬勃发展的这半个世纪里，世界总体和平，战争虽未销声匿迹，但也仅限于很小的区域，如在朝鲜半岛、越南、海湾地区和南斯拉夫发生的交火和冲突。

　　1961 年成为外交官以来，我主要致力于缓解西方资本主义阵营和东方社会主义阵营之间的紧张对峙，维护双方和平。这一场对峙曾被称为"冷战"。然而，"冷战"这个词本身就有误导性，因为实际上，这场对峙是一场不同政治、经济制度间的和平较量：一场民主与政治专制的较量，一场政府干预的开放经济与中央制订的计划经济的较量。随着这场较量的持续，我的工作重心逐渐转移到经济方面。这场较量随着东欧剧变而告终，到 1996 年我退休时，开放的经济体制已经在全球蓬勃发展，甚至比民主更加深入人心。

　　职业生涯过半时，我有幸赋闲一年，利用这一年时间做了一些研究，并与罗伯特·帕特南教授合著出版了一本书，也正是他为我的这部回忆录撰写了前言。在随后的数年里，我只是偶尔地发表一些文章，对时下的国际经济政策做些点评。而我退休以后才得以笔耕不辍，更多地投身到写作当中。随后，我成为伦敦政治经济学院客座教授，为研究生教授一门叫做"经济外交"的课程。在课程中，我运用自己数十年的工作经验，为学生解读时政要事。

在我提笔写回忆录期间，我希望能对自己数年来的所见、所成、所教与所著有一番全新的审视。我的回忆录从 20 世纪 70 年代的石油危机写起，一直写到 21 世纪的头几年，我将这本书命名为《经济外交官》，以期为国际经济政策的制定提供些许借鉴。索尔兹布里爵士曾这样说："在所有短暂的嘉奖中，一个外交官的荣光最容易逝去。一个外交官的成就无法激起人们的想象，这种荣光，无法借艺术来阐释，无法以传统来延续，也无用历史来渲染。"因此，我在书中加入了更多个人的经历和家庭生活的轶事，而不是通篇严肃分析，使之更易为读者所接受。

由于我没有记日记的习惯，提笔前我很担心回忆录的来源是否可靠。幸运的是，后来我发现了大量我早些年手写的纪要（主要是由我父母保存）。除此之外，我从马尼拉、波恩、巴黎和金沙萨寄回国的外交信函也是回忆录的重要来源之一。而我在伦敦任职期间的相关材料，就显得不那么严谨有序了，有时我只能凭记忆来完成回忆录的撰写（我的记忆有时会有些反复）。因此，如果回忆录中出现任何错误，我在这里提前向各位致歉，对所有我误判、误报的有关信息，尤其还要对我疏忽造成的遗漏致歉。外交事业是一项集体的事业，把一项集体成就获得的荣誉包揽到我个人头上，本身就是错误的。

在这里，我要向我的妻子戴安娜（迪伊）表达我无限的谢意，感谢她对我一如既往的鼓励和支持；我还要向我的两位兄弟克里斯托弗和戴维致谢，感谢他们提供了族谱和家书。他们三位以及我的儿子汤姆和迪克，均已通读了此书，并给我提出了许多宝贵的意见。我还要向我的表兄——国会议员多米尼克·格里夫致以最诚挚的感谢，感谢他无私地提供由其父珀西·格里夫整理收藏的霍奇金森的相关文件供我查阅。此外，我还要感谢克里斯托弗·奥德兰、吉姆·巴特曼、西蒙·布罗德本特、约翰·博伊德和茉莉亚·博伊德夫妇、帕特里克·霍迪克和斯蒂芬·伍尔科克，感谢他们分别对各个章节提出的意见。最后，我还要感谢吉姆·戴利代表外交部允许我出版此书。

2010 年 6 月于汉普顿宫苑

译者序

——经济外交官是怎样炼成的?

我第一次见到本书作者尼古拉斯·贝恩爵士是 2012 年 12 月 13 日。见面之前,我俩共同的朋友、伦敦政治经济学院的斯蒂芬·伍尔科克教授小声地对我说:见面时请叫他尼古拉斯爵士,而不是贝恩爵士,这样更符合英国贵族礼仪。我心里嘀咕,初次见面,直呼其名(尼古拉斯),而不用其姓(贝恩),似乎不合常理。但一想到即使在中国,我们也常常直呼领导人的名字,以示亲切(如小平同志),更何况是在人家英国,本来规矩就不同。但是,在见到尼古拉斯爵士后,我立刻释然,直呼其名是对的,因为他本来就是一个和蔼可亲的人。

虽已是古稀之年,但尼古拉斯爵士精神矍铄,思维敏捷。临别之际,他赠书于我,书名叫《经济外交官》(*Economic Diplomat*)。扉页上写了这样一行字:"致晓通,我的经济外交官同行。"我一时感慨良多。是呀,自己也曾作为一名经济外交官,在驻外使馆工作多年。尼古拉斯爵士的这本回忆录《经济外交官》一下子让我产生了深深的共鸣。虽已转入学界,但一看到书中经济外交官们活跃的身影,顿时有了一种"醉里挑灯看剑,梦回吹角连营"之感。恍惚间,自己又回到了一线常驻、紧张谈判的岁月。

那次见面后不久,我就决定翻译此书,推介给国内同行和广大读者。经济外交是一门艺术,而经济外交官则是这门艺术的表演者和践行者。他们视野宽阔,经历丰富,政经皆通,活跃在世界舞台上。在这篇译者序中,我以尼古拉斯爵士为主人公,通过一个人的成长经历来探讨一个宏大的命题——经济外交官是怎样炼成的。从很多方面而言,尼古拉斯爵士都是一个传奇。从他身上,能看到一个英国斜长的背影和为之奋斗的精英群像。

首先,家族传承和积淀。

　　家族的影响无疑是巨大的，家族让一个人知道自己从哪里来，到哪里去。贝恩家族起源于苏格兰高地，是克兰·麦凯家族的一个分支。克兰家族的祖先曾在1057年继承了苏格兰王位。在接下来的几个世纪里，克兰家族经历了成王败寇的命运，最终整个家族没落。在17世纪以后，伴随着英国的崛起，贝恩家族的后人也从家乡走向"日不落帝国"的各个角落。尼古拉斯·贝恩爵士的祖父查尔斯·葛文·贝恩（1860—1947）被派往英国在印度的行政当局工作了20多年，最后升任为负责缅甸事务的首席部长。在20世纪初的英国全盛时期，仅有4000万人口，统治了全世界4.58亿人口和3370万平方公里的土地，分别占全球总人口的1/5和陆地面积的1/4。不难想象，以这么少的人口和这么小的国土面积，去统治一个超大帝国，如果没有母国老百姓的全民参与，是不可能实现的。尼古拉斯父辈们的生活，就是那个大时代的一个缩影。

　　在英国衰落的20世纪，尼古拉斯的父亲加入了皇家海军，在"果决号"巡洋舰上服役。母亲则加入了皇家海军女子服务队，成为一名密码译员。正是在这样的家族背景和家庭传承下，小尼古拉斯进入了伊顿公学和牛津大学，最终考入了英国外交部。小尼古拉斯走的是一条典型的英国精英们的成才之路。

　　其次，时代与命运。

　　"你觉得在巴黎做金融参赞怎么样？"人事部的主管官员这样问道。我目瞪口呆。能够在40岁之前提拔到参赞是十分罕见的，而我年仅36岁。"你是认真的吗？"我回答道，"我之前没怎么任过经济上的职位，并且我又不会讲法语。"他摇了摇手，"你上过经济学课程，记住，你会被调到财政部学习一年，这样你会有充裕的时间让你的法语达标。"

　　上述这段话是本书中一个颇具意味的场景。20世纪60年代末，英国首相哈罗德·威尔逊首次提出要派遣一位财政官员到巴黎，之后他会见了戴高乐将军，这时英国再次试图加入欧洲共同体。将军同意了派遣，但是仍然反对英国的加入。1974年，年仅36岁的尼古拉斯·贝恩被选中，先借调到财政部工作一年，再被派往巴黎担任金融专员。显然，尼古拉斯官运亨通。

　　70年代是世界经济格局剧烈变动的年代。1971年8月，美国突然放弃美元与黄金挂钩的金本位制，颠覆了国际货币体系的基础。许多国家对美元失去信心，纷纷采取浮动汇率，包括英国。而此后发生的石油危机，又对西方工业发达国家的经济造成了沉重的打击。但也只有在剧烈变动的年代，新的思想、理论才会孕育、诞生；也只有在剧烈变动的年代，内心沉稳且怀有远大抱负的人才能脱颖而出。尼古拉斯显然抓住了机会，这段岁月为他日后的仕途和学术都奠定了关键性的基础。

在财政部工作的一年时间里，尼古拉斯意外地发现，与外交部相比，财政部少了那份等级制度。从外交部的一等秘书，尼古拉斯转变成为负责欧洲货币事务的主管官员。在财政部内部，不同经济思想学派之间辩论激烈，有人认为，把英镑纳入欧洲共同体的略做可调节的固定汇率体制，即"浮动汇率制"是有价值的，但大多数官员认为，英国需要的是浮动汇率制的灵活汇率，执行的是一个反对欧洲货币一体化的政策。1975 年，尼古拉斯来到英国驻法国使馆担任金融专员（financial attaché）。① 在此后的四年时间里，尼古拉斯发现，使馆里的同事个个都是人中龙凤，不少人日后出将入相。大使偏爱政治，对经济不甚清楚，因此给了他很大的自由度。尼古拉斯主要是和法国的财政部打交道，可以见到部长和其他高级官员。法国财政部是法国政府机构中最有权力的。一开始尼古拉斯还以为，由于英国经济低迷，法国财政部官员会没兴趣跟他谈话。但是，他后来认识到，法国财政部和英国财政部关系密切，并且对对方都十分好奇。就是在这样的背景下，尼古拉斯非常愉悦地度过了四年常驻时光。

当 1979 年尼古拉斯再次返回英国外交部时，上天眷顾，他被委以重任，担任新成立的外交部经济关系司司长，开始在更大的经济外交舞台上施展身手。在外交部经济关系司这样一个忙碌的部门里，尼古拉斯主要负责七国首脑峰会的筹备，这段经历为他日后开展经济峰会研究积累了感性认识。

再次，"仕而优则学"。

英国外交部有一种很开明的做法，就是允许步入仕途中期的官员获得为期一年的学术休假，前往世界知名学府或研究机构开展研究，并出版其成果。尼古拉斯的同事当中，有人选择去了哈佛大学，但他选择待在国内，去了英国皇家国际关系学会（Chatham House）。尼古拉斯日后回忆，在皇家

---

① "attaché"这个外交职衔很有意思，它既可以指负责某一方面事务的高级外交官，即"专员"，也可以指外交职衔中的最低一级，即"随员"。所谓"随员"，就是比三等秘书级别还低的初级外交官。尼古拉斯的外交级别实际上是参赞，是低于大使但高于一等秘书的中高级职衔。在美欧国家，"attaché"通常指"专员"，但在中国和苏联，通常指"随员"。

国际关系学会的这一年，是他整个外交生涯中最惬意也是最受益的一年。

尼古拉斯将研究方向定在自己熟悉的经济峰会领域，即七国集团峰会。从七国集团诞生以来，尼古拉斯就一直参与其中，但这方面还没有严肃的学术研究。无独有偶，美国哈佛大学学者罗伯特·帕特南正在皇家国际关系学会里做暑期研究，并且也在做有关经济峰会的内容，特别是峰会对国内政策制定的影响。尼古拉斯与罗伯特一见如故，约定一起写一本有关经济峰会的书。罗伯特给这本书取了一个很好的名字——《同舟共济》（*Hanging Together*）。这源于本杰明·富兰克林在签署《独立宣言》时的名言："我们必须同舟共济，否则，我可以肯定，我们将被各个击破。"①

在这本书第一版，罗伯特就用了"双层博弈"的比喻来形容政策制定者必须同时面对国内和国际两个棋局，在国内和国际两个层面进行博弈。国内谈判能否取得进展对国际谈判的成功至关重要。而老到的对外谈判者能借助国际谈判推进国内政策目标的实现。据尼古拉斯说，在整个80年代，罗伯特都在研究和阐释这个"双层博弈"理论，他俩也进行了一系列热烈的辩论。尼古拉斯通过自身的谈判经历，论证了罗伯特的理论，而他把改进后的理论写入他们新版的《同舟共济》一书。后来，罗伯特还专门写了一篇更详细的学术文章，题为《外交与国内政治：双层博弈的逻辑》，在学术界颇有影响力。

尼古拉斯与罗伯特之间的友谊，成就了学术研究中的一段佳话。官员与学者的组合，相得益彰，大大推进了相关领域的学术研究。罗伯特后来的学术成就一发不可收拾，成为他那个时代最有名的学者之一。尼古拉斯事后回忆说："从罗伯特身上我看到了成为一名伟大学者所需要的一切特质。不仅是他的智慧，更有他的人品。他有很可爱的个性，人情味十足。他对别人的经历有着发自内心的兴趣和好奇，这使得别人愿意向他敞开心扉，一吐为快。在学术上，他开放诚实，能公正面对与他意见相左的争论。他绝不是一个象牙塔里的思考者，而是时刻希望看到他的想法和理论转化为现实。"

最后，家庭是心灵的港湾。

---

①　这句话的英文原文是"We must indeed all hang together or, most assuredly, we shall all hang separately"。"hang"在英文中有"吊""吊死""处以绞刑"的意思，"hanging together"直译就是大家捆绑（吊）在一起，而"hang separately"的意思是分别被处以绞刑。富兰克林巧妙地运用双关修辞，通过词组搭配，活用了"hang"这个词，起到了较好的语义表达效果。

在尼古拉斯的这本回忆录里几乎有一半的内容都在诉说着他的家庭生活。这些家庭小故事宛如心灵鸡汤，给尼古拉斯的外交生涯打上一个个温馨的逗点。他的妻子迪伊与他相濡以沫半个世纪，是他心灵的港湾。尼古拉斯喜欢用他优美的笔触，写成一首首爱情小札，送给迪伊。回忆录中记下了一段细节。1963 年，20 多岁的尼古拉斯第一次去国外常驻，被派往菲律宾。迪伊则因为母亲病重，无法与尼古拉斯同期前往。尼古拉斯不得不在马尼拉过了三个月僧侣般的生活。但他成功地抵制住了马尼拉花花世界的诱惑，而他的诀窍就是给迪伊写诗，以下就是其中的一首，题目叫《恩底弥翁——致远方的妻子》。恩底弥翁是希腊神话中的美男子、牧羊人。关于恩底弥翁最著名的传说是他与月亮女神塞勒涅的恋情。每天夜间，塞勒涅都从空中飘下偷吻熟睡中的牧羊人。然而，女神偶尔一次的失职引起了主神宙斯的注意。宙斯决定惩罚恩底弥翁，永远清除人间对女神的诱惑。他将恩底弥翁召到身边，令他做出选择：任何形式的死亡；或者在永远的睡梦中青春永驻。恩底弥翁选择了后者，永眠在拉特摩斯山上。每晚，月亮女神怀着悲哀的心情看望他，吻他……

恩底弥翁
——致远方的妻子

让我的思绪飘回很久之前
看与你同名的夜之女神
遥遥俯视着牧羊的青年
在卡利亚的山坡上他睡得那样沉

她亲吻了他的额头
在他的心中她熠熠生辉
月亮女神在他的梦境里漫游
她深爱的恩底弥翁依然安睡

在这热带的正午我焦躁不已
只盼这漫长的一天能尽快度过
在凉爽宁静的夜晚月亮将缓缓升起

将你的爱从千里之外传递给我

我必会张开双臂迎接你
与你的爱你的身影温存
我幻想能够紧紧抱着你
希望这夜这月不会沉沦

月亮——请在此刻为我升起
月光能洒遍半个世界
在德文郡更为柔和的天空里
会在你的头上洒下爱的光线

月亮女神倾泻而下的光芒
低低地洒落在你的窗台上
我那天马行空的遐想
必能用爱填满你思念的心房

让我的序在这首小诗的韵味中结束。

最后，我要感谢中国社会科学出版社出版本书。是卢小生主任鼓励我完成此书的翻译，并作为本书的编辑，多次通读全文，对文字做了进一步的润色。我也要感谢夏侠女士为本书版权事宜奔波。最后还要感谢武汉大学张婷、刘振宁、李爽、韩孟希、孙嘉、葛琳娜、罗彩甜、刘骏、周颖素、武悠悠等同学在参与此书翻译过程中付出的辛劳和汗水。当然，我还要感谢斯蒂芬·伍尔科克教授邀请我去伦敦政治经济学院讲学，使我能够认识尼古拉斯。

最后的最后，我要感谢我的父母和我的妻子，是他们的爱和坚持，让我实现了经济外交官的梦想，并支持我把经济外交的知识传授给下一代。

张晓通

2015 年 4—6 月间

西班牙港、华盛顿①

---

　　① 写作此篇译者序言之际，我辗转于特立尼达和多巴哥、美国两地之间。文章的开头是在特立尼达和多巴哥首都西班牙港完成，后半部分是在华盛顿访学期间完成的。

目　录

第一章　外交世家 …………………………………………… 1

第二章　战时童年 …………………………………………… 9

第三章　求学伊顿 …………………………………………… 14

第四章　牛津岁月 …………………………………………… 19

第五章　考古研究 …………………………………………… 28

第六章　初涉外交：联合国 ………………………………… 38

第七章　首次委派：马尼拉 ………………………………… 44

第八章　"冷战"期间的信息调研工作 …………………… 55

第九章　欧洲政治：波恩及计划部门 …………………… 61

第十章　开始经济外交：财政部和巴黎 ………………… 74

第十一章　经济关系司司长 ……………………………… 86

第十二章　第一本有关峰会的书 ………………………… 97

第十三章　出使非洲 ……………………………………… 106

第十四章　在经济合作与发展组织的三年 ……………… 120

第十五章　外交部负责经济事务的副部长 ……………… 129

第十六章　峰会及苏联解体 ……………………………… 138

第十七章　出使加拿大 …………………………………… 151

第十八章　在加拿大的经济外交 ………………………… 162

第十九章　企业经理：在英国隐形联盟的工作 ………… 171

第二十章　新的峰会丛书 ………………………………… 181

第二十一章　在伦敦政经学院教授经济外交学 ………… 190

第二十二章　一个经济外交官的思考 …………………… 199

第一章　外交世家

其实，我开始做外交官时是出于一种尝试的心态，但我从来没有后悔过自己当初的决定。我相信，对于我来说，外交工作相比人类学而言所带给我的要更多，虽然人类学其实是我最初的选择。我自己也是慢慢随着人生阅历的增长才意识到这一点的。家庭传统使得我对于这种海外公共服务工作有着天然的优势，与此同时，也使我对该领域学术研究有很强的钻研动力。接下来有关我家族史的介绍将说明这一点。

贝恩家族起源于苏格兰高地，是克兰·麦凯家族的一个分支。麦凯家族的祖先可以追溯到卢拉赫，也就是麦克贝思夫人与其第一任丈夫的孩子。卢拉赫沿袭了麦克贝思的王位，在1057年继承了苏格兰的王位，但是在位仅仅有几个月的时间。在接下来的两个世纪里，克兰家族一直在反抗，想要恢复王位，直到他们被逼到了苏格兰最北部的边界。在1431年，摩根和尼尔·麦凯发起了一场反对他们叔父的起义，即克兰家族的首领安格斯·麦凯。但是，他们在庄墓纳库普战役中被彻底打败了，该战役也被称为"班诺克本北部之战"。摩根和尼尔以及安格斯都在该战役中阵亡。尼尔的大儿子约翰·贝恩·麦凯在凯斯内斯寻求庇护。他的子孙们自称为贝恩后代，他们都定居在丁沃尔，一个位于英威尼斯北部伊斯特罗斯的皇家小镇。

1542年詹姆斯五世将在丁沃尔的塔洛克城堡赠予杜坎·贝恩，他也是塔洛克的第一任领主。但是，最终整个家族还是彻底没落了，于是在1760年，肯尼斯·贝恩——第九代塔洛克城堡的继承人将其爵位和城堡都给了戴维森。与此同时，约翰·贝恩，前一代领主的子嗣，在1716年成为丁沃尔第一代长老会的牧师。他的孙子罗纳德·贝恩（1752—1821）继承了该职业，并且娶了一位伟大的古典学者理查德·宾利博士的孙女为妻。罗纳德的儿子查尔斯·约翰·贝恩（1777—1832）同样成为一个牧师。查尔斯·约翰的第二个儿子皮特·贝恩（1830—1896），出生在丁沃尔，他就是我的曾祖父。

皮特·贝恩打破了长期待在家乡的传统。他之前一直在接受牧师的培训，但最后却成为作家和记者。他后来搬到了爱丁堡，找了一份在一家宗教性报社做编辑的工作，后来又搬到了伦敦，其编辑工作却做得不是那么出色。但是，他最后成为《基督世界》的主要作者，并且在宗教、历史和文学评论方面发表了很多文章。后来，他去柏林学习德语，并且在那里遇到了他的第一任妻子——克罗迪尔德·葛文。我的祖父查尔斯·葛文·贝恩（1860—1947）是他们的第二个孩子。皮特·贝恩希望自己的孩子可以比他自己拥有更多的知识，因此他鼓励查尔斯加入英国在印度的行政当局。我的事业在很多方面都和我的祖父十分相似。

查尔斯·贝恩于19世纪80年代末被派驻缅甸工作。五年后，在第三次缅甸战争之后，英国治下缅甸省的面积扩大了三倍多，其殖民地政府也相应扩大了很多。查尔斯之前就已经展现了他出色的行政才能，分析见解独到，责任感极强，文书工作能力出色。他被派遣到缅甸首都仰光，在那里待了20年。他的第一任主管查尔斯·克罗斯威特必须要平定一个叛乱的省，并且使用了一些他曾经在印度使用过的十分残忍的手段。查尔斯做他的秘书时，一直兢兢业业，但是他对待殖民地的人民的方法更为温和，对他们的习俗也更加尊重。在19世纪90年代，他是财税部部长，出于经济责任，他也一直在致力于提高缅甸水稻种植者的生活条件，也在保护柚木林，使它们免受过度开发的破坏。

19世纪90年代之前，由于铁路和电话的迅速发展，地方官员的独立性在减小，但是本身就人数不足的管理部门的工作压力却更大了。首席大臣爱德华·塞姆斯由于工作压力太大无法承受，就回家了。查尔斯接着当了两年的代理首席大臣，直到塞姆斯回来。但是一周后，塞姆斯就举枪自杀了。于是查尔斯成为首席大臣，但是他也差点精神崩溃。在休息了一段时间之后，他又当了两年的首席大臣，但后来又回家休养了一段时间。在1904年他终于又重新回归岗位，新的职务是代理金融理事，也就是当地的财政部部长。他试图通过立法方式保护当地的农民，但是这触动了在缅甸的海外侨民的利益，因此遭到反对，在印度加尔各答的当地政府也对此十分冷淡。查尔斯本来是可以成为金融理事的，他自己也很希望得到这个职位。但是，他在1906年的时候就有获得退休金的资格了。他担心自己再一次由于工作出现健康问题，因而最终选择了退休。

一位缅甸历史学家写道："1890—1920 年这一时期可以称为英国统治的黄金时期。"克罗思韦特在缅甸实施的改革摧毁了整个缅甸社会的传统根基，却没有为他们找到能替代这个空缺的制度。移民至此的英国出口商和金融家们借着大米和木材市场的蓬勃发展，积累了丰厚的财富，当地的农民们却深受苦难。查尔斯·贝恩意识到克罗思韦特的政策有很大失误，所以他此后也一直尽他所能地帮助当地的大米种植者。然而，他强烈的责任感又促使他必须去执行殖民政府的政策，即使他并不认同这些政策。也许他是在他能离开缅甸的时候选择了离开，因为他对未来心存恐惧。

查尔斯·贝恩对于英国都铎王朝历史研究的痴迷是他选择退休的另一个强烈动机。在他因为健康问题离开缅甸在家休养的那段时间，研究工作成了他的治病良方。退休回家后的 18 个月之后，他就在《英国历史评论》上发表了一篇学术文章，此后他又发表了一篇长文章，并出版了《盎格鲁人与罗曼人（1558—1565）》这本著作。这些著作都是有关伊丽莎白一世早期统治的。第一次世界大战之后，他转变了研究方向，完成了一本关于亨利七世理事会的司法职能的著作。在经历一番周折之后，这本书终于得以出版，并作为法律作品集《亨利七世理事会案例选集》的开头部分。这项研究因为第二次世界大战爆发而延后了，他生前一直致力于此事，直至他 1947 年去世，在他 87 岁生日前。

查尔斯·贝恩在历史写作上很好地运用了他的行政工作能力。他收集了各类原稿，从中提取大量的证据，并且做出了缜密的论断，很好地挑战了传统观点。纵观整个 20 世纪，研究都铎王朝的最杰出的历史学家，从艾伯特·波拉德到戴维·斯塔基，都吸收利用了查尔斯的研究成果，他们自己也十分感谢查尔斯的工作。我现在能回忆起的查尔斯，只是一个虚弱的老人，留着浓密的小胡子，经常喝着汤，吃着大米布丁。我十分遗憾，这么迟才开始了解他的成就。

1890 年 1 月，查尔斯·贝恩和一个英国印度行政当局同事的妹妹爱丽丝·奥古斯塔·霍奇金森（通常被称作奥古斯塔或者格西）在仰光结婚。霍奇金森家族起源于林肯郡，根据记录，这个家族从 17 世纪起就是领地所有者。乔治·霍奇金森（1787—1856）是纽瓦克的一名法务官，并且和茱莉亚·比福尔结婚。通过她，我的血统可以追溯到琼·普福，茱莉亚·比福尔是琼·普福的女儿，而琼是冈特和凯瑟琳·斯文福特的儿子，也就是英国王室的后代。他们的大儿子乔治·克里斯托弗·霍奇金森

（1815—1880），也就是我的曾祖父，遵从国教命令投身教育事业。作为约克主教区的培训学校的校长，他曾因为引入危险的高教会派教义而受到指控。尽管他的罪责得到了约克大主教和里彭主教完全的宽恕，但是他还是选择离开，前往位于劳斯郡的爱德华四世语法学校担任校长，直到去世前才退休。

乔治·克里斯托弗·霍奇金森娶了苏格兰有名的海洋探险世家的女儿伊莎贝拉·吕底亚·斯彭斯。他的叔祖父约翰·罗斯曾经带领一个探险队去北极，在冰雪中被困了 4 年。他的叔叔詹姆斯·卡拉可罗斯在约翰·罗斯带领的探险之旅中发现了北极，之后又去了南极洲海岸探险。我 1994 年去加拿大北部的时候穿过了我的探险家叔叔当年的足迹。霍奇金森是一个大家族，有 3 个儿子和 7 个女儿，我的祖母奥古斯塔（1864—1941）是家族中最小的女儿。家族中的大儿子乔治·詹姆斯·斯彭斯·霍奇金森（1845—1991）是印度行政当局的成员。他后来成为印度缅甸当局的专员，而查尔斯·贝恩就是他的下属。他一生未婚，但是，他邀请了他的四个姐妹来缅甸和他一起工作，并且为她们找到了丈夫。1888 年奥古斯塔来到仰光和乔治·詹姆斯·斯彭斯·霍奇金森团聚，就是在这个时候，查尔斯开始追求她，虽然她当时在克罗斯威特的秘书处工作十分忙碌。奥古斯塔适时地接受了查尔斯，乔治也同意并赞同他们的婚事。

奥古斯塔陪伴着查尔斯度过了他在印度行政当局的工作岁月，即使在当时的人看来，缅甸也是一个对女性健康不好的地方。他们一共有三个孩子：爱丽丝、玛格丽特（也叫玛奇），还有我的父亲罗纳德。我的父亲罗纳德是 1897 年出生的。我只是依稀记得祖母的模样，对她的性格几乎毫无印象。她对于祖父一直都十分支持，祖母的性格弥补了他在社交上的性格缺陷。后来祖母由于心脏病行动非常不便，使得她基本处于半残疾状态。我一直觉得，她凝视我时，与她看所有其他子孙时一样，眼中流露出自豪和骄傲。她在我五岁的时候就过世了，并没有给我留下其他的记忆。

我母亲的家族则更加复杂一些，其中有着更多异族血统。她出生时叫伊丽莎白·弗莱施曼，她于 1905 年 5 月出生。我母亲的祖先是德国商人，她的家族源于 17 世纪库尔姆巴赫镇一个叫作弗莱舍曼的家族，小镇位于现今巴伐利亚北部的美因河边。起初，母亲家族的成员基本上都是金匠。但是，约翰·所罗门·弗莱施曼（1707—1760）后来成了商人。后来，他通过克里斯托弗·瓦伦汀（1745—1810）把生意传给了莱昂哈德

（1783—1847），但莱昂哈德是个败家子。他在结婚前已经有了两个女儿和一个儿子，他的儿子叫弗里德里克（1802—1872，也是我的曾外祖父）。

在家庭丑闻氛围中，弗里德里克选择了离开。他搬到了沿河三百英里远的马尔克特布赖特，在维尔茨堡的上游地区，但仍属于巴伐利亚州。那里是一个贸易小镇，是连接多瑙河和美因河最近的一条路。弗里德里克靠做批发生意发了家，后来做了市长，结了婚，有了5个孩子，其中包括我的曾祖父卡尔·弗里德里克（1843—1907）。但是，在1864年，铁路通到了马尔克特布赖特，小镇本来的商业优势不复存在。贸易商行整体都向北部迁移，年轻的卡尔·弗里德里克和他们就一同北上了。在1871年的人口调查中可以查到他，他住在英国利物浦。

卡尔·弗里德里克（下文从此就称他为弗里德里克）加入了西蒙斯公司，这家公司是世界上最大的橡胶进口商。在那个时候，世界所有最好的橡胶大都产自亚马逊并且都从贝伦和玛瑙斯市出口。埃内斯托施拉姆，贝伦最大的出口商，西蒙斯公司定期收购橡胶作物，然后再将这些作物运到利物浦、伦敦和纽约，并且在当地销售。弗里德里克从未去过巴西，但是也参加了运送、保险工作，还参与了大西洋两岸的销售工作。他后来加入了英国籍，并且与出生在布特尔的安妮·阿什克罗夫特（1847—1924）结为连理。他们有两个孩子，诺埃尔（1878—1949，我的外祖父）和奥斯卡（1880—1944），分别进入拉格比学校和牛津大学马达兰学院深造。弗里德里克后来开始收集油画，主要是来自诺维奇学院的英国风景油画。

大约在1895年，弗里德里克家族搬到了伦敦。弗里德里克现在是西蒙斯公司的一名合伙人，十分富有。他在肯辛顿买下了一栋房子，即克林汉姆六号花园，这间房子除了供他的家人居住之外，还用来摆放他的收藏品。自从他开始关注18世纪英国（盖恩斯伯勒和雷诺兹）和17世纪的荷兰油画（伦布兰特和雅各布·雷斯达尔）之后，他在油画收藏方面越发雄心勃勃。他于1907年8月去世，享年64岁。他死后的财产税前价值总共约40万英镑，在当时，这是一笔非同寻常的数目。他的遗产后来让他的后代整整享用了一个世纪，我和我的兄弟们现在还拥有着一部分他的油画收藏品。但是，我们对于他本人却是了解甚少，甚至连他的名字都不知道。在1914年的8月，英德开战，安妮·弗里德里克通过单务契约重新将自己的名字又改回到了婚前的名字：阿什克罗夫特，后来她的后代也都使用这个名字。

弗里德里希·弗莱希曼为他的儿子挣了很多钱，这样，他的孩子就不用自己辛苦地挣钱了。诺埃尔，我的外祖父，在牛津大学获得了一级化学学位，之后又去伦敦大学学院开展研究。但是，他的真正兴趣在矿物学，之后他的一生都从事该领域的研究。他在沸石和晶体石达到沸点冒泡的时候收集这些石头。在十五年时间里，他收集了至少有 2000 多块沸石。由于第一次世界大战，他的收集被迫停止了，之后他亲自将这些收藏都捐献给了自然历史博物馆。第二次世界大战爆发前，他在政府承担文职工作。战争结束后，他又开始研究瑞典的矿物质。战争期间，他每个夏天都在瑞典度过，边登山，边研究矿物学。在 1938 年之前，他的瑞典矿物收藏量已经达到了 6000 块，同时他也为阿尔卑斯山矿物学术研究提供了很多照片。在间歇的时候，他会将自己的收藏放在自然历史博物馆展示。在 1949 年去世前，他将自己所有的收藏、文献资料、笔记和标本都留给了自然历史博物馆。在当时那个年代，他无疑是矿物学研究最无私的捐赠者。

在 1904 年 7 月，诺埃尔·阿什克罗夫与住在隔壁的第五克林汉姆花园的缪丽儿·伊姆托恩喜结良缘。伊姆托恩家族原本来自于沙夫豪森，这是一个在莱茵河上游位于巴塞尔和康斯坦茨之间的小镇，如今位于瑞士境内。在 13 世纪时期，伊姆托恩家族是当地贵族家族中的一支。随后哈布斯堡王室向伊姆托恩家族授予了特许状。当瑞士发生地方叛乱起义的时候，沙夫豪森的军队必须同哈布斯堡王室的军队以及贵族力量加入战争，其中也包括伊姆托恩家族。因此，他们在战争中损失惨重。即使是和平时期，家族也逐渐中落。哈布斯堡公爵煽动中产阶级发动政治叛乱，削弱了贵族的特权。他们中的很多人最后都沦为外国军队的雇佣兵。

约翰·卡斯帕·伊姆托恩（1766—1850）在军队中开始时是一位中尉。他在沙夫豪森州退休并且成为一名货币经纪人，但是后来他的生意破产了，并且在流放中死去。他的第三个儿子约翰·康拉德·伊姆托恩（1809—1882）必须要靠自己为生。他起初把他送去伦敦的斯图加特公司做销售，后来在那里成立了自己的贸易公司——约翰·康德拉·伊姆托恩公司。公司位于凡车迟街，他迎娶了他的堂妹玛丽凯瑟琳·伊姆托恩。玛丽凯瑟琳的父亲弗里德里希·卢德维格·伊姆托恩（1779—1831）曾在西印度群岛为英国军队效力，而她的母亲是苏格兰人。约翰·康拉德和他的新娘居住在德威的一幢大房子里，一共育有 8 个儿女。长子约翰·康拉德（1846—1920，我的曾祖父）加入了他父亲的公司一起工作。约翰·康拉德的贸易和经济利益遍布得更加广阔，从瑞典森林、瑞士铁路一直到中国、日本、南美的项目。

突然间家族事业就崩溃了，约翰·康德拉·伊姆托恩公司在咖啡贸易与治理铁路投资上遭受了巨大损失。1875 年，公司已经不能够支付在法兰克福证券市场上的开支了，最终不得不接受英格兰银行的救助。老约翰退休之后，小约翰偿还清了一切债务，慢慢地让公司恢复了元气。他和莎拉·诺尔斯结了婚，莎拉的父亲是一位商业银行家。他们一共养育了 8 个儿女：赫伯特、玛格丽特、穆里尔（我外祖母）、多萝西、约翰（后来加入了海军）、唐纳德、格拉迪斯和理查德，他们是一个长寿的家庭，在我成长阶段还能够认得大多数我的伊姆托恩的亲戚。

1890 年，伊姆托恩一家搬到了克林汉姆第 5 号花园，在那里他们的邻居就是弗莱希曼家族。诺埃尔和奥斯卡弗莱舍曼同时爱上了穆里尔·伊姆托恩。但是，穆里尔更喜欢诺埃尔，于是便接受了他的求婚，并于1904 年 7 月结婚。他们这段时间的一些通信都被保留了下来，记录着他们彼此之间的爱慕。诺埃尔因为他的好运气欣喜不已，然而穆里尔面对这份感情则表现得冷静而自信。他们在贝斯沃特安家落户，在那里孕育了他们的前三个小孩。我的母亲贝蒂最先出生，之后戴安娜和安东尼出生了，1920 年迈克尔也出生了。在第一次世界大战期间，穆里尔带着她的孩子到苏塞克斯海滩度假，这期间夫妻之间的信件也被保留了下来，穆里尔极力主张孩子的父亲能够离开战争和他们在一起。战争期间，整个家庭到位于诺瓦斯科舍的郊区的克吉姆库吉克郊游了好几次，穆里尔和孩子们去划独木舟、野营，而诺埃尔则更喜欢钓鱼和摄影。我自己在 60 年后去了克吉姆库吉克一次，发现那里和当时他的相片中的情景几乎没有什么差别。如果说我从四位祖父母身上所共同遗传下什么了，那便是一份随时能够去旅行或者去国外工作的心情。我多代祖先曾在相同的地方谋生，在苏格兰或者林肯郡、巴伐利亚或者瑞士。但在 19 世纪的时候，自由迁徙为了可能，伦敦就像吸铁石一样，让贝恩、弗莱希曼和伊姆托恩这些家族每个都迁移了大约 500 英里。丁沃尔、马克特布赖特和沙夫豪森都离伦敦的路程大致相同（奥古斯塔金森虽然来自诺丁汉，但也是从缅甸绕道而来）。一次像这样的迁移就足够了，后代们便不再去国外定居。他们许多人会在海外工作，其他人则对游览外国表现出极大的兴趣。

　　然而，他们后来的家族产业则显示出了较大的不同，贝恩和霍奇金森家族展示出了一种极强的专业和公共服务的能力。他们成为公务员、教师、律师和地区领导人。他们几乎不涉足商业，即便涉足也只能够获得微小的成功，比如彼得·贝恩的出版事业。而学术基因不时在贝恩家族中表现出来，这无疑源于我六世祖父的兄弟理查德·本特利三世博士，并且在我这里也重现了出来。在我的弗莱施曼的先祖那里，尽管他们成为市长，并且和路德教会教堂很亲密，但商业基因还是占有支配地位的，伊姆托恩原本是贵族，后来成为雇佣兵（这也是一种商业），再后来进军金融行业，有时他们因为突然的变故而事业未竟，然而他们总能够恢复过来。来自弗莱施曼和伊姆托恩家族的商业与金融基因一脉相承，在我的哥哥克里斯托弗和我儿子汤姆的身上都表现了出来，但却并没有在我身上表现出来。我身上流淌着来自我祖先的热爱旅行、学术和公共服务的工作传统。

第二章　战时童年

母亲说，我出生在 1937 年 1 月 15 日的午餐时间。那时，她住在父母伦敦的家里，也就是肯辛顿的埃杰顿花园 1 号。父亲出海时，那里就是母亲的家。我的哥哥克里斯托弗从 1933 年出生起就住在那儿。然而，我对埃杰顿花园的记忆却几乎为零，因为我出生后的第二年我们就搬到了德文郡。我的父亲当时是皇家海军中校，被派至"果决号"巡洋舰服役（属于该战舰的一把 15 英寸长的枪还陈列在帝国战争博物馆外）。该舰驻扎在普利茅斯。我们住在达特姆尔高原边上的克莱普斯顿。我最初的记忆就是从海水中畏缩着退回岸上，高呼"好深啊！好深啊！"开始。那应该是在 1939 年 8 月，北德文郡的伍拉科姆。

第二次世界大战爆发后，母亲加入英国皇家海军女子服务队，成为一名密码译员。母亲和父亲长期在普利茅斯工作，所以，我和哥哥都是由保姆戴维斯照顾的。我对克莱普斯顿还留有其他一些记忆。记得在圣诞节的时候，我推开大人们像大树一般挡在我前面的腿，只为看一眼圣诞树。1940 年 1 月，我过 3 岁生日，蛋糕上有 3 根蜡烛，我们的狗皮特咬走了一块带着蜡烛的蛋糕。夏天的时候，祖母决定让克里斯托弗和我去她波士顿的朋友家，因为英国太危险了。我们到达利物浦的时候，父母亲改变了主意，因为他们太了解潜艇袭击的危险性了。我们去了内赫布里底群岛的埃格岛。我还记得那栋光秃秃的花岗岩房子，门柱上饰有石球，还有去海边散步、玩火车。保姆泰尔跟我们住在一起，她曾是我妈妈的保姆，那时已经差不多 60 岁了。在埃格岛，她收到一封电报，然后指着电报顶端的王冠图案对我们说："这是国王发来的，因为我都 100 岁了。"我当时完全信了她的话。

1941 年，父亲晋升为海军船长职衔，在海军部负责"武装商船"的项目。母亲随他而去，而我搬去约克郡。我的叔祖父约翰·伊姆·特恩海军上将住在里布尔郡的斯坦福斯。他和他的妻子玛杰丽以及玛格丽特姑妈住在一起。泰尔和我与福斯特夫妇一道住在村子里。福斯特先生是位一奶农，他夫人则开了间邮局。我对斯坦福斯印象模糊，但却有着愉快的记忆。保姆教会了我读书，从此，书籍成为我的一大慰藉。福斯特先生使用机器挤奶，我喜欢看着牛奶倒入银色搅乳器的样子。我参与了制作干草，对那嘈杂而颤动的打谷机非常着迷。福斯特太太有一间很大的厨房，她在那里做面包。我对她14岁的女儿凯瑟琳敬佩有加，可以自己坐着梳理红色的长发。[在1990年我回斯坦福恩的时候，我找到了福斯特·凯瑟琳，她已经结婚了，接替了她母亲在邮局的工作。]

克里斯托弗开始在石屋学校寄宿，这所学校搬到了克拉珀姆的英格尔伯勒大厅（一个大型的户外教育中心，位于约克郡山谷国家公园内），离我们有5英里路。放假的时候，他就回到斯坦福斯跟我玩。我们在村里的小河边玩耍，里面有踏脚石可以用来渡河。有时我们看着许多来自卡莱尔的运货火车从铁道上开过。小河汇入里布尔河，很少露面的父亲在河边为我们盖了一间石头屋，房顶上盖着芦苇。有时候，保姆会给我们打扮起来，带我们去大房子里拜访约翰舅舅和舅妈。终于，战争的阴云渐渐散去，1941年年初，我又回到了牛津，祖父母已经在那里生活了一阵子了。保姆和我跟梅西太太以及她的两个儿子在野猪山借宿。我也第一次走进学堂，但唯一的记忆就是通向学校那漫长寒冷的路途。夏天，我们会搬到北德文郡的克罗伊德。我厌倦了那里的农村学校，直到有一天被不待见地送回了家。我躲进树丛里，直到可以跟其他的孩子一起回家，但我的罪行还是被发现了。

随后我放羊般懒散的生活结束了。1943年，我搬到牛津跟母亲住在一起，开始在牛津最为有名的专为顽劣孩童设立的儿童预备学校接受正规教育，与教授们聪明的子女一决高下。开始在牛津最著名的预备学校龙学校就读，最终在正确的教学方式下苗壮成长，我的才智得到了增长，甚至优于那些教授们的头脑聪明的子女。学校排演的话剧《麦克白》让我对莎士比亚情有独钟，尽管相对于那些冗长的台词我更喜欢女巫以及结尾的打斗。父母希望我继续在龙学校读书，但是，由于宿舍不够，我这个寄宿生只能离开。所以，在1944年9月小弟弟戴维出生之后，我就去了哥哥的学校。我很快就适应了寄宿学校生活，哥哥克里斯托弗也对我关爱有加。这里的课程比龙学校简单许多，所以，我很快就在学校里名列前茅。但是，在运动上我就不那么优秀了。尽管我很崇拜斯坦利·马修斯和丹尼斯·康普顿，但我在足球和板球上还是表现平平。然而，橄榄球比赛中那个迅猛的抢球为我争光不少。然而速度上的优势和强势的阻截还是在后来的橄榄球运动中为我增光不少。学校有一个小小的庄园，就在英格尔伯勒山（约克郡三大高峰之一）脚下。对于我这个只穿了短裤的小男孩来说，这里的冬天特别冷，所以，我很是羡慕克里斯托弗的灯笼裤。夏天的时候，我们会在一个英格尔伯勒山的融雪汇成的湖里游泳，这更糟透了。水温常常在 15 摄氏度以下，而我们游泳时的水温大概也就 10 摄氏度。所以，之后我对游泳这事就有点抵触。（2008 年，克里斯托弗、我还有几位同龄的好友回去看了看，发现一切都还能认得出来。）

1946 年，石屋学校搬回其原址，位于肯特的布罗德斯泰斯。我们可以从学校的窗户向外看到大海，还能在古德温暗沙上观察失事船只的残骸。那里的冬天更冷，我们都得了冻疮。我对那里的老师记忆犹新，对其中的三位更是有特别的敬意。校长约翰·理查森，我们叫他"JLR"，他将良好的风纪与轻松愉悦的校园氛围结合在一起。西奥·巴克沃斯，严格朴素，他对古希腊罗马文学的热爱也感染了我。安德鲁·温瑟，风风火火的英文教授，出演过《尤利乌斯·恺撒》和《约翰王》，他让我对写作和喜剧有所感触。我承认，我是个没头脑的小男孩，被别人轻而易举地拉去做恶作剧，结果被当时的校长，JLR 用藤条抽打以示惩罚。他打过我一次之后，我就长了记性，小心翼翼地不再挨揍。

关于我要不要去伊顿（迈克尔舅舅曾经就读的学校）争取奖学金的争论开始了。JLR 和西奥·巴克沃斯认为，我应该等到 13 岁，这样就可以为石屋学校争得荣誉。但是，父母坚持让我在 12 岁就试一试。所以，在 1949 年 6 月，我动身去伊顿争取奖学金。虽然我没有登上公开的名单，但我也表现得足够优秀，可以在一年后再次参加考试。所以，我带着为未来打下的坚实基础，离开了石屋学校。

假期期间，母亲、哥哥和我第一次住进了家具齐全的平房，之后我们搬进了法兰查路的一栋房子，就在伍德斯托克路和牛津运河之间。在大多数的周末，父亲会陪着我们。祖父母住在不远处的山地公园路上，母亲的姐妹戴安娜阿姨和兄弟迈克尔舅舅经常去拜访他们。（母亲的另一个兄弟安东尼舅舅在太平洋地区的海军部队里。）

这是我第一次真正地开始了解我的父母。父亲在奥斯本和达特茅斯大学接受教育，成年之后，在英国皇家海军担任枪炮官。在日德兰大海战中，他作为一名见习军官驻守在加拿大号皇家海军舰艇上的一个 6 英尺的炮塔里。随后，他见证了德军舰艇在斯卡帕湾四处逃窜、自沉。战争期间，他曾在直布罗陀海峡、马耳他以及南中国海服役。在家里，他仍习惯于海军部队里的纪律，这让我对他十分敬畏。他擅长数学、物理学和工程学，绘图十分精密认真。但他却很不擅于社交，十分谦虚谨慎。他最大的乐趣在他的花园里。

母亲在剑桥格顿学院读法语和意大利语，那时，女人是无权被授予学位的。相比于父亲，母亲更加外向，总是怀念战前热闹的伦敦社交圈。在父亲服役海军期间，她有机会跟随父亲南征北战，战争一开始就加入了英国皇家海军女子服务队，尽己所能，提供服务。并且十分享受战争开始时在英国皇家海军女子服务队度过的时光。战争期间，作为一位家庭主妇，她对牛津生活并不习惯，但她还是竭尽全力，最大限度地利用这座城市所能提供的文化生活。父母之间的爱以及对我们子女的爱是深沉而含蓄的。我为人父之后才体会到他们在战争期间把我们抚养成人的艰辛。

祖母是家里的主心骨，她的影响力持续到她辞别人世多年之后，享年94 岁。祖父对我们很和蔼，但他真正的志趣在学术追求上。祖母精力充沛，总是想着法子招待、教育我们这些孙辈。战后回到伦敦后，她经常邀请我们去她家参加一些活动。我最初的记忆就是餐馆里美味的菜肴，后来是参观博物馆，看戏剧，听歌剧。

戴安娜阿姨对我也颇有影响，因为她激起了我对考古学的兴趣。20 世纪 30 年代，她参与了英国和塞浦路斯的发掘活动。她在位于迈德门海姆的英国皇家空军图像翻译中心，见到了鲁尔水坝被轰炸后的照片。战后，她花了一年时间在芬兰当英语教师，写了一本有关自身经历的书。最终，她又重回考古事业，在杰利科为凯瑟琳·肯尼恩做发掘工作。

牛津战后的日子仍然很艰苦，但我还记得我最初的女玩伴们。那年我9 岁，在法兰查大街上向乔伊斯炫耀我的自行车。我花了好几年的时间学骑车，直到父亲手把手地教我才学会。现在，我可以一直骑到艾恩汉姆和威特尼。祖母为了我们又开起了战前的沃尔斯利老爷车，尽管一加仑油（约合3.8 升油）只能跑 15 英里（约合 24 公里），而且那时候汽油还是定量供应的。父亲总是以每小时 37 英里（约每小时 60 公里）开车，他说这样可以使耗油量最少。母亲开车的速度有时能达到每小时 50 英里（约每小时 80 公里）。

1947 年，我经历了有生以来最为难忘的事。祖父母决定重新开始每年夏日去瑞士的旅游，并且带上了我。火车把我们送到了安德马特附近的格舍嫩车站，祖母随即带我去买了一根手杖。之后，我们每参观一个地方，我就得到一个金属制的徽章，将之钉在手杖上。所以，到最后手杖上面满是徽章。它成为我最宝贵的财产，直到现在我还保存着。我们来到了策马特的利菲阿尔卑酒店，那里的日子就像是梦境。马特洪峰的山尖直指苍穹，绘出雪峰下的天际线。我们沿着欧洲海拔最高的铁路骑马去往高奈葛拉特，行走在戈尔纳冰川上，祖父用冰镐为我们开路。在利菲尔湖畔，祖母让我画马特洪峰，而那张素描至今还保存着。即使是豪华酒店的日子也教会了我一些事，比如说，你可以用刀叉吃水果。我们继续前进，来到了萨斯费，在那里，我们爬山峦，过冰川，而祖父一路为我们拍照。在卢塞恩，我们搭乘蒸汽船在湖上来回穿行。最终来到了伯尔尼，看到了那里的熊。回去之后，我就成为国外旅游的狂热爱好者。

1947年，家里发生了许多变化。父亲已年近五十，从海军退休后任职于设立在伯明翰的粮食部。11月，我的外祖父贝恩去世，我们搬进了他在伦敦郊区贝肯汉姆的房子。房子附近有一个高尔夫球场。我学会了用力击球，而球常常会消失在我的视野外，因为我是近视眼。最后，父母意识到了问题所在，带我去配眼镜。但克里斯托弗声称再也不跟我玩了，因为他不停地在帮我找球。我短暂的高尔夫生涯就这样结束了。

1949年春天，母亲带着我和克里斯托弗去阿姆斯特丹待了一周。我很爱那里的运河和风车，还有早餐吃的奶酪。但是，在我们离开的这段时间，祖父突发致命的心脏病，所以，我们匆匆地赶回家里。这对祖母来说打击很大，但更大的噩耗在后面。她的小儿子迈克尔事业有成，有伊顿大学的学位，并且在牛津莫德林学院数学名列前茅。他一直在布莱奇利园工作，致力于密码破解，获得了财政部的高度评价。但在1949年，他死于癌症，年仅29岁。祖母花了很长时间才从第二次的丧亲之痛中恢复过来。她余生都和迈克尔的朋友保持着联系。

这些死讯成为我童年的终结。我曾经拥有无忧无虑的生活，是个快乐的男孩。相比于战前，我的生活似乎缺少了指引，更不用说现在了。我很久没有见到父母了。我穿着克里斯托弗穿旧了的衣服，没有昂贵的玩具。但是，我并未感到自己和其他人有什么不同，并且对我所拥有的相当满意。我的亲人都安然无恙地熬过了战争，原来我对战争知之甚少。现在我有了更深的理解，而且对我和我的孩子们不用面对战争心存感激。

第三章　求学伊顿

在我 1949 年去伊顿求学以前，我家搬到了伯明翰附近的利基山。"海瑟菲尔德"是父母婚后买的第一套房子，我们在那里住了 11 年。它建于 20 世纪 30 年代，为砖砌结构，造形质朴。它带有一个占地一亩的花园和一个硬地网球场，而且视野广阔，可以从赛文谷一直看到莫尔文丘陵。

伊顿时光是我人生当中重要转折点。在石屋学校，有人告诉我们要做什么，但在伊顿，孩子们必须自己做出选择，包括分班、礼拜、用餐甚至是游戏。我很快就找到了窍门，并享受着自由安排生活的乐趣。克里斯托弗和我同住一间房，他总是一本正经。我很喜欢宿监丹尼斯·威尔金森，他也是我的古典音乐导师，负责我的学业。他的太太吉利安夫人为人友善，还有三个儿子威廉、约翰和迪克。我在伊顿的第一个学期一切都顺利，但是好景不长。

就在圣诞节后不久，我突然觉得耳朵很疼，之后做了乳突手术。在住院期间，我被诊断（罹患）肾炎。那时候，治疗肾炎唯一的方法就是避免运动，遵循无盐饮食，直到肾脏痊愈。所以，1950 年的前三个月，我一直卧床休息，这对我的学业来说似乎很不利。但父母为我安排了家庭辅导，父亲教我数学，母亲教我法语。迈克尔舅舅的朋友艾德里安·卡里教我古典文学。我在拉丁文和希腊文上都进步很快。此外，我还大量阅读、收听广播。在这期间我的身体恢复得很顺利。到 5 月份，我已经可以重新回到学校了。我再次参加了奖学金考试，家庭辅导对此起了很大作用。我考了第六名，荣获"英国皇家奖学金"。但是，肾炎很快复发，我只得重返病床，因此错过了夏季学期的下半部分整个秋季学期。到了年末，我非常焦躁不安，很想下床，但父母和医生却不愿冒险，担心肾炎再次发作。

最后，我获得允许重返校园。这所大学有 70 位"皇家奖学金"获得者（该奖项由亨利六世设立）。校园里的礼堂和教学楼古朴而凝重。跟我同届的学生资质平平，并没有我所担心的那么聪明。我们都住在宿舍里，那是一排长长的房子，每间房由古色古香的木板隔开。这所大学的校长斯蒂芬·华特士，独身一人，做事一丝不苟。渐渐地，我开始喜欢并尊敬他，但我却很害怕严厉的女宿监艾戴尔·史密斯小姐。

伊顿公学保留着很多传统，我们的校服是黑色燕尾服，这是为了纪念乔治三世。低年级学生是高年级学生的跟班，尽管要做的事也不是特别多。我是威廉·威尔金森的跟班，他是我导师的儿子，而我选了他的弟弟约翰做我的跟班，后来他成为一位国会议员。学校的严明纪委还包括各种令人眼花缭乱的体罚。我发现男生会被六种人惩罚：高年级的室友、校划船队的"八大罗汉"、别名"Pop"的伊顿社团、房东、低级管理员或班主任。这些责罚听起来很吓人，但事实上很容易避开。1951 年的夏半年，我当选为寝室长，负责维持寝室秩序。我发现我也有惩罚别人的权力。我有一根叫作虹吸棒的橡胶棒，有一次，有个新来的学生从来没住过上宿学校，于是总是被嘲笑。他很粗暴地对待嘲笑他的那些人。因此，我有义务惩罚他。但我真的很不情愿这么做，因为嘲笑他的人比他的行为还要恶劣，而我却拿他们没办法。庆幸的是，我可以从宿舍逃进自己的房间，每当我迫不得已要打人却不情愿的时候我就会躲进自己的房间里。

从表面上看，我在伊顿也算是学业有成。当我们参加 O 级考试（现在已被普通中学教育证书考试取代）时，我可以和我最好的朋友加文·巴里穆雷势均力敌，在我们这一届名列前茅。但是，在决定我们最终名次的关键学年，我掉到了第三名，失去了成为全校特优生的机会。我选择了古典文学专业，得到了最高的 A1 级。在最后一个学年，我赢得了"纽卡斯尔奖学金"，这是古典文学方面最有声望的奖学金。之后，我在全校学生中脱颖而出，赢得"雷诺兹"奖学金。但事实上，我的古典文学老师对我很失望。学术方面最高的成就是能用拉丁文和希腊文写出优美的散文诗歌。我们学习希腊作家、罗马作家的写作风格和词汇使用，并进行创作。但我并不擅长写文章，如果全神贯注的话我还是可以写，但稍稍走神就会犯错。

对此我没有过分担心。我擅长把古典文学翻译成英语，因为我对荷马、西塞罗的言论很感兴趣。我很欣赏有关神学的《周末之问》中的文章，它们被归为古典文学一类。我的分数在班上很普通，但名次是根据测试中的表现决定的。在测试中，我能全神贯注，写出卓越的文章。凭借我在神学文章方面的出众表现，我获得了"纽卡斯尔奖学金"。但是，我的老师理查德·马提诺和戴维·辛普森对我的表现并不满意。而在我看来，他们对 A1 级学生的教导并不如其他人，比如说拉伊夫·佩恩，他是我现在的古典文学导师。教得最好的是教但丁文学的校长罗伯特·伯利。他对课程的把握以及对但丁由衷的热情让陌生的文字变得活灵活现，当课程结束的时候，我们都感到恋恋不舍。其实，在我的伊颂求学生涯当中，最令我满意的部分，无论是古典文学还是其他，是发生在课堂甚至学校之外的。伊颂时光给予了我许多。

在利基山，我们家过着相当"与世隔绝"的生活。父母觉得和几个邻居都不怎么投缘。父亲悉心培育着他的花园，而我对此毫无兴趣。但他的网球课还有点意思。我经常跟弟弟戴维斯一起玩。我们花尽心思装饰哈尔马象棋里的人物，用针当剑，用塑料片当盾牌，用比目鱼油胶囊当头盔。我至今还保存着它们。企鹅古典系列开始出版了，通过阅读这系列丛书我开始对古典神话如痴如醉。但是，很快我又迷上了考古学。

在 1952 年复活节时期间，祖母带我去罗马游玩。她很热爱旅游，这一点也遗传给了我。我们参观了古罗马的每一处景点，而且参观了那不勒斯、庞贝古城和赫库兰尼姆。我们还见到了教皇。我在学校加入了考古学会，并做了关于庞贝城的讲座。全休日的时候，学会会组织在伦敦进行观光或者骑自行车去当地的教堂。我当然不会错过这些短途旅行的机会。15 岁那年，我和同学去了温莎古堡，看到了乔治五世的棺木。随后，我成为圣乔治教堂的一名志愿者，周日下午做导游。我炫耀着乔治五世的棺木，很快对嘉德骑士们了如指掌。作为一个服务者，我可以看到一年一度的嘉德游行，并有幸看到了温斯顿·丘吉尔上任。

1953 年，戴安娜阿姨邀请我去希腊。我独自旅行，结果在罗马坐错了车。这趟车开往西西里而我要去的是布林迪西。直到黎明，我才发现坐错了车，那时候已经到了卡拉布里亚的腹地保拉。我耗上了一天时间才从意大利版图上脚尖的位置来到了脚后跟的位置。但我到布林迪西太晚了，又错过了船。万幸的是有一艘船在第二天出发。于是我被安排免费搭乘科洛科特罗尼斯号。最终，我到达科浮岛，见到了戴安娜阿姨，只比预期的时间晚到了一天。因为我的迟到当时往英国打了无数通电话。

我们乘坐当地的汽车环游了伯罗奔尼撒半岛。对于热爱名胜古迹的观光者来说，这简直就是天堂，甚至超越了罗马。我从奥林匹亚一路走来，参观了每一处庙宇、集市、竞技场、剧院，直到科林斯，还额外参观了拜占庭式的教堂和威尼斯风格的城堡。我们也参观了雅典，祖母加入了我们的观光队伍，最终我们到达特尔菲古城。我沉醉于古典遗迹里，被迈锡尼和提林斯的史前宫殿和蜂窝式的陵墓深深吸引。我喜欢以自己的所见所想来重构文化，而不依赖史料记载。回家的时候，戴安娜阿姨委托我在坐火车去罗马之前，在布林迪西站往伦敦寄一个大行李箱。但我的坏运气又来了，竟然把行李箱落在了站台，自己坐着火车走了。我迫不得已在罗马站下车，寻求大使馆的帮助。最终，迈克尔舅舅的朋友找回了行李箱。回到伊顿后，我在考古学会就这次希腊旅行做了整整两期的演讲。

随着学业的继续，我得到了更多考古方面的机会。我有幸在迈尔斯博物馆参与由泰特先生主持的埃及学藏品的收集工作。我开始了发掘工作：先在求学期间去了位于老温莎镇的撒克逊人宫殿；然后在假期里去了什鲁斯伯里附近位于罗克塞特的罗马小镇。那年夏天，我离开伊顿，同西莉亚·托普以及她的家人一起发掘西爱尔兰的一尊史前墓石牌坊。能在巨石遗迹众多的区域进行史前挖掘让我甚为兴奋。我们合住一辆房车，我们发掘的物品被送至都柏林考古博物馆进行展览。

除了考古，我对表演和创意写作也很感兴趣，拉伊夫·佩恩来后不久就着手导演亨利四世第二部。他选我演福斯塔夫，8年前他出演了亨利四世第一部中的这个角色。我把自己的声音和姿态模仿出一种地痞流氓的感觉（正如某位大师所言），在身前身后塞满了衬垫。演出十分成功，但我入戏太深，以至于很久都没有摆脱角色的困扰。

我写过谐趣诗和诙谐文，有时候会在《伊顿公学纪事报》上发表。因此，在最后一学年我被选为《编年史》的两名编辑之一。最初我沉醉于编辑报纸、为领导撰文、策划比赛、骑车四处游玩。由于我颇有名气，我被选进 *Pop* 杂志。但是，我逐渐厌倦了这种每周必须完成 7000 字、追名逐利的编辑生活。我十分看不惯那两位言语粗俗的领导。而他们也常常让我被校长的责骂。离开伊顿的时候，我放弃了新闻编辑事业。

尽管大多数体育项目我都不太擅长，但墙式足球运动却让我乐在其中。墙式足球，顾名思义，就是对着长砖墙不断地踢球的运动。当占优势的队伍把对手逼到临近墙尾的白线后，就可以投球得分，就像橄榄球中的带球触地得分一样。伊顿学院的学生们总是在踢球，这样，他们就可以和另一队已经训练了一年的男生进行比赛。大批的观众会在圣安德鲁日观看年度比赛，尽管这可以说是世界上最差劲的观赏性体育赛事了。我参加比赛的那一年，选手们竭尽全力地阻止对手得分，身上溅满了泥土。到最后，甚至连我的父母都认不出我了。

性在我的生活里没有一席之地。当然了，有些男孩子产生了同性恋的情愫，但在我们这一届我没有看到任何迹象，也没有人对我有意思。更大的诱惑是吸烟喝酒，不过，因为伊顿公学的学生都很穷，所以大家根本负担不起这些开销。我由于跟方济各会的修士们一直保持联系，这让我在很大程度上抵制了这些诱惑。准备给我做坚信礼的牧师让我照顾彼得弟弟，他是一位英国国教修士，在我伊顿求学生涯的最后一年过来看望我。他看起来很普通，棕色的大衣在他身上显得稍大。但是，当他讲话时，每个人都会听。从他身上，我学到了服务上帝需要做出个人牺牲，比如方济各会修士们践行的克己谦卑。

在之后的生涯中，我与大多数伊顿校友们断了联系。我那一届的大多数人去了剑桥，而我去了牛津。在我游牧式的外交生涯开始之后，我与所有人断了联系，除了加文·巴里·默里，他后来成了我的律师。退休后，我重新找到了一些校友。但是，我跟拉伊夫·佩恩一直保持着联络，他后来对我三个儿子的教导甚至比对我的教导还要多。虽然我我行我素地批判其古典文学的教育，但还是毫不犹豫地把儿子们都送到了伊顿公学，这所学校，给了我最大的乐趣和机会，而这些在其他地方是肯定得不到的。我的儿子们也跟我见解一致。

第四章　牛津岁月

我申请大学的过程并非一帆风顺。当时我的志愿是牛津大学莫德林学院，克里斯托弗在那里攻读历史，而祖母也在那里取得了数学领域的麦克·阿什克罗夫特奖学金。当我 12 月进行奖学金考试时，自己感觉还不错。但莫德林并没有给我奖学金——我只能成为一名普通的自费学生。我的试卷答得很糟糕，而且明显不够专注。这确实对我的自信心造成了很大的打击，也给父母带来了很大的经济压力。但我还有机会参加 1 月的基督教堂奖学金考试。我明智地放弃了继续参演莎剧，利用整个圣诞假期来研读西赛罗、索福克勒斯等的古典著作。终于，功夫不负有心人，我在基督教堂考试中考了个好成绩，总算松了口气。

在我继续学业之前，我必须考虑好服兵役这件事情，毕竟这是义务性的。克里斯托弗已经完成了他的两年兵役，但是，基督教堂和我的家人都希望我能够没有中断地完成学业。所以，我服兵役的义务被推迟到了完成学业以后。但是，作为伊顿一个没有竞争力的后备兵，我希望能够在时机到来的时候以最好的条件参军。所以，我参加了牛津的后备军官训练项目，利用我的第一个长假进行了为期六周的基础训练。我在炮兵团度过了接下来的三个夏天，并通过了陆军军官选拔。但事实上，这些提前做的准备是没有必要的，因为我的延期已经超出了服兵役的义务期。

但后备军官训练项目的经历于我并非毫无意外。我在森林看到了庞大的缆线屏障，用来分隔联邦德国，这就是"冷战"冷冰冰的证据。我见识了 25 磅枪的枪管钻，在一个星期天，我在大学公园里打了一枪来为那两分钟的寂静做下标记。我清楚记得，当时英国广播公司要在牛津附近录制一个有关拿破仑从厄尔巴岛返回的节目，需要找十几个法国士兵。当地的军队司令官同意让他的人来扮演英国士兵，但不是法国士兵。他将这个请求递交给了大学的后备军官训练项目，而我就幸运地被选中。我穿着蓝色的制服大衣，戴着一顶高高的黑色军帽，一整天都在沃德斯登庄园外，高呼英国万岁。这是我第一次上电视，也是最富戏剧性的一次电视形象。

1955年10月，我去了牛津基督教堂学院。其实早在伊颂的时候我已经对其历史和建筑深深地着迷了。它坐落于圣弗莱兹维德的前修道院，是红衣主教沃尔西建立的。后来亨利八世在他临死之时重建了这座教堂，主要是作为一所大学和城堡的结合体。我喜欢在罗马式城堡里做礼拜，在都铎王朝的大厅里用餐，还有在帕拉第奥建筑风格式的图书馆里学习。我住在一所派克沃特庭院的阁楼里，这个阁楼是奥尔德里奇院长在1705年设计的。这里的有些学生经常吵吵闹闹，但我总能轻易避开他们。

在学习古典课程的前五个学期，我们主要是针对语言和文学方面，这被称为是文学士学位。剩下的七个学期主要涵盖哲学和古代史统称古典人文课。在文学士学位课程里，我们广泛地阅读希腊和拉丁文本，深入研究每一种语言的"特别书目"。我选择了希腊悲剧和罗马喜剧。我的"特别项目"——荷马时代的考古学——使得这一门课程非常具有价值。主讲人多萝西娅·格雷对于类似武器和盔甲等男性特征的东西并不感兴趣，相反，她做了一套荷马式的芭比娃娃来阐释当时女性的装束。我每周和一名基督学院的教师聚在一起过一小时并修了一些课程。

慢慢地，我开始了解并喜欢上大学里其他读文学士学位的人。比如，贾斯汀·班伯里，他后来成了我最好的朋友。还有讲威尔士语的基尔瓦斯·安吉尔，会唱歌的西蒙·弗理班·史密斯。我也从其他地方结交古典学派的朋友：莫德林学院的克里斯托弗·罗伯特、彭布罗克学院的理查德·索拉布吉、三一学院的蒂姆·吉。我第一次遇到提摩西·吉是在和温莱特先生一起喝茶的时候，他是一位退休的埃及古物学者，也是一名慷慨的考古学奖项的匿名捐赠者。我前不久刚刚因为一篇关于史前马尔他国的文章获得这个奖项，提摩西刚好是这个奖项的第二名。我们很快就结成了对子，并且一起加入了大学的考古学社团。这个社团的领头人物是戴维·斯特迪。戴维是基督教堂学院的一名历史学家，他已经知道新的学生宿舍将会建在一个大学停车场上。他和我在1956年1月进行了一次拯救性挖掘，那时地面上还都是雪。我们希望了解到在大学或修道院之前是什么。但是，我们无奈地发现，那个地方已经被大规模的下水道和污水坑破坏掉了。

吉和我都很向往史前挖掘，并且取得了来自阿什莫尔博物馆副馆长汉弗莱·凯斯的支持。我们说服考古协会在北牛津郡的莱纳姆铁器时代营进行一项夏季挖掘。许多挖掘者在查尔伯里的青年旅馆住下了。他们乘着由博物馆借来的一辆客货车到需要去的地方。莱纳姆是一块圆形营地，四周围着小型防御土墙。我们挖了其中的一个区，在后面发现了一块低矮的街边石，在顶上发现了走廊，在前面发现了一堵结实的矮墙，从壁垒墙的内部情况来看，当时人们可能曾经把里面当作临时住处。我们从中挖掘出了很多保存较为完好的陶瓷碎片，一根骨针和一个吊索螺栓。这些足以将莱纳姆追溯到公元前 150 年到公元前 200 年类似于科茨沃尔德东部那些相似的营。我撰写了报告，对自己的第一份发表作品很满意。

1956 年 9 月，我家里人计划去地中海东部游玩。但是，由于苏伊士运河局势紧张，除我和克里斯托弗以外，大家都半路打道回府了。我拓展了自己对于经典遗迹的认识，而史前的地点却一直令我最兴奋着迷——克里特人的米诺斯文明，尤其是土耳其东南部的希赫梯人。我很想亲自登上托罗斯山脉的黑山，因为那是赫梯人信仰所在，即使让我坐着公交车在尘土飞扬的路上奔波三天也情愿。那次我们在杰伊汉逗留了一整晚，我和奥利弗·格尼住在一个房间，他是《赫梯人》一书的作者。由于床铺非常不舒服，他深夜走出房间，才发现这个旅店本身竟然是个妓院。还好我的睡眠质量一向很好。

我又开始对方济会修士非常着迷。在 1956 年的圣周，也就是复活节前的一周，我第一次去了男修道院。它位于多塞特郡，是由农场改建的。修士们遵循了修道院的传统和规定，这里还有一系列的复活节活动，其中包括格列高利圣咏。在做礼拜期间，客人们也会帮着做做园艺活以及一些厨房杂事。而我则去指导多萝西的《男人天生就是王》这部剧的排练。尽管这部剧一开始时是广播剧，但演员们在舞台上能够将剧情表现得栩栩如生，他们创造了奇迹。彼得哥哥和其他修士们经常去牛津大学组织礼拜活动，看望老朋友并结交新朋友。彼得着手让我接管方济会的牛津大学分会的秘书长。

欢乐的时光总是飞逝而过。我突然意识到，距离 1957 年 4 月的期末考试只有 16 周时间了，但我并没有准备好。我暂停了所有的课外活动，甚至是考古和修道。终日在图书馆或者我的阁楼里复习功课。每次晚饭后还要读很长时间的荷马或者维吉尔。我记了详细的笔记，因为我发现如果把东西写下来，就能够记住。圣诞假期，我独自在伯明翰大学图书馆度过。我及时地在考试前完成了课程的学习并且获得了第一名。

　　我很期待古典人文课程中有关希腊和罗马历史的部分。学界对这一领域已经做出了较为成熟的研究，而且有丰富的考古证据和文学资源。哲学部分也包括古典大师柏拉图和亚里士多德的著作，但更多的有关当代牛津大学哲学家的著作。他们专注于语言学分析，从而展示词汇和概念的含义。我发现，我可以通过把它们拆成一个个小命题来理解它们。但是，当我把自己的专题报告分享给了彼得·杰伊（他后来成为驻华盛顿的记者和大使）的时候，他和我的逻辑导师都惊异于其复杂性，所以我更加迷茫了。现在，我每周进行两次个别指导，每一次都要写一篇文章，并且讲的课也比以前更多。我的打算是从星期二到星期四全部用来进行教研工作，剩余时间我能干点别的。

　　我的考古事业现在又重新开始了。这主要得益于我和家人去多尔多涅区的穴居人地城以及去布列塔尼的巨石文化旅行。拉斯科是最好的一处穴居，但当时已经被关闭，等待恢复重建。但是，祖母却成功地说服了工作人员让我们进去参观。随后，我整个夏季学期都在牛津郡骑行，寻找考古社团的下一处挖掘处。我最终选择了班伯里附近的曼德玛顿营。这是一个巨大的铁器时代的山堡，在山谷底下有罗马人的聚集地。这一次挖掘由彼得·福勒指导。他经验丰富，已多次用所掘之物验证了历史并且接管曼德玛顿已有九个多月。第一年，我们主要通过结对的方式来挖掘铁器时代的堤和沟壕。

　　我生活在一个男权的社会里已经十二年多了。我见到的女孩儿很少，和她们相处的时候也会觉得不自在。但是，彼得·福勒召集了一批优秀的女性挖掘者，包括来自牛津大学玛格莉特夫人学堂好学院的乔安娜·克洛斯·布鲁克斯、艾德娜·基尔戈和迪伊·王尔德。我与迪伊·王尔德组成一对，共同在沟里工作。她身材很苗条，眉骨有高高，笑容明媚温暖，仪态得体大方，这使得我在面对她的时候没那么羞涩了。我们发现，当有音乐的时候，挖掘会顺利得多，尤其是威尔第的《钢铁之歌》的时候。但是，我发现很多男孩子也（播放）倾慕她。

　　1957 年 10 月，在艾恩汉姆，一系列铜器时代的壕沟环成了考古社团的主要据点。作为挖掘部长，我周六要在外面举行会面，主要是和一些像尼古拉、霍克斯和杰弗里·梅这些热情的新成员。迪伊和乔安娜有时候也会参加，这让我很高兴。作为回礼，我会邀请他们回来吃茶和松饼。我们已经在派克沃特的一角拥有了一个宽敞的空间，平常是给大学教师用的。

后来，我们被叫去泰晤士河边的多彻斯特的一个公墓那里进行挖掘，但我们很害怕挖开那些坟墓。在阿什莫尔的货车上，我们在一片黑暗中往回开，正好在一个交叉路口的下面被警察拦住了。我们都屏住呼吸，因为这辆货车的限载 4 人。而当时这辆车装了 7 个人，还有 4 具罗马骨架。幸好，警察只是说我们车的一个前灯不亮了而已。

我两次回到修道院参加主显节盛会。第一年，我扮演了先知以赛亚，留了把好看的黑胡子，引入这部戏剧。第二年，我成了福音传道者，负责朗读福音书的文章，而台上则表演着圣诞传说的哑剧。正如原定计划一样，我成了方济会修士牛津大学分部的秘书，主要负责安排修士们的行程。同时彼得进入了库德斯登神学院，成为后来的彼得神父。我见到了当地英国议会的代表理查德·弗罗斯特。他很担心在牛津的外国研究生会被他们的大学忽视。可不可以利用本地的本科生让他们变得受欢迎。通过与方济会的联系，我为外国的学生创立了一个用以迎接外国学生的网络，这个确实开了一个好头。

此后，我的考古足迹遍布更多的地方。一年夏天，贾斯汀·班伯里、蒂姆·吉、克里斯托弗·罗伯特，还有我，我们几个开着贾斯汀姐姐的车去了西西里岛。减震器需要在巴黎维修，在卡拉布利亚的时候，散热器也漏了，在西西里岛中部恩纳的时候，排气管也裂了，但是，我们还是去我们想去的任何地方。我对古典遗迹的知识体系做了补充，并且惊叹于蒙雷亚莱和切法卢的挪威彩绘玻璃的梦幻绝伦。蒂姆·吉和我绕路去了马耳他，看见了神奇的巨石庙，这使得我获得了支撑大多数旅行经费的奖励。在后来的一个春天，由牛津大学贝列尔学院的约翰·巴伦代替蒂姆·吉，我们一起去了希腊。我们一起在雅典庆祝了正统的复活节，在耶稣受难日，我们看着基督的棺材经过。在复活节的黄昏，我们在吕卡伯托斯山丘等待着，举着点燃的蜡烛加入队伍。我们到了提洛岛太阳神阿波罗的避难所以及他在巴赛迷失在云雾里的远距离神庙。我们在皮洛斯的涅斯托耳迈锡尼神殿，这是最近被发现的，这一有关伟大的克里特文明遗迹的发现的深入程度，远远超出了我的团队可以完成的能力。

1958 年的夏季学期，迪伊·王尔德经常邀请我和蒂姆·吉去加入她和她朋友的探险旅途。她已经知道了劳伦斯是怎样从哪条牛津的暗河滑下，并且暗示我们也将有可能会那么做。我们计划在福利桥碰面，但是，蒂姆·吉却没有出现。迪伊和我乘独木舟出发，一路到了临近牛津古堡的一个入口。它被一扇大门锁住了，但是，我们把独木舟拖过了顶部，来通向一个衬砖的隧道，里面的水很深。光打过了间隔中的格子，我们发现，这个隧道格外地干净。经过了 20 分钟的划动，我们穿过了一段植物帘，来到了基督教堂的纪念花园。虽然很潮湿，但是，我们很骄傲，我们整整好自己的衣着，迪伊穿着牛仔裤坐着，眼里含着泪珠。

在假期，我开始了长达一年的大考复习。我父亲在农业部找到了一份新工作，位于伍斯特。我的父母离开了海瑟费尔德，租下了城市外一个村庄里诺顿山庄的一部分。他们在那里找到了脾气相投的邻居，尤其是一个叫特伦斯·史密斯的退休廓尔喀族准将，还有他的妻子高文，女儿苏珊和乔安娜。克里斯托弗现在为委内瑞拉的贝利工作。现在戴维在伊顿，已经是一个热情的钟表商人。诺顿山庄有一个钟塔，他已经使得那个钟又一次正常工作了。

但是，我还不能全力去校正。迪伊已经离开牛津回到了家乡德文郡的比迪福德。她在帝国化工公司（ICI）找到了一份工作，我也不知道自己何时才能再次见到她。我发现，这个预期超出了我能承受的范围，因为我发现自己爱上了她。我甚至不敢去说出自己的爱，因为我害怕被拒绝，所以，我写了很多诗。比如，头戴百合的塞布丽娜，这是借鉴于弥尔顿的科摩斯。

诗被封在了瓶子里，丢入了沃契斯特桥下的河水中。

赛文的仙女，美丽的塞布丽娜
请听我痛苦的祷告，
你平静地坐在那里，
百合篡入你的长发。
我放逐自己投入进
一整年无止境的劳作。
白天躬身于经典，
夜晚燃烧着深夜的烛火。
我决定如此，但是丘比特
已经预留了不同的命运于我——
爱情，那就是爱情，它让我愚笨，
让我心神不宁。

盲目沉于亚里士多德，
我追寻学者的艺术；
在这脆弱的瓶中，
我封入了我破碎的心。
抓住他，就是这里！当你顺流
去往南方的时候，
让我的心意，安稳地乘骑，
借着你的口同你一起旅行。
当大海汇纳，
鲜活的水融入波浪
请别让那美丽的女孩，孤单！
温和地把他推开。
所以，让那川流不息的赛文河，
涌入大西洋流，
承载着这些诗句送到德文，
在西方霍的沙土里！
那里，无忧的，没有痛感，
折磨着我的心，
让我的爱永居托里奇旁，
一位少女，端庄温柔。
让你的溪流缓慢到达
在德文郡河流相遇的地方；
在隐藏的沙滩上寻找她，
将这个瓶子扔在她的脚旁。
你的任务已经完成，转身，
在这个城市寻找你出发的地方。
把我的爱独自留在那里，知晓，
她是如何掌控另一个人的心房。
如果她爱我，你就和她分享
一个爱人知道的所有快乐。
如果不爱，不久你就会忍受
我，这个瓶子将去的地方。

当我 10 月份回到牛津的时候，我找到了一些安慰。迪伊的朋友凯特和理查索拉布吉结婚了，他是一位古典主义者，同时也是一位哲学家。迪伊经常来跟他们共度周末，而我也经常在她去的时候找借口登门拜访。最终我鼓起了勇气。我给迪伊寄了一张情人节卡片，并且邀请她到伦敦的剧院看演出。我们去看了《花街神女》，这是一部轻松的音乐剧，所以，我们从头到尾都很享受。从那次开始，我们一有时间就在伦敦或者牛津碰面。我也相信，她喜欢和我一起出去或者一起待在她皮米里科的公寓里。当我们不在一起时，我依然会给她写诗，但是，我不再害怕寄给她。这一首是在诺顿庄园的花园里写的：

> 梨树
> 在我头顶上方的梨树
> 将花瓣洒落在我的《西塞罗》上
> 它的最后一章还没被读过
> 在飘洒的花瓣雪下。
> 我没有精力再去书写
> 关于罗马衰落历史的复杂注释
> 将梨树化为白色的春天
> 骗走了我热切的心
> 你清新微笑的样子
> 此时萦绕在我和这本名著之间
> 模糊我笔记的花瓣
> 化成了环绕你眉骨之上的花环
> 既然我明白你无法分享
> 我对变幻天空的无尽遐想
> 对遥远空间的一瞥
> 也被毫无破除的障碍困住
> 我合上这本撒满花瓣的书，希望
> 这些被夹进去的花瓣可以带来
> 被囚禁到信封中
> 美好春天的消息
> 让这只不习惯的笔

去写完这些诗，现在我知道

我必须重新整理我的思绪

将注意力放回《西塞罗》

考试临近，在考前一周，我因为眼疲劳患上了轻度结膜炎，校医生在不知情的情况下为我开了让我过敏的药，我的脸开始肿胀起来长，满丑陋的皮疹，疼得无法看书。我很沮丧，但意志力让我继续工作。考试的时候，我感觉不错，最后以高分顺利地通过了所有考试。学期结束后，迪伊从帝国化工公司溜出来和我一起参加伍斯特大学的舞会，还在麦得马斯顿待了一些日子，在那儿，我们一起挖了罗马驻扎地的一部分。

等了很长时间考试结果才出来，我又获得了第一名。实际上，我的哲学课分数说明，我吸收的知识要远远多于我的领悟。在众多的祝福中，迪伊的电报对我来说是最好的。在我前往伦敦的第一时间，我们一起去电影院看了约翰·韦恩的《赤胆威龙》，这是一部让人引发浪漫联想的电影。我们的婚事很快提前了。我到比迪福德去拜访她的父母，我们一起在克劳夫利和布莱克丘奇·罗克野炊。她也来到诺顿山庄见我的家人，我终于将所有为她写的诗献给了她。在戴维的监督下，我们花了一个周末的时间在布列敦丘做挖掘工作。后来，我们加入了一个团队，去了法国一个叫作比亚尔的新石器营做挖掘工作，这个地方离白兰地很近。

这次担任指挥的是克洛德本涅，他是汉弗莱凯斯的朋友，来自阿斯莫林。他拥有一间叫作"极品布鲁尼耶"的白兰地公司，但是，他真正热爱的却是史前史。迪伊作为团队不可缺少的一员，大家说服帝国化工公司给了迪伊额外的一个星期假期。经过了一天的忙碌，大家可以免费品尝白兰地。有一夜，迪伊陪着我，我喝多了。但是，这达到了目的，我再也没那么做过。我实现了学术生活中的所有目标，在我的个人生活上，我也沉浸在爱情的快乐中。迪伊和我都很想结婚，也告知了双方父母。但我们都不知道具体会在什么时候，因为我的职业道路还没有最终确定下来。

第五章　考古研究

  曾经有很多年，我想成为一名考古学家。但是，随着我离这个梦想越来越近，我却渐渐对它产生了怀疑。我真的希望毕生钻研远古进代的问题吗？我难道不应该考虑做一项能为社会提供更大帮助的事业吗？我之所以产生这样的想法，是受到方济会的影响，再加上了解到我的许多朋友，如贾斯汀·班伯里和热尔韦·安其，他们都在圣公会担任神职。我不想从事神职，对当老师也没有什么兴趣，但是，我对政府行政部门尤其是外交部很感兴趣。我渴望拥有国际化的发展道路，之前接待外国学生的经验也给了我很大的信心。家里人都很支持我，迈克尔舅舅的一个外交官朋友还给了我许多宝贵的建议。

  然而，我依然热衷进行考古研究。要进入政府行政部门，竞争会非常激烈，我很可能不会成功，即便进去了，我也很可能发现这项工作并不适合我。而有了研究型学位可以确保我能够重返学术生涯，像彼得·福勒和乔安娜·克劳斯·布鲁克斯等朋友已经开始了他们的考古研究，我决定尽可能做好两手准备。因此，我在 1959 年春天申请在当年晚些时候开始攻读文学学士学位，这通常是博士学位的过渡。我计划在 1960 年年初参加进入外交部的考试。如果成功了，我就把进入外交部的时间至少推迟到 1961 年中旬，确保有时间完成我的研究。如果失败了，我就继续进行考古研究。这个复杂的计划顺利完成了。这一章详细讲述我加入外交部之后继续进行的研究活动。

  首先，我需要选择一个好的研究课题。我希望将古典研究和史前考古结合起来，并且能够在希腊和土耳其工作，而对荷马时代的考古则满足了所有这些条件。我向多萝西娅·格雷寻求帮助，她同意做我的导师，对我的课题进行指导。荷马所说的特洛伊战争，普遍认为发生在青铜器时代晚期，大约是公元前 1200 年。在那一时期，不仅特洛伊，还有土耳其西北岸的许多地方都被摧毁了。在铁器时代的早期，直到公元前 900 年左右的时候才重新有人群开始在当地定居，其中以来自希腊的殖民者居多。在青铜器时代晚期和铁器时代早期，各民族使用很多种不同的单色灰陶。这灰陶器皿与现代陶器不同，却很少有人研究。他们可能会提示我们在那被遗忘的几百年里曾经发生过什么。

我适时地开始了有关"青铜器时代中晚期和铁器时代早期安纳托利亚西北部的灰陶及其与希腊早期定居点关系"的研究。我安下心来阅读在阿什莫林博物馆的资料室能找到的所有资料，只在中午才出门到圣基尔斯街一家名叫"羊羔与旗帜"的餐馆吃个馅饼，喝点啤酒。为了给夏天的野外调查做准备，我还加入了位于雅典的英国研究和位于安卡拉的英国考古研究所。我又有了两位老师，一位是来自布里斯托的约翰·库克教授，他和他的土耳其同事艾克伦·阿库尔伽一起发掘了在如今的伊兹密尔附近的古士麦纳遗址，并发现了史前和较晚期的灰陶。是他指引我找到了希腊定居点的证据，后来又成为我的导师。还有一位是詹姆士·梅拉特，安卡拉英国考古协会的副主任，他证明了史前灰陶的起源地并不是希腊，而是安纳托利亚。他在史前问题上给予了我有益的指导。库克和梅拉特都是通过古遗址表面的陶瓷碎片发现古遗址的专家，我也想要做类似的事情。

我研究的地理区域包括称作伊奥利亚的古代地区。历史学家希罗多德列出了从士麦纳到皮塔涅的 12 个位于小亚细亚半岛沿岸的伊奥利亚城市，在莱斯博斯岛他又加了 6 个城市，也指特洛伊附近伊达山下的定居地。认定为这些城市的地方，不论是何时发掘，都发现了铁器时代早期的"伊奥利亚"灰陶。在同样的地方也发现了更早期——青铜器时代中期和晚期的灰陶，虽然总是混杂着类似形状的红色和米色陶器。最完整的发掘是在特洛伊，在卡尔·布利根领导下，一支美国队伍刚刚出版了长达四卷的 20 世纪 30 年代调查研究的结果。在同一时期，威妮弗蕾德·拉姆已在莱斯博斯岛的泰尔米和安提莎展开发掘工作。在士麦纳的最新挖掘成果仍未发表。约翰·库克警告我，阿库尔伽很少允许其他人撰写和他发掘地有关的文章。

从 1960 年开始，我不得不中断研究，把精力放到进入外交部上来。我在贝斯沃特一个阴冷的会堂里参加了笔试。接着有人打电话叫我去面试。在紧张的两天时间里，我与其他人组成了六人小组，在写作中解决问题，在委员会中讨论这些问题，又被三名委员面试。我认为，其他候选人都表现得比我出色，所以我做好了失败的心理准备。但是，没过多久就有人打电话让我参加最终面试，在这次面试中，我针对无主珍宝进行了立论，圆桌后面坐满了西装革履的面试官。就在我离开土耳其之前，我得知自己被外交部将录用了。我非常幸运，因为那之前有很长时间外交部人手都不足，因此在那一年招的新员工（数目是往年的两倍）。我计划在1961年7月开始工作，希望在那之前能完成我的大部分的考古研究。有几个我在牛津和伊顿的朋友和我一起成为公务员。克里斯托弗·罗伯茨进入了贸易委员会，蒂姆·吉进入了英国文化委员会。当代的伊顿古典学者克里斯托弗·马拉比成了我在外交部的同事。后来，我在英格兰银行工作的时候，则与安东尼·勒恩斯一起共事。

与此同时，我同祖母、戴安娜姑姑去了埃及、约旦和以色列春游。这是我最后一次和祖母出国旅游，我们去了很多如今再无法到达的地方。对于我这样一个考古学家来说，能去开罗和卢克索实在是巨大的幸福，我像同老朋友打招呼一样，向我和泰特先生在伊顿研究过的雕像问好。圣地更是让人坐立不安，在耶路撒冷我惊异于基督教世界的各种派系，对这里圣地的庞大数量心存质疑。但我发现，从耶路撒冷和迦百农古城遗留下来的罗马遗迹中，自己能够更好地想象出耶稣的形象，尽管这些遗迹晚于耶稣所在的时代。考古学减轻了我对口头传统的怀疑。

我向迪伊和家人道别，前往土耳其。4月28日晚，我抵达伊斯坦布尔，发现反政府暴动一天后在当地实行了宵禁。一个士兵拦住了我，说"亚萨克（禁止）"，又做了一个手势，我马上又走进入屋子里。后来，我到了安卡拉，在英国学院考古研究所停留时受到了詹姆士·梅拉特和他的土耳其妻子阿尔蕾特的热情款待。我在学校里紧张地见到了艾克伦·阿库尔伽，他很高兴地允许我研究那些从士麦纳和其他地方挖掘出的东西。我学会了区分正在研究的两种陶器。史前的陶器明显与金属相似，常常因为含有云母而闪烁光泽，一般是灰白色，摸起来有感觉有点像肥皂。伊欧里斯的陶器更硬、更光滑，色泽通常也更暗，形状没那么像金属器皿。

有了在安卡拉的良好开端之后，我到了伊兹密尔，在那儿坐船去雅典。5月27日发生了一场政变，土耳其政府被推翻了。幸运的是，我所乘搭的船被批准翌日在海军炮艇的护送下启程。我在雅典的英国学校安顿下来，但是我的注意力很快转移到研究以外的其他事情上。奶奶的一个老朋友，爱德华·德·斯坦爵士刚刚从一家的商业银行退休，准备带着三个朋友乘汽艇游览爱琴海。我也一起同行，护送其中一位旅伴的女儿，她和我年经相仿。船上设施非常豪华，我乘船到了帕特莫斯——圣约翰写下天启的地方，又到了萨摩斯岛（Samos），在那儿我带议爱德华先生去吃章鱼（但他并不喜欢吃）。这次游玩结束后，我飞回英国待了两个星期。克里斯托弗廉慨地为我出了机票钱。我高兴地和迪伊团聚，和她一起参加晚上基督教堂学院舞会，还去了一趟曼得马斯顿，那里现在是由杰弗里·梅（Jeffery May）管理。

回到希腊之后，我乘船到米蒂利尼继续野外调查。我研究了当地博物馆中的灰陶，启程探索莱斯博斯岛上的伊欧里斯城。除了米蒂利尼本身以外，其他城市后来都被翻修，它们大部分地处沿海。通常我先乘公交车，走很长时间的路来到这里，然后在地面上收集陶瓷碎片。接下来，我会去游泳，然后在橄榄树下吃午饭。在安提莎时，我在海边裸露的宽广海岸上发现史前的水位线仍然可见，从那里我走了一整天，到了女诗人莎孚的故乡索斯，晚上寄宿在一个善良的牧羊人家。根据约翰·库克的指导，我到了派拉马的一个新的史前遗址，在海里同样找到了很多陶瓷碎片。随后，我座飞机到了附近的利姆诺斯岛，那里正在举办意大利展。在吃过利姆诺斯岛称作"布加萨"的早饭而体力倍增之后，我在小岛的首府米里娜博物馆里，仔细研究当地的发现。一天晚上，我观看了小镇的狂欢节，那里有船队还有烟火，感觉就像伊顿的六月四日节一样。我在希腊的野外调查圆满结束了，于是我乘船到了希俄斯岛，横渡狭窄的海峡到达土耳其大陆。我在伊兹密尔博物馆安顿下来，钻研那里保存的老士麦纳时期的史前陶器。但是，我迫不及待地盼望迪伊和她同伴的到来。

我们计划好了迪伊会利用英国化学工业公司三个星期的假期来土耳其看我，一起来的还有牛津大学的考古学家菲奥纳·格雷格和她的朋友罗伯特·桑德尔。但是，罗伯特不来了，迪伊的朋友埃德娜代替他来。这三个姑娘在希俄斯岛乘土耳其划艇来见我，她们下船后，我顺利地接到了她们。接下来的两个星期中，我们参观了著名的古代遗址——帕加马、以弗所、米利都、普南城和狄杜玛。在这一系列壮观的废墟中，我们几乎是独自闲逛，因为土耳其的旅游业还没有真正开始发展。我们乘船到了博德鲁姆，在那儿埃德娜的钱被风吹到了海里，一个友善的土耳其人为了把钱捞上来纵身跳入水中。在快到米利都的地方，我们参加了一个割礼晚会，随着吉普赛音乐，我们尽情地跳舞。我们甚至认真地进行了考古研究，沿着库卡达斯空旷的海岸寻找史前遗址。穿着睡衣观察我们的高个子土耳其人，后来发现竟然是警察局长。

我们住在简陋的旅馆中，炎热的晚上睡在屋顶。我想知道土耳其人如何看待我和我的三个"女伴"。但是，在他们的眼中，我似乎很有脸面，所以他们绝不会骚扰她们三个。因为我会说土耳其语，通常我会走在前面，同那天所参观遗址的管理员交谈，而女孩们小心地在我身后几步远的地方跟着。最后一个星期，我们乘长途巴士向北参观特洛伊。我觉得这个遗址很能激发人的想象。青铜器时代中期，特洛伊六世的宏伟城墙、大门和楼梯都高高地耸立着。进去后，我们辨认出属于青铜器时代晚期特洛伊七世的狭窄建筑，也被认为是荷马所在时期的特洛伊。最后，我们横渡马尔马拉海到了伊斯坦布尔。在白天，我们参观教堂、清真寺、宫殿和集市；晚上，去看土耳其配音的西方电影。在托普卡珀博物馆时，菲奥纳吸引了一位研究伊斯兰教的教授的目光。他带我们去游泳，然后在他的公寓里给我们吃桃酱，自始至终都表现得无可挑剔。第二天，我悲伤地在萨拉基里奥角送三个女孩坐船离开。

在一起度过快乐的时光之后，我比以前更爱迪伊了，一个人的时候，只有工作能给予我安慰。我从伊兹密尔北岸出发，完成我在土耳其海岸的遗址调查。我有时乘巴士，有时搭便车，但更多的时候是步行。一次一个友善的土耳其人骑马带我涉水过了赫尔墨斯河。这个国家非常丰饶，到处都是橄榄树和无花果树，遍布溪流和喷泉，这对于像我这样口渴的考古学家来说是再好不过的了。大多数古代聚居地离海很近，寻找陶器后，我可以游泳。我会到村子里找向导去偏远的遗址，在免费为过往游客提供的房间里过夜。我和村民坐着聊天聊到很晚，一杯杯地喝茶，一直到我满足了他们对旅行者无穷无尽的好奇为止。但是，我一直花钱购买食物、乘坐交通工具，因为当地的习惯如此。就这样我游览了希罗多德命名的所有伊欧里斯大陆城市，又发现了更多的青铜器时代遗址。最后，我到了最北边的城市皮塔涅，发现艾克伦·阿库尔伽正在挖掘一个年代久远的希腊坟墓。他欢迎我的到来，并让我仔细观察他的发现。但是，当我边绕着他发掘出的东西边记笔记时，他勃然大怒，撕掉了我笔记本上那几页，说我做得太过分了。我向他道歉后，他逐渐地平静了下来，但是，我很长时间之后才恢复平静。

在皮塔涅另一边的海岸，我只在一个小岛上发现了一个相关遗址，可能是因为古代海平面有上升。然后，我来到埃德雷米特平原——伊达山阴影下的一块三角形陆地。这标志着特洛阿司的边界，我的调查也要到此为止了。我知道，约翰·库克在研究特洛阿司，我可以依靠他的发现，但是，平原深深地吸引了我。这里是荷马时代的泰贝，也是赫克托妻子安德洛玛刻的家乡。阿喀琉斯曾经洗劫这里，掠走了阿波罗最高祭司的女儿克律塞伊斯，就是她招来了引发伊利亚特的瘟疫。我决定对这个平原进行深入调查，追踪了包括可能是泰贝的许多古代聚居地。我同一个叫穆罕默德的学生成为朋友，他帮了我很多忙。当地的古文物研究者和一个见多识广的医生带我参观了很多遗址，那个医生的妻子是德国人。为了参加一个考试，穆罕默德和我一起回到了伊兹密尔，但是很遗憾，他没有通过考试。

我能在土耳其停留的时间不多了。我乘坐每周一次的巴士又一次来到博德鲁姆，这种巴士在凌晨四点离开伊兹密尔。然而我睡过了，到达汽车站的时候已经太晚了，于是我跳上一辆出租车，大叫着"跟着那辆巴士！"然后在小镇的边界追上了它。在博德鲁姆，看到发掘于布隆迪卡莱的迈锡尼遗址的发现后，我极其兴奋。这是土耳其第一次水下考古的成果，有一块制作精美的铜锭，一些青铜器件、埃及圣甲虫形宝石和一个希泰族的印章。又一次回到伊兹密尔后，我乘坐晚上的公交到了安卡拉，在那儿我花了三天时间对我收集的陶器进行洗涤、分类、标记和记录。10月12日，我离开了土耳其，背着一个装满陶瓷碎片的鼓鼓囊囊的睡袋，三条在阿尔蕾特·梅拉特帮助下买的基里姆地毯（一种编织的地毯）和一本写满土耳其人地址的本子，我承诺要给他们写信。

为了建一个新的毕业生公共休息室，也属于牛津建立的第一批，我回到了基督教堂学院。这个想法源自保罗·肯特、开明的大学化学教师尼古拉斯·格雷，还有一位化学家朋友，也是第一任主席，而我担任秘书一职。女王参观学院时，我刚好在学院中并被介绍给女王。我很清楚地记得当时的对话。

伊丽莎白女王：你现在在做些什么？

尼古拉斯·贝恩（以下简称"NB"）：我在进行希腊早期考古研究。

伊丽莎白女王：你离开牛津后会做些什么？

NB：我已经被外交部录取了。

伊丽莎白女王（皱起了眉头）：希腊考古对外交部会有什么帮助？

NB（吃了一惊）：唔……他们允许我完成我的研究。

时至今日，我确信自己喜欢外交部胜过考古学。我对于自己在土耳其取得的成绩感到很满意，但是，我常常会觉得紧张、孤独。即便在牛津我也是独自工作，而我渴望成为团队的一分子。在个人生活中，我也希望有人陪伴，因此我和迪伊在1961年新年正式订婚了。但是，婚礼却必须等我有收入之后再举行。

次年3月，我又一次启程去土耳其。在横跨南斯拉夫的火车上，我遇到了从米兰训练归来的保加利亚男高音。虽然很害怕，我还是同意偷带一些手表过境以资助他的意大利课程。在索菲亚我遭到了报应，我的鞋子被偷了。我的第一个目标是在伊斯坦布尔博物馆研究特洛伊和其他遗址的陶器。当时天气非常寒冷，我在博物馆商店中的炉火旁缩成一团。但是，在博物馆中只能看到特洛伊经修复的陶器，而不是破碎的陶器碎片。前一年认识的一位博物馆熟人答应让我观察碎片，但是他生了病，没有办法帮我。因此，我一直没有机会观察特洛伊的所有发现，这对后来的事情也有影响。

我继续填补前一年野外调查遗留的空白。我参观了位于光秃秃的小亚细亚高原的佛里吉亚首都格迪恩。那个美国发掘者已经发掘出了壮观的宫殿和皇室墓冢，也发现了大量灰陶。埃德雷米特平原上的杏花让我想起了诺顿格兰奇的梨树，我开始想念迪伊。遥远的伊欧里斯遗址上遍布野花，也让我想起了另一首诗。

废墟中的爱
城中游人寥寥
这座埋于荒野乱石下的古城
我——发现城门口一片死寂
独自漫步于集市
没有什么阻拦我前行
身着铜色服站岗的卫兵
春天草地上的风信子
睡着时也不忘观察
他们不畏惧敌人

是否会再度攀上城墙

那里有染成深红色的银莲花

成为秋天的纪念

我独自在山谷中游荡

秃鹰在头顶旋转

在静静的石楠中探寻

远古的遗体

表面轻轻地盖着一层刺绣

青草和鲜花卧于其下

真正的爱人不会彼此分离

他们在永恒的爱中得到慰藉

沉睡者，爱人就在旁边

给我渴望的心带来了平静

当你们沉睡，没有什么可以将你们分离

我和我的爱人必须分隔两地

覆盖你骸骨的花朵

带不来欢乐，却以新的痛楚嘲笑我们

我和我的爱人找不到春天

直到我重回她的臂弯

　　路过莱斯博斯岛时，我长途跋涉 25 英里，参观阿伯瑟克的古庙遗址。在那里看不到多少陶器，但是，我发现了一个偏僻的门开着的小教堂——那天正是东正教的复活节。（一周前，在国教会的复活节那天，我正在格迪恩一个佛里吉亚国王的空墓中。）我继续乘船到了雅典，然后乘火车回了家。

　　我专心致志地写论文，现在我想成为一名博士。但是，当我进入外交部时，我只完成了两章，在下班之后，我继续写作。在我被派往马尼拉时，论文还没有写完，但我在马尼拉的安有空调的卧室中终于将其完成。在花费将近五年时间写完之后，我在 1964 年 5 月才投稿。那一年，我休假回家的时候，两位早期希腊考古学巨擘约翰·博德曼和文森特·德斯伯勒对我进行了考核。虽然他们俩都无意做博士，但他们对我所做的研究表示支持。我完成了学位，将论文存档在牛津大学图书馆。

　　我论文的结论如下所述：我总结了不同地区史前和特洛伊时期灰陶的分类方法。我可以展示史前特洛伊陶器中哪一种样式出现得最晚、哪一种最早，由此提出了两者之间的过渡形态。我发现，在青铜器时代后期，特洛伊和莱斯博斯岛，由迈锡尼陶器衍生来的灰陶样式非常流行，但是，在士麦纳及其附近的遗址却不是这样。过渡到铁器时代早期后，当特洛伊陶器最先出现时，它更接近于迈锡尼陶器，而不是本土的样式。而在小亚细亚半岛其他地方的希腊定居者使用从希腊大陆引进的彩绘陶器。但特洛伊的殖民者采用了他们在当地发现的那种单色的制陶传统，彩绘陶器非常少见。

　　现在，解释这种转变就很容易了。特洛伊人引进迈锡尼陶器并加以模仿只是贸易带来的结果。但是，莱斯博斯岛上来自派拉马和安提莎晚期的发现显示，在大约公元 1100 年，当地居住的是迈锡尼难民。由于切断了与希腊本土的联系，这些难民于是将自己的制陶工艺与当地莱斯博斯岛居民的方法进行了融合。后来，更多的大批定居者跨越爱琴海来到了特洛伊，他们有的留在了莱斯博斯岛，有的将单色陶器带到了大陆，那里士麦纳的最早希腊水平后退到了大约公元 1000 年。这项考古结论与很多世纪前作家记载的特洛伊城的固有传说相当吻合。

　　我的下一个任务是要发表研究成果。我不能发表整篇论文，因为其中的很大部分是参与了没被发表的著作。但是，约翰·库克推荐我发表士麦纳的史前发现部分。我咨询了安卡拉协会杂志《安纳托利亚研究》的编辑奥利弗·格尼，询问他我的论文是否有发表的可能。但是，他不太愿意，因为士麦纳已经被雅典学院发掘过了。他建议我发表些其他的发现，于是我写了一篇名为《安纳托利亚西北的迈锡尼发现》的论文。但是，当时我远在马尼拉，没有办法接触学术著作，也就苦于无法看到有关特洛伊的所有资料。格尼拒绝了我的文章，认为我的发现已有类似的文章发表。1966 年年末，我回到伦敦后，为了约翰·库克，我继续了在士麦纳的研究。但是，除了赶上我不在马尼拉时所做的学术研究的进度之外，我还要应付外交部繁忙的工作，养活越来越多的家庭成员。当 1969 年我被派往德国的时候，我的论文还是没有完成，很显然，我永远也写不完了。虽然约翰·库克没有责备我，但是，我还是感到很遗憾。在我看来，有了这么多帮助却没有做出知名的成果是不负责任的表现。

　　然而，这件事情最后却有一个圆满的结果。90 年代，一位名叫奈杰尔·斯宾塞的牛津学者发表了一篇有关莱斯博斯岛的文章，认为从文化的层面来说，远古时期这座岛屿属于安纳托利亚的一部分，不属于希腊。他发现了我在牛津大学图书馆的论文，并且大量引用以证明他的观点。这篇文章吸引了两位德国考古学家的目光，他们是迪特尔·特尔和安德烈亚斯·沙赫纳。他们也读了我的论文，认为我的发现非常有根据，他们写信询问我，他们是否可以将它发表，我非常开心地同意了。我把文章存到了电脑磁盘中，尽我所能核对了参考文献，翻出了放在阁楼里一个旅行箱内的我最开始画的画。位于安卡拉的英国研究院和位于雅典的英国学校给予了我慷慨的物质帮助。2000 年，我的论文发表在《小亚细亚研究》第 37卷上，特尔和沙赫纳写了"后记"补充。我对他们两人怀着深深的感激之情，还有奈杰尔·斯宾塞，是他使我的论文受到关注。最后，我的研究得到了发表，终于心满意足了。

第六章 初涉外交：联合国部门

1961 年 7 月我加入外交部的时候，国际局势动荡不安。皇家海军部署在海湾地区阻止伊拉克入侵科威特，民主德国在俄国人的支持下意欲建造柏林墙。刚果内战一触即发。我是从被频繁送到办公桌上电报文件中获悉这些危机事件的。我被任命为外交部负责联合国事务部门的经济分析员，在工作中学习如何工作。办公室助理主任艾伦·霍恩是我的导师。我很少看到主任约翰·塔豪丁，而且我也基本上看不到奥林匹斯山的那些副部级高官们。我入职时，部门正在筹备将于 9 月份在纽约召开的联合国大会。我作为一名工作人员，跟随英国代表团出席会议。但在此之前，我娶了迪伊，这是我这辈子做的最美好的事。

随着婚期临近，我对迪伊的家族也有了更深入的了解。王尔德家族起源于德比郡，在 19 世纪的伦敦法律界颇有名望，后来，家族中有人成为英国上议院的大法官。然而，家族中的一位年轻人却选择加入印度军队。他在应对印度暴动的战斗中出生入死，指挥旁遮普边防军队，最终成为阿尔佛雷德·王尔德高级巴思勋爵士。他最年幼的儿子，查尔斯，迪伊的祖父，在北德文郡的联合服务大学接受教育。联合服务大学是开普林大学的前身。查尔斯·王尔德在国外工作，却一直记得去西部教堂看望艾丽西亚·斯科特。最终，他娶了她。迪伊的父亲托马斯·王尔德出生在巴哈马群岛，在那里，查尔斯和艾丽西亚开拓了一片剑麻地。但后来这片地毁于飓风，年轻的汤姆·王尔德在荷兰加勒比海殖民地长大，他的父亲是一位工程师或者农场主。

汤姆·王尔德后来成为一名教师，在商船学院培养无线电操作员。第二次世界大战期间，他的工作是向已被占领的欧洲秘密传送无线电信号。战后，他出售了王尔德家族在学院山的法律工作室，这使他有了足够的本钱独立生活。他搬到母亲所在的比迪福德，买下了阿普尔多尔附近已经中落的"快乐电影院"。他修复了电影院，跟妻子一起经营了数年。但还是不敌更为先进的电视，所以，在我遇到这家人不久前，他就把电影院卖了。他心灵手巧，擅长做小工和室内装饰；而且很博学，特别是在历史方面。和迪伊一样，他也充满着冒险精神，总是准备好去探索北德文郡壮丽的海岸。他的妻子勒妮，却喜欢待在家里，照顾家人，准备佳肴。

9月16日，我们在比迪福德附近的艾博茨沙姆的乡村教堂里举行了婚礼，教堂的墙壁和院落满载着迪伊家族的荣誉（如图6）。教堂牧师给了皮特神父和我的伴郎贾斯汀·班伯里充分的自主权来主持我们的婚礼。当地的敲钟人则非常乐意为我们演奏一曲。本来是新娘一出场他们就要停止演奏的，结果他们太过激动，没看到我的手势。所以，迪伊和她的父亲在手风琴和钟声中步入了中殿。在圣坛上，我们直接互相宣誓，甚至都不用皮特神父提醒，说明我们的誓言都是发自内心的。

不到一周之后，我们就飞往纽约。代表团的其他成员都没有妻子随行，他们被安排住进了酒店。受人爱戴的贝蒂·沃斯利负责食宿工作，她为我们找到了一处公寓，还为迪伊找了一份工作，让她做我们联合国首席代表的社交秘书。她是帕特里克·迪恩先生的妻子。这间公寓，临近大都会博物馆，并且应有尽有，空间很大，足够我们进行一些娱乐活动。贝蒂·沃斯利是我们的第一位客人。迪伊可以步行去迪恩的公寓。而且她觉得，帕特丽莎·迪恩很平易近人。她学到了许多作为一位外交官妻子应具备的实用技能，并且赚了足够多的钱支付她的机票。

联合国大会的进程很缓慢，因为大家都沉浸在秘书长达格·哈马舍尔德飞机失事的悲摘中。迪伊和我有时间去感受纽约令人兴奋的氛围。我们去参加外交派对，跟祖母的美国朋友们相处融洽，他们带着我们去科尼岛吃龙虾。但我们最为享受的还是彼此的陪伴。我们去了帝国大厦，彻底逛了一遍这座大都市，并且对弗里克美术收藏馆流连忘返。我们新婚的前三个月是一段延长了的蜜月。

我的工作分为两部分，一部分是联合国的事务，另一部分是英国的事务。第一周，我聆听了肯尼迪总统、苏联外长葛罗米柯、英国外长霍姆的演讲。之后，我开始为经济委员会的一般性辩论记笔记、写报道。我坐在芭芭拉·索尔特和迈克尔·埃罗克的后面，他们是代表团经济小组的成员。芭芭拉·索尔特是一个令人敬畏的人，她能在女性的循循善诱和粗鲁间自由转换，这种粗鲁假如出现在男人身上根本无法令人原谅。但在大多数时候，前排坐着的是迈克尔·埃罗克，他是一位思想独立的一等秘书，我从他身上学到了不少东西。通过这些演讲，我逐步建立了世界经济的知识框架，虽然无聊的时候我会跟迈克尔互写打油诗。我跟塞奇·普罗霍洛夫交谈的时候则是小心翼翼地，他是坐我旁边的同龄俄国人，我并不信任他，所以，后来得知他因间谍罪被开除的消息时也并不惊讶。有时候，我在社会委员会帮忙，那里有很多女性代表。我亲眼见证了身着优雅黑色职业装的塞内加尔和科特迪凡的女代表们被尼日利亚外长贾·瓦舒库的一夫多妻论逼得哑口无言的情景。

联合国主要的政治议题是反殖民化。英国在这个问题上处于守势。我们的西非殖民地那时已经宣告独立，而东非南非的殖民地还没有独立。我们受到苏联及其同盟者的猛烈攻击。此外，一些新联邦国家诸如印度也在抨击我们。而美国却置若罔闻，甚至法国也没有伸出援助之手。那时，法国在非洲所有的殖民地均已获得解放。这些攻击让我倍感惊讶，因为我一直认为，英国是正义善良的力量。他们教会我，任何国家都更愿意独立自主而非受制于人——这是我外交生涯的第一课。

我们想方设法不让反殖民主义的毒瘤感染涉及经济议题的辩论，却无法摆脱"冷战"的大背景。西方国家向发展中国家提供了很大的财政支持。英法两国是主要的援助国，援助对象主要为前殖民地国家，美国也因马歇尔计划的顺利通过而对发展中国家实施积极援助。1961 年，这三个主要大国将超过 0.5% 的国民收入用于政府援助，这比之后的年份都多得多。我们也是联合国科技援助计划的主要贡献者。共产主义国家提供的援助却少之又少。但是，他们的中央计划经济体系对刚刚摆脱专制的发展中国家却很有吸引力。所以，发展中国家周旋于两方，获取最大利益，他们将联合国作为大展宏图的工具，因为现在他们有数量优势。

11 月，经济委员会开始着手制订决议草案。我晋升为讲稿起草人，甚至可以在芭芭拉和迈克尔忙于幕后磋商文件时坐在英国代表的位置上。这一主要的决议宣称，20 世纪 60 年代将会是联合国发展的重要十年。发展中国家迫切希望将经济年增长率提至 5%，我们对此深表怀疑。但是，迈克尔·埃罗克意识到不管怎样这项提案都会通过，所以，他干脆赞同提案来收拢人心。这让他阻止了一项不受欢迎的联合国贸易会议提案。然而，这一会议提案在一年后通过，而联合国贸易和发展会议成为永久性组织。联合国在第一个十年发展迅速，甚至超越了 5% 的目标。经济委员会不分昼夜地开足马力，一直工作到 12 月 19 日。迪伊和我飞回家里。1962

年6月，我在日内瓦的联合国经济和社会理事会上与芭芭拉·索尔特以及迈克尔·埃罗克重聚。迪伊也随我同去，那时她已有7个月的身孕。我们住在一间能看到勃朗峰的公寓。这次会议期间，联合国秘书处向英国寻求支持，以通过土地改革计划。迈克尔·埃罗克让我负责决议草案的通过工作。我不得不让自己在短时间内了解土地改革事务，并且回答要求修正决议草案的提议（那时候，迪伊坐在旁听席里陪伴我）。我成功地击退了俄国的攻击，最终使草案全票通过。而且，我还必须负责组织芭芭拉·索尔特的欢送晚宴。这就要越过法国边境，走私大批酒精。她本来是被任命为英国驻以色列大使的，她本可以成为第一位全权负责英国外交事务的女大使。但不幸的是，她双腿罹患血栓，不得不截肢，这使她无法就任大使一职。

回到伦敦之后，迪伊在康沃尔花园远离格洛斯特路的地方找到了一处公寓。它在于一楼，有个大客厅居室，我从家里借了一些家具来布置它。公寓可以看见，那里入私家花园屋房后可以听到地铁的隆隆声，这正是夏洛克·福尔摩斯故事《布鲁斯—帕廷顿计划》里将尸体放到火车顶上的那个案件的发生地。我们终于有空拆开所有的结婚礼物。因为我的年收入不足800英镑，所以，我们的日子过得很拮据，但好在迪伊是个精打细算的好主妇。伦敦狂欢过后，我们回归了一般夫妻的生活。这种日子所需的努力以及前瞻能力超乎我的想象。但却总给我带来益处，我认识到，外交和婚姻其实有很多相似性。

迪伊在产前一直在牛津街外的联合国协会做兼职。预产期过后，她开始变得焦躁不安。直到有天晚上，我们看《恺撒和克里奥佩特拉》的电影时，我们的孩子随之来到了人间。托马斯·贝尼（小石汤姆）出生于1962年9月14日，那是在我们第一个结婚纪念日的前两天。在他刚出生的前几个周，全国都笼罩在古巴导弹危机的乌云里，我们对他的未来甚为担忧。但是，乌云很快散去，之后的"冷战"再也没有这种紧张程度了。汤姆是一个机智活泼的孩子，总是大晚上地来回走动，要吃要玩。迪伊喂他我哄他。如果他还是哭的话，伍德沃的止哭水总能让他收住眼泪。我们准备宴客晚餐时，他会大喊大叫，这时候我就会愁容满面地进厨房找到奶瓶冲牛奶，然后迪伊给他喂一大勺。但是，他还是越叫声音越大，原来我们给他错喂了洗发水。

在联合国，我的工作逐渐步入正轨。我在外交部大楼工作，可以俯视唐宁街。尽管外观雄伟，但是，内部却出乎意料的简陋。整个办公室被文件柜和传文件的气流输送管弄得凌乱不堪。科技也很落后，外部打进大楼的电话必须经过一个接线员，我们没有传真机、复印机，更不要说电脑了。需要大规模分发的文件必须事先刻在模板上，然后打印。我负责经济社会委员会和联合国大会经济事务的简报撰写。我学会了跨部门沟通的技术，让仍然是单独部门的伦敦英联邦公署、殖民地部以及我部门的前身科技合作部实现有效沟通。跟财政部、贸易部打交道绝非易事，因为他们都不看重与联合国的合作。他们总是把外交部放在前线，但是，拒绝支持我们提出的方案。他们担心这些可能影响他们更重要的部门，如国际货币基金组织和关贸总协定。

我发现自己很轻松地适应了这份工作，而且对解决不同经济问题带来的挑战充满乐趣。在逻辑学方面的训练让我如鱼得水，它帮助我轻松地在辨识论点上去伪存真。相比较而言，古代史的研究略显无用，尽管在面对雅典人提问时我引用提洛同盟与波斯人的冲突的史例回答如何让俄国人支付联合国经费。但是，冗长的会议议程让我心力交瘁，基本上是在告诉我们驻联合国的代表团什么不能做，这阻碍了他们的提议。这就需要像迈克尔·埃罗克这样意志坚定的代表，能在事态超过预期时推进进程。

在 1962 年联合国大会上，我一如往常地答复纽约寻求决议草案指示的请求。他们连夜发来电报，这样，我就可以在清晨到达办公室时有一个早上的时间与有关部门磋商。如果我在伦敦时间下午两点前发送，纽约方面就可以在工作日开始前得到电报。一天清晨，我发现一封用红墨水标记否定"有利可图的商品价格"的电报。我没多想，忘了红墨水只有部长才能使用。那天，艾伦·霍恩召唤我面见特德·希思——时任外交部长，他当时正准备让我们部门介入欧洲共同体事务，而我对此知之甚少。他生气地告诉我联合国决议里这样的措辞会影响他为反对欧洲高价农产品做出的努力，必须去除。我尽力解释，反对联合国文件里的这类措辞毫无根据，最终，艾伦·埃罗克跟我一起说服他接受"有利可图的商品价格"，这次经历着实让我胆战心惊，但我毫不后悔，因为第二年春天我就被提拔为英国驻马尼拉的三等政务秘书。

非常偶然，我开始了外交生涯里的经济外交阶段，我并没有想到会为此付出多少时间。但是，作为联合国经济办公室的一员，我的职权范围很小。联合国的经济职能在其宪章中只是笼统地描述，它受限于没有约束力的决议。它可以设立目标，但不能保证它们能够达到目标，而且也不能确保资金到位。联合国只处理与发展中国家相关的问题。这成为它们的青睐领域，因为逐渐兴起的发展中国家可以使他们控制事态走向。然而，很多前殖民地国家，不得不捍卫其政治自由，大多数在经济关系上互相敌对。它们宣称：现有的国际秩序建立在老牌工业国的利益之上，与它们的利益背道而驰。这些因素使得外交变得敌意重重，对于经济利益的深思熟虑远不如政治上的钩心斗角。我开始了伦敦和多边文件的经济外交工作，但仍然有学很多东西要学。

第七章 首次委派：马尼拉

1963 年的冬天，天气极其寒冷。肯辛顿花园里的圆形水池结满了坚冰，我们把汤姆放在婴儿车上，推着他横穿冰面。厨房的屋顶平台上堆满积雪，雪水渗透天花板滴落下来。但是，这一切都没有分散我们的注意力。我们接到了前往热带国家菲律宾的委任状，正在为此做准备。我们仔细研读当地情况的报告，并从德里克·托马斯那里获得不少忠告。他是一位充满活力的同事，最近在那里工作。由于拥有服装购置费和汽车贷款，我们买了许多轻便的衣服，并且订购了一辆汽车运送到菲律宾。到了 3 月，我们交出了公寓的钥匙，做好了乘船出行的准备。此时，汤姆开始会爬了，这着实让我们这次出行提心吊胆。那时我岳父汤姆·王尔德带着岳母去看了一位专科医生，然后我就得到了坏消息。我不得不告诉迪伊她的母亲患了晚期癌症。迪伊立马带着汤姆回到德文郡陪伴她的父母，而我只身飞往马尼拉。

马尼拉气候炎热潮湿，当地植被充满了异域风情。它是菲律宾首都，西班牙殖民者曾在这片国土上统治了 300 多年。这段时期过后，保留下来的主要有罗马天主教会、生力啤酒有限公司和一种叫"巴隆他加禄"的精美绣花衬衫。20 世纪早期，美国接管这里。尽管第二次世界大战期间这里被日本占据，美国还是在 1946 年带领菲律宾走向独立。美国人在当地引进了全民普及教育，将英语作为这里的第二语言使用。他们还在这里留下了活跃的媒体环境和蓬勃发展的经济，以至于菲律宾成了当时东南亚最繁荣的国家。其他方面的影响则没有带来那么大的成功。美国人把他们的政治体制移植到这里——但实行两党制的不是民主党和共和党，而是自由党和国民党。尽管这一体制在美国本土可能行得通，然而事实证明，倘若从外部强加于别的地区，这种体制反而会变得无效且腐败。凭借美国的帮助，总统麦格赛赛领导的菲律宾政府曾镇压了一起共产主义暴动。

麦格赛赛与他的继位者加西亚都是国民党人士，与美国关系密切。而当自由党人士马甲帕加尔于1961年当选总统开始执政后，他主张更为独立自主的外交政策。他还决定继续宣称菲律宾对北婆罗洲（当地称作沙巴州）拥有主权，这使他与英国产生了正面冲突。在西班牙殖民者到达马尼拉之前，穆斯林苏丹已经建立了对菲律宾西南部苏禄群岛和毗邻的婆罗洲岛沙巴的统治。几个世纪以来，苏禄苏丹一直牵制着西班牙殖民者。当这种牵制再也无法维系的时候，他们也没有向西班牙人屈服。苏丹吉拉姆一世在1878年将沙巴的统治权授予英国北婆罗洲公司，后来那里成为英国直辖的殖民地。不久后，苏丹承认了西班牙对苏禄群岛的统治，但他和继位者们仍然对其宣示主权。又过了不久，西班牙的权力移交到了美国的手上。到1936年，最后一位苏禄苏丹逝世。在遗嘱中，他将自己统辖地域的主权交给了当时仅实现内部自治而未完全独立的菲律宾政府。

20世纪60年代早期，英国与马来亚、新加坡一致表示同意将婆罗洲殖民地中的沙巴与沙捞越并入马来西亚联邦，这一计划是为了让马来西亚在1963年9月成立。但在这个新国家的邻国却引起了激烈的反对。印度尼西亚总统苏加诺坚称沙巴和沙捞越隶属加里曼丹省，是其不可分割的一部分。最后一位苏禄苏丹的外甥女塔哈塔公主极有主见，她领导苏丹后人煽动菲律宾政府宣称对沙巴享有主权。他们的依据是1878年的统治权转让仅仅是一次租借，而非领土割让。马卡帕加尔希望通过与苏加诺联手来强迫马来亚做出让步。但马来亚总理东古·阿卜杜勒·拉赫曼坚持自己的立场，而且英方也承诺支持他。这就是我5月抵达马尼拉时的局面。我的职责是在西奥·彼得斯的指导下留心这一争端的发展，他在新的大使到达前一直负责这项任务。

八月初，马卡帕加尔邀请苏加诺和东古来到马尼拉参加峰会。然而，东古拒绝推迟成立马来西亚，他能做出的最大让步是：印尼和菲律宾的观察员可以和联合国小组一道，监察沙巴和沙捞越的舆论状况。随后，苏加诺攻其不备，试图接管整个婆罗洲，包括沙巴。他沿马来西亚国境线对其发动了武装"对抗"战略；与此同时，一群暴民烧毁了英国驻雅加达大使馆。所幸，我们清楚菲律宾一定会悬崖勒马。马卡帕加尔虽未正式放弃他做出的声明，但已经不可能去实施了。同时，发自伦敦、雅加达和吉隆坡的电报纷沓而至，连大使馆工作人员的夫人们都被召集起来破译电文。

抵达马尼拉后，我住进了一间外形美观、传统设计风格的木屋，它坐落在一小片围地里。在迪伊来到这里之前，我抵制住了马尼拉色情夜生活的诱惑，过了三个月僧侣般的生活。有一次轮到我值勤，在确认办公室的安全后，我乘坐出租车回家。当时已是深夜，车子沿着滨海路段行驶。这时，司机开始给我介绍一系列充满吸引力的活动，并开出了很划算的价格：观看色情电影、脱衣舞秀，与按摩女郎亲密接触（如果我想要男孩儿的话也可以提供），以及和一位美丽的菲律宾妇女共度良宵。我一一拒绝了，他便陷入了短暂的沉默。最后他问道："你是美国人吗？"我说："不，我是英国人。""是这样啊，"他说，"我可以给你找一个正宗的英国货。她在马尼拉大酒店，但是价格很高。"——随后他报出了一个相当于我月薪5%的价钱。我承认，我的胃口的确被吊了起来。但幸运的是，就在这时出租车到了我家门口。为了将精力从这上面转移，我又开始写诗了——以下就是一个例子。

　　　　恩底弥翁
　　　　——致远方的妻子
　　　　让我的思绪飘回很久之前
　　　　看与你同名的夜之女神
　　　　遥遥俯视着牧羊的青年
　　　　在卡利亚的山坡上他睡得那样沉
　　　　她亲吻了他的额头
　　　　在他的心中她熠熠生辉
　　　　月亮女神在他的梦境里漫游
　　　　她深爱的恩底弥翁依然安睡
　　　　在这热带的正午我焦躁不已
　　　　只盼这漫长的一天能尽快度过
　　　　在凉爽宁静的夜晚月亮将缓缓升起
　　　　将你的爱从千里之外传递给我
　　　　我必会张开双臂迎接你
　　　　与你的爱你的身影温存
　　　　我幻想能够紧紧抱着你
　　　　希望这夜这月不会沉沦
　　　　月亮——请在此刻为我升起
　　　　月光能洒遍半个世界

在德比郡更为柔和的天空里
会在你的头上洒下爱的光线
月亮女神倾泻而下的光芒
低低地洒落在你窗台上
我那天马行空的遐想
必能用爱填满你思念的心房

　　迪伊和汤姆终于来到了我身边。在我离开英国后不久，迪伊的母亲就去世了。迪伊继续留在那里安慰父亲，并且陪伴他直到他安顿在她祖母现居的位于比迪伊福德的房子里。我们一家人重聚后，便正式在威尔逊围地的房子里定居。一楼有个宽敞的客厅，天花板上吊有电风扇，地面上铺满了柚木地板，四周房间环绕。我们雇的帮佣住在底楼：阿娜是厨师，同时也负责照看汤姆。她经验丰富，但是有时会喜怒无常。克里斯是女佣，同时负责洗衣服。她沉默寡言，并且勤俭节约，将薪水省下来供她的外甥读书。我们的兼职园丁阿基诺负责照料一块上好的草坪，两棵巨大的橡胶树形成一片树荫。二儿子查理出生后，我们又找了一位保姆，名叫阿纳斯塔西亚。直到20年后，我成了一名大使，我们才再度启用这样的生活模式。

　　在迪伊到达菲律宾两周后，约翰·阿迪伊斯大使也到来了。他态度矜持，而且是个"中国通"。我认为，他是位极好的上司，因为他提出的要求都很明确，不会让我产生任何疑虑。他不失时机地派我去菲律宾南部的穆斯林聚集区进行访问，并且允许迪伊和我同行。此行旨在试探口风，看看穆斯林对菲律宾宣布拥有沙巴主权态度是否积极。我们乘坐老式的DC3飞机去往棉兰老岛的科多巴多，随后去了苏禄省省会霍洛岛。在这两个地方，我们和献主会神父们进行接触，他们在穆斯林中长期以教育者的身份存在，而非布道者。多亏了他们的保护，我们才一路畅通无阻。我们在霍洛闲逛着，对那些携带枪和弯刀游荡的当地人保持高度警惕。老镇的木屋建在水上，进出通道由劈开的竹子做成，十分狭窄。最大的木屋属于塔哈塔公主。在没有木屋的水面上漂浮着巴得角人的房船，他们是海面上的吉普赛人，很少靠岸。

　　霍兰德神父用献主会的四座水陆两用飞机送我们继续前往锡布土。飞机有推进式螺旋桨，能保持较低的飞行高度在海面上飞行，以避免热带风暴的侵袭。在一条狭长海峡的对面可以清楚地看到婆罗洲。在锡布土，我们遇到了一些宣称支持菲律宾的民众，因为他们有亲戚住在沙巴。但是，在别处，民众大多持有强烈反对意见，因为他们想要保护人促使该省致富的走私生意。事实上，大多数菲律宾进口烟都是从沙巴州的山打根走私到苏禄省的港口的，用一种名叫昆比兹的快船进行运送。无人试图掩藏这一事实。而且我们很容易就能辨别出走私者的豪宅，因为门外就泊着快船。一回到马尼拉，我就报告了此行的见闻，并且补充说明各地穆斯林团体看上去都十分冷静。这是因为，他们自己掌控当地政治，而菲律宾政府对此没有横加干涉。

英国方面对菲律宾政局逐渐失去了兴趣。1964 年年初，拉布·巴特勒（时任外交部长）对菲律宾进行了简短访问。丹尼斯·希利作为他的工党影子内阁成员随行。希利一路并未受到任何触动，直到我带他去到农村地区。亚太区域的其他地方都动荡不堪：印尼和马来西亚之间的"对峙"一直持续到苏加诺垮台；越南战争局势越发紧迫；中国的"文化大革命"刚拉开序幕。但是，在菲律宾最糟糕的事情是 1965 年年末的暴力竞选活动。费迪伊南德·马科斯战胜了马卡帕加尔，成为新一任总统（一位有先见之明的记者告诉我，马科斯一旦当选，绝不会轻易主动退位）。马科斯曾承诺要取缔走私行为。1996 年 7 月，我和迪伊回到苏禄去证实这项承诺是否兑现。献主会告诉我们一切照旧，我们仍然看到走私公然进行。但后来，马科斯的政策激起了穆斯林暴乱，花了好几年时间才得以平息。

随着政治方面的任务减少，我的第二职责——文化建设多了不少任务。由于菲律宾没有设立英国文化委员会办公室，我需要管理英国—菲律宾中心的图书馆和演讲室，照料客座讲师的生活起居，像选举学家罗伯特·麦肯齐和小说家安东尼·鲍威尔。英国议会发起了纪念莎士比亚 400周年诞辰的项目，菲律宾民众反响热烈。外交部长观看了电影《麦克白》的首映。之后我们反复放映这部片子，以至于声道机都磨损了。在马尼拉和其他省，我、迪伊还有其他大使馆的同事将莎翁名著搬上了舞台。《皆大欢喜》中的奥兰多和罗莎琳德极受观众欢迎。曾赴牛津大学学习英语的多尼兰神父鼓励迪伊在一所基督会大学——雅典耀大学开设一门关于莎士比亚悲剧的课程。在此之后，迪伊还开设了一些其他文学类课程。在多尼兰神父担任雅典耀大学新校长的就职典礼上，后来成为牛津大学副校长的奥克肖特博士作为学术界人士出席。而迪伊由于教授莎士比亚文学也在学术界与会人士中拥有了一席之地。

1965 年 1 月，这项文化盛事达到了巅峰。英国文化委员会派遣常在里根公园表演的新莎士比亚公司到马尼拉，上演戏剧《驯悍记》和《暴风雨》。这是第一次有专业戏剧公司来此搭台表演，当地人民无比激动，同时也给我带来了大量的工作。当时，只有私立的远东大学才能为他们精致的舞台布景提供场所。令人敬佩的话剧团长莎拉·杰奎因将舞台的技术条件维持在良好的水平，而她的学生像勤勉的特洛伊人一样为新莎士比亚公司准备舞台。但是，观众席却十分简陋，于是我向当地的英国商界人士求助，问他们是否能帮忙装修。联合利华在菲律宾的总负责人向我透露他库存有 45000 朵粉色塑料玫瑰，用来推销棕榄肥皂。他将这些借给马尼拉最好的花匠，而他们把剧院装饰成了人间天堂。菲律宾观众认为，这两个表演堪称惊人之作。尽管饰演普洛斯彼罗的演员由于舟车劳顿声音难以听清，但是，总体而言，《驯悍记》节奏明快，感情炽热；《暴风雨》富于想象，令人难忘。不幸的是，新莎士比亚公司离开后，我只回收到 3 万朵塑料玫瑰。我不得不从门票销售额中抽取一部分补偿给联合利华，并且在报账时将这笔开支谎报为广告费用。

这些表演的成功使得英国文化委员会又给我们送来了更多戏剧公司，所幸当地一位经纪人拉尔夫·祖鲁尔塔替我分担了不少任务。一年之内来到马尼拉的有饰演查尔斯·狄更斯的埃姆林·威廉姆斯，还有带来《皆大欢喜》和《良相佐国》的诺丁汉剧院。这些表演都很成功，但是《良相佐国》更为出类拔萃，并且将现代英式戏剧引进了马尼拉。我们的访客无不赞叹菲律宾观众非常优秀。"查尔斯·狄更斯"的到来也为我带来了我的二儿子查尔斯·贝恩（小名查理）。他出生在 1965 年 6 月 15 日，早产三周。当时我就在马尼拉疗养院陪产，戴着偏小的手术帽，身着不合身的手术服。医院由基督复临安息日会管理，他们为迪伊提供素食，在她的床位边唱赞美诗，给她提供镇上最好的产后康复服务。查理日渐强壮，他圆圆的脸上总是挂着笑容，而且遗传了我和迪伊，非常喜欢喝啤酒。

文化建设虽然大获成功，但不得不说也有一次彻底的失败。1966 年 7 月，披头士乐队中途停留在马尼拉举办演唱会。大使馆将所有安排交给他们当地的经纪人完成，却没有意识到披头士的到来会让当地陷入多大的狂热。马科斯总统和他的夫人伊梅尔达邀请披头士到皇宫给他们 10 岁的儿子邦邦献唱，然而我们都不知情。披头士到达当晚已是深夜，安排他们下榻的游艇周围异常吵闹，于是他们逃往马尼拉酒店。混乱之中，他们没有收到总统和第一夫人的邀请，而后被告知此事时，他们断然拒绝了邀请。当时主持大使馆的莱斯利·闵福德恳求披头士的经纪人布莱恩·爱普斯坦劝他们改变主意。但是，爱普斯坦态度坚决，表示他们既不会去皇宫，也不会发出道歉。直到披头士的演唱会结束后，大家才知道这个消息，但是，第二天早上，媒体就对披头士怠慢总统家一事做出强烈抨击，而且还大而论之，谴责整个大不列颠。他们认为，女王授予披头士以帝国勋章，把披头士骄纵成了叛逆的"英国骑士"。总统马科斯一家反应很淡然，但他们的支持者想要惩罚披头士。他们离开马尼拉那天，机场安保都被撤走，他们登机时不得不穿过一群愤怒的暴民。披头士乐队成员并未受伤，但是，爱普斯坦被打得不轻。对此，我们并不分替他感到十分难过。

在马尼拉开展经济外交的机会并不多。菲律宾的主要贸易和往来对象是美国，当地的英国公司数量很少。菲律宾国内主要的经济问题是土地改革。占人口少数的大地主（他们中大多数都从政）占有大部分的可耕农田，交由贫穷的佃户耕作并上缴一部分的粮食作为租金。这种制度的改革在早年激起了共产主义起义，同时土地改革也是马卡帕加尔最初在竞选活动中宣传的主要执政纲领。由于我在联合国时拥有这方面的经验，我对菲律宾政府的计划很感兴趣，但是，他们并没有取得什么进展。马卡帕加尔政权无力分散大片私有土地和资源来支持小农户，让他们拥有新的土地份额。在国内外政策上双双失利的他最终被马科斯打败。但是，迄今为止，也就是 2010 年，菲律宾的土地改革问题仍悬而未决。

英国通过科伦坡计划下的技术援助项目来帮助菲律宾发展经济。我是该项目负责人，项目内容主要是每年在英国对 100 多位菲律宾行政人员开展为期一年的培训课程。我需要对应征人员进行筛选和撰写摘要。与我一道工作的有来自文官委员会的鲁斯·帕伽端，她自己也曾参与过培训；还有来自外交部的希尔德·马诺罗托，他们俩性格非常相似。与政治上的腐败不同，我不得不由衷地敬佩菲律宾公务员的奉献精神。我认为，他们已经不需要向外部专家取经了，当然，这对当地改革者克服改革阻力是大有裨益的。

我和迪伊主办的第一个大型外交招待会是为归来的科伦坡项目的学者们举办的接风宴。我们非常紧张，但很明显客人们都很尽兴。此后，我们办招待会越发信心满满。在马尼拉办派对是一件非常省心的事情。我仅需要拨打生力啤酒公司特别活动部门电话，告诉他们时间、地点和宾客人数。到那天，一辆卡车便会出现在活动场地，带来啤酒、苏打水、奎宁水、软饮料、冰块、杯子和餐巾纸，每五十位宾客配备一个吧台和酒保。我只用为消耗的酒水买单，但是，每个酒保都能赚到一笔不菲的小费，当然，那是他们应得的。我和迪伊只需准备烈性酒和食物（由阿娜提供），并且在庭院里做好驱蚊工作。如果下雨了，我们就得转移到室内；这时我们就得屏气凝神了，因为大厅地板下面满是白蚁。但绝大多数情况下聚会都是在户外举办的。菲律宾客人很少回复聚会邀请，而且经常会迟到，但他们肯定会出席，并且对聚会大加赞赏。在我离开马尼拉后，外交方面的娱乐就一直走下坡路了。

我和迪伊一有机会就外出旅行。武官基斯·莱特福特（后来成为我一生的挚友）把他的路虎车和司机卡洛斯借给了我们，帮助我们完成去高山省的旅行。这个地区位于马尼拉北部，崎岖多岩，西班牙人从未能够进入。尽管有美国圣公会的传教士在此活动，住在这里的邦都部落和伊富高部落保留了许多万物有灵论的信仰。在一个星期六的晚上，我们参加了邦都部落的祈雨舞仪式；第二天又去了萨迦达的大教堂做礼拜，我们通过在马尼拉的礼拜活动支持了这座教堂。我们继续把车驶向巴纳维，那里水稻梯田布满了整个山谷。我们拍了许多照片，流连忘返。让我感到印象深刻的不是这些梯田悠久的历史（关于这一点尚存争议），而是一直有新的梯田在形成。第二天我们参观了偏远的伊富高村庄巴塔德。汽车沿着之字形山路一路向上，司机卡洛斯不由得低声对迪伊说：“我可从来没想到会这么艰苦。”在山顶我们遇见一个身穿丁字裤、拿着长矛的男人。这是伊富高人的穿着，但是他穿戴的T恤和棒球帽破坏了整体的效果。一路上，我们看到一大片水稻梯田在我们的视野中展开。妇女们在田间劳作，男人们据说外出打猎去了。在山脚下，我们发现一个小村庄，那里的房屋采用架空构造，倾斜的屋顶上盖着茅草。村子里的猪在不停拱地；一名铁匠正在制作某种斧头，那款式像是在青铜器时代就已经失传了的。

托尼·金托斯曾帮助我处理新莎士比亚公司的相关事宜。他邀请我们去他的家乡波里诺看看。这座小镇坐落在海边，和中国隔海相望。我们带上汤姆和克里斯，开着自己的车前去，但是选择了错误的路线。路况变得很糟糕，在一个常有土匪出没的路段上，我们的排气管掉了下来，裂成两半。幸运的是，几个善良的菲律宾人停下来帮我们，用一个啤酒罐修好了车。我们最终赶上了波里诺的圣日，我为那天的狂欢女王戴上了王冠。接下来的一天，我们参观了一个考古遗迹，一个在西班牙占领菲律宾前就存在的墓地。墓地里有用金钉饰嵌入牙齿的头骨，还有一些陪葬品，包括中国宋代的陶瓷。我们还看到了菲律宾第一座电报电台的废址，它在1890年曾将菲律宾与中国香港联通起来。这里埋葬着一名早期的英国电报员。沿着海岸线有一座英国建造的灯塔。

我加入了登山者的队伍，去攀爬8000英尺（约为2400米）高的马荣火山。它位于马尼拉东部很远的地方，是一座完美的圆锥形火山。第一天，我们沿着一条干涸的河道，一路摸爬滚打地上山。穿过茂密的森林，我们来到位于半山腰的寸草不生的斜坡，就地在倾角为30度的坡上扎营过夜。第二天天一亮，我们就出发，向山顶迈进。起初是走在火山岩浆的岩屑堆上，手感很锋利，但踩上去却是稳固的。冲刺时，我们在倾角45°的斜坡上奋力穿过浮尘和不稳固的鹅卵石，最终到达山顶，欣赏到了壮丽的景色。由于马荣火山是一座活火山，我们需要站在火山口冒出的硫黄烟雾的逆风方向。随后我发现，相比艰难的上山过程，下山可谓是惊心动魄。脚下的山路十分险峻，一旦滑倒，前方甚至没有障碍物能帮助我停止滚落。下山时，我比登山队其他人要慢得多。他们还都是单身汉，而我身怀有孕的妻子还在马尼拉等着我。

之后，我们的火山之行相较于之前的那次逊色不少。我们常带着像丹尼斯·希利那样的访客去大雅台观光。观光点位于火山喷口上方，火山口外是塔阿尔湖。火山自1911年起就进入了休眠状态，湖中的小岛就是它留下的所有景观。欧克肖特博士来到马尼拉时，我们建议他一起穿过塔阿尔湖，去湖中小岛进行一次令人难忘的徒步旅行。我们开车到湖边，租了一条船，在岛上的一个渔村着陆。岛上一条小径引我们来到另一个小型湖泊，它标示着离此最近的火山口。火山口呈现出一种极淡的蓝色，温度很高，难以靠近。我们原路返回，最后都平安地到家了。两周后，这座火山喷发了。我们看到岛上的居民四下逃散，但还是有人遇难了。中央小岛的形状一直处在变化，在接下来的几个月时间里，这座火山一直处于活跃状态，在马尼拉都能感受到它引发的强烈震感。在自然灾害面前，人人平等，虽然避开了火山喷发，我们还是经历了一场台风。那天晚上，原本狂风大作、暴雨倾盆，突然一切变得安静起来，原来是台风正在经过马尼拉。飓风又一次袭来时，庭院里的橡胶树被拔地而起，所幸它离我们的房子比较远，没有造成损失。

我们利用两次离家旅行的机会出国看了看。1964 年 8 月，我们经过吴哥回到马尼拉。此时，汤姆已经快两岁了，他讲着自己发明的英文，把游泳叫作"披泳"（pim）。当我们飞抵香港启德机场时，他看到了飞机跑道边上的海面，便问道："飞机会披泳？"后来，在吴哥窟，汤姆和迪伊一同骑着大象涉水穿过护城河，他欣喜若狂地大叫道："大象在披泳！"我们几乎独享了那里的庙宇风光，尤其是丛林深处的建筑。蜿蜒缠绕的树根就像巨蛇一样，像是要绞杀那石造的建筑，让我感到不可思议。在回马尼拉的路上，我们去了新德里。蒂姆·吉受英国文化委员会委派在此地工作。他花两天时间带我们游览了莫卧儿遗址：胡马雍墓、德里红堡、阿克巴墓、阿格拉红堡，还有泰姬陵——这些都让我们为之神往。日落时分，在阿克巴西格里古城的红色沙石中，我们听到了宣礼员的声音从白色大理石建成的清真寺中传出来。随后，我们在夜色中开车返回德里。

回英国探亲时，我们回到了位于科茨沃尔德丘陵下的长康普顿看望我的父母，下榻于莫尔特酒店。自我的父亲退休以来，他们就一直住在那里。在斯特拉特福德，我们观看了莎士比亚戏剧玫瑰战争的整个系列。佩吉·阿什克罗福特，一个远房表亲，带领我们参观后台。我们在金斯林拜访了汤姆的教父贾斯汀·班伯里，他当时是圣玛加利教堂的助理牧师。之后，我们又去了德文郡，迪伊的父亲就住在海边峡谷的一座小屋里。海浪卷上岸时，汤姆会坐在岸边，喊道："走！披泳！"就像 20 多年前我在伍拉科姆时一样。冬至时我们又出远门了，首先去德文郡的一间出租房中。由于不习惯寒冷的天气，我们在火炉里添了太多的柴火，引发了火灾。在长康普顿，我们遇见了克里斯托弗。他已经带着未婚妻从委内瑞拉回来了，我们的孩子管她叫"准婶母安妮"。但是，我们没去金斯林，因为贾斯汀出车祸去世了。教区居民为了纪念他，在圣玛加利教堂的塔楼上立了一块纪念碑，将近五十年后我们才看到。

1965 年，在我们回家的路上，来自诺顿农场的朋友乔安娜·史密斯（同时也是查理的教母）邀请我们去仰光看她。当时，她在那里的大使馆工作。她带我们在仰光观光，从金色瑞德宫塔到英国殖民时期留下的爱德华七世风格的衰败建筑。我想寻找我父亲出生的房屋，但是没有找到，那个地方现在已经建起了中国大使馆。我们开车穿过绿色的稻田到达勃固，那儿还有一座金色宝塔。我们喜欢缅甸人和我们这些白人相处的方式，和那些充满好奇的菲律宾人不同，他们是以一种尊重而矜持的态度对待我们的。我太喜欢缅甸了，于是便独自一人又一次在缅甸游玩。而迪伊则一个人英勇地带着孩子们回到了马尼拉。我、乔安娜，还有她的缅甸朋友玛尔卓琳在晚上乘火车到了曼德勒，随后乘坐吉普车来到缅甸古都蒲甘。这个城市可以追溯到 7 世纪，曾经经历了 200 年的繁荣。当时的王公贵族们争相建造佛寺，形成了一种竞争。伊洛瓦底江边的广袤平原上仍然有许多大大小小的古迹。有些神龛仍被使用，它们的墙被石灰水刷白，尖顶上镀有黄金。但大多数建筑残破不堪，砖石残块上多情地爬满了匍匐植物。吴哥和蒲甘两座古都让我印象深刻。我还想一睹婆罗浮屠的佛寺的风采，可惜无法进入印度尼西亚。

　　1966 年 10 月，在我和迪伊结婚五周年纪念日后不久，我们便离开了马尼拉。迪伊的护照是我们结婚时办的，在我们离境时，发现已经过期了。我们把负责的副领事从一个儿童聚会上拉了出来，办了护照延期。在之前的五年间，我们到过纽约、伦敦和马尼拉，为我们之后持续了近五十年的幸福婚姻奠定了坚实的基础。我们学会了如何在最有利的条件下当好外交官。菲律宾人热情开朗，对外国人很友善。我们和他们之间没有语言障碍。作为英国人，我们与无处不在的美国人不同，给他们带来了广受欢迎的改变。与该地区其他国家不同，菲律宾政局较稳定。共产主义国家也没有在此宣传来威胁菲律宾的安全。我们的大使约翰·阿迪伊斯非常开明，他允许迪伊在当地大学工作并接受薪水。我和迪伊便能相伴左右，一同旅行、阅读莎翁戏剧或是在家娱乐。想要放弃如此惬意的生活听上去似乎很不切实际，但是，我对这样的生活并不满足。我总是事务缠身，这些工作多有重复，而我想做些政治色彩更浓厚的工作。从披头士在菲律宾的惨败中可以看出，我离开英国太久了。所以，尽管回家意味着寒冷的天气和放弃在菲律宾的工作，但是，我们还是很乐意这么做。我期待着回国后的一个为期六个月的经济学课程，以及之后的新一轮委派工作并且晋升为一等秘书。

第八章 "冷战"期间的信息调研工作

　　1966 年 10 月，我回到英国后，立即开始进修经济学课程。上课地点在财政部管理研究中心，是文官学院的前身。来上课的大约有 15 人，基本上都是国家公务员。令我高兴的是，蒂姆·吉也在其中。自从我上次在新德里拜访他之后，他已经成功地调到外交部工作了。

　　这门课程将大量内容压缩到了 5 个月的教学中。首先，课程目标是将获得学士学位所需的所有理论经济学知识传授给我们，我们解开了供需曲线、自由竞争、边际成本和边际收益的谜团。进而又开始学习宏观经济学和国民生产总值的组成要素。我们还学会了如何分析统计表。这些内容我都掌握得相当不错，但是，到了金融领域，我就束手无策了。教授这门课的彼得·奥本海默告诫我不要妄自推测存货变动，我将他的忠告谨记在心。随后进入理论运用阶段：如何开展政府业务和管理公共开支。我们分析了有关近期经济政策的决议，尤其是为何"1964 年国家计划"未能奏效。相对于我这个外交工作者而言，这些知识与内政部官员的工作更为密切，但是，从中了解到他们优先考虑什么、如何做出决策。我与那些公务员同事十分意气相投，还和来自商务部的托尼·赫顿成了好朋友。

　　课程还包括一些实地考察，例如，我们离开伦敦去了解英国的私营部门，甚至还在巴黎待了一周，考察了法国的农业发展情况。从一个大型食品零售店那里我们学会了做广告，还对当地的电信产业做了专题研究。巴黎的公务员们告诉我们，他们如何试图劝说农民离开土地，并让那些保留土地的生产力得到提高。当时英国讨论加入欧洲共同体的进程中再次陷入僵局，而巴黎的公务员们对自身存在的问题毫无隐瞒，这让我不由得对他们产生好感。考察结束那天，我们在巴黎农业展上玩得很愉快，品尝到了葡萄酒和奶酪，并对身形巨大的夏洛莱牛赞叹不已。课程结束时，我已然掌握了许多新的技能，想要一显身手。但是，人事部一贯的作风就是从来不把人派到他们想去的地方。接下来，对我的三次委派都与经济毫无关联。我并未把学到的知识忘得一干二净，但是很快我就有了其他需要优先处理的事情。

我和迪伊还有孩子们，在荷兰公园旁边租了一间公寓，要定了下来。当了解到我们可能要在伦敦待上一阵子的时候，迪伊就建议买一套房子，这样，我们一家就能在英国站稳脚跟。作为一等秘书，我的薪水能够让我们向银行申请一笔很高的抵押贷款，然后我们便开始寻找价格约为8000英镑的房子。我们看中了一套位于巴特西的哥特式小别墅，但是，当我们知道那里会修一条路横穿门前花园的时候（事实上那条路一直都没有修），便放弃了。随后我们在伊斯林顿的阿林顿广场，找到了一套有希望买下的房子，归一家能够为我们提供房贷的保险公司所有。

但是，当我把这个消息告诉我的家人的时候，我的祖母强烈反对。她认为，伊斯林顿不适合：那里不仅离外交部很远，而且供孩子们活动、娱乐的绿地也太少。我不想因为我们的第一套房子而引起家庭纠纷，尤其是因为她掌管着弗莱施曼的财产。我做出了让步，没有坚持买这套房子，但是，迪伊很不高兴。为了安慰她，我们去看了她在泰晤士报上看中的一套位于汉普顿宫的房子。我们走进克拉伦斯别墅的起居室时，一只鹿正从落地窗外经过。我意识到这就是我们寻找的房子。房主接受了我们开出的8000英镑的价格，但我们对获得银行抵押贷款不抱希望了。房子的背面就建在灌木公园的围墙上，因而这一面其实是属于英国王室的。理论上说，他们能要求我们把房子的背面拆掉。伦敦的抵押放贷方害怕承担这样的风险，不肯贷款给我们。所幸迪伊的父亲靠着他和比迪伊福德一所建房互助协会的关系帮助了我们。这个协会处理过多起房屋产权共享纠纷案件，很乐意预付给我们所需要的金额。1967年4月，我们就搬了进去。当我们在拆从马尼拉带回的物件时，汤姆和查理在纸箱子里玩得正欢。

克拉伦斯别墅的历史可追溯到19世纪初。它的天花板很低，但是，窗户和建筑面积都很大。有4间不错的卧室，还有一个巨大的地下室，可以用作孩子们的活动室。小屋面朝汉普顿皇宫的花园，而从房子的背面我们可以直接进入开阔的灌木公园，当然，这是未经允许的。我的男孩儿们很快就和邻居家的孩子们成了朋友。小屋很破旧，疏于照管，我们展开了全面的重装修。在迪伊和老丈人的指导下，我成了一名能干的糊墙纸工、粉刷匠和电工。

借着一次偶然而又愉快的机会，我们去了汉普顿宫。我们被皇宫的历史渊源与园林盛景深深地吸引了，感叹再也没有比住在这里更好的选择了。我们每次出国都极不情愿地离开，每次回国都兴高采烈。这里的交通也很便利，我们开车去比迪伊福德或去科茨沃尔德看望双方父母都很方便。工作日时，我乘坐从汉普顿宫首发的火车去上班。周末，我们一家人便去探索汉普顿皇宫的每一寸土地，我和迪伊带着孩子们去灌木公园和家庭公园更远的地方，那里满是小鹿、兔子、松鼠和观赏性水鸟。我们获准进入汉普顿法院花园，在那边上住着一位老人。花园里有一个石洞，查理坚信那里面住着一条龙。

1968年6月，我们的第三个儿子理查德（小名迪克）出世了。他和查理一样，想要早些来到人世。那天是周日，我们邀请索拉布吉夫妇理查德与凯特一起吃午餐。迪伊一直忍受着宫缩的疼痛，做好了饭，并陪客人们吃完。随后，我们便把清洗餐具和照看小孩的事情都交给了索拉布吉夫妇，走过汉普顿宫的绿地来到了贝尔斯特德妇产科医院。第二天，我把汤姆和查理送到了我父母那里，准备迎接迪伊和新生儿回家。在晴朗的夏夜，我们带着婴儿迪克在灌木公园的森林花园里散步。这也预示了他的人生轨迹：理查德长大后成了一名聪颖的园艺家和一名充满激情的徒步者。

在此之前很久，我就开始在外交部的新工作。我成了信息研究部负责苏联与东欧研究的部门负责人。这个部门非同寻常，在"冷战"期间应运而生，旨在对一些社会主义国家散布的"错误信息"和"误导性"宣传做出反击。信息研究部汇编并发布这些国家当局试图掩盖的对真实情形的准确报道。但由于任何以英国政府名义公布的材料都会被认为怀有偏见，信息研究部的材料都是匿名发布的。这个部门在沃克斯豪尔桥的一端有自己的办公大楼。我分管的苏联与东欧部门还包括德国和中苏争端，是最大的地理区划。我指挥着一支由这些地区的专家组成的队伍，其中有一些是从我们的目标国家流放出来的。其他的都是些学界人士：我的匈牙利问题专家曾在牛津大学担任古希腊罗马文学教师。

我们的任务是研究调查并撰文揭露共产主义在这些地区的"欺骗"行为与"不义"之举。基本原则是：我们的文章要完全正确，而且只能使用已公开发布的材料，不能用机密信息。随后，信息研究部的编辑组便会将调研者写的材料转化为能吸引媒体关注的文章。这一过程产生了许多摩擦：我的调研者们抱怨说他们的悉心研究都被那些编辑毁坏、扭曲了。作为负责人，我需要维持秩序，主要方法就是劝说队员们改进写作风格，这样，编辑们就没有理由做那么大的改动了。

　　我们有三种基本途径来确定合适的材料。第一种是路透社记者在柏林向我描述的"但是技巧"。共产主义的公开声明往往在开头都是赞扬他们政策多么成功的长篇大论，但到尾声时，人们的注意力减退了，他们就会偷偷插入以"但是"作为开头的句子，承认并非一切都是按照计划在进行。第二种是在各种各样有关共产主义的材料中做无遗漏式研究。虽然在像《真理报》和《消息报》那样的主要报刊中我们无法寻得可疑的蛛丝马迹，但是，一些专刊和地方性的出版物、广播节目受到的控制就不那么严格了，有时就会露出马脚。由于我不会讲我负责的这些国家的任何一种语言，我只能依靠位于卡弗沙姆的英国广播公司监控中心每日发出的信息。而我的专家们为了搜寻真实描述，阅读范围极为广泛，往往就在最为模棱两可的出版物中有所发现。第三种途径就是探寻其他社会主义国家试图在哪些方面与苏联走不同的道路。匈牙利在经济政策上寻求更大程度的自由化，因为政治上的宽松是铁定不被允许的。罗马尼亚追求独立的外交政策，而在这些国家中，其对内镇压行为是最严重的。波兰政府必须尊重天主教会，但是，苏联军队的四个师起到了平息骚乱的作用。在捷克斯洛伐克，经济上的失败导致反对当权者的抗议活动。只有保加利亚和民主德国看上去满足于对苏联道路亦步亦趋。

　　1967 年，我们的主要打击对象就是苏联本身。因为这年 11 月就是布尔什维克革命 50 周年纪念。苏维埃当局想以此展示社会主义取得的重大胜利。而信息研究部的目标则是证明社会主义的根基正因失败与分裂而动摇。斯大林的女儿斯维特拉娜·阿里鲁瓦的变节给我们带来了意外的好运。尽管她已经在美国定居，我们在伦敦出版了她的自传、书里透露了一些内情。我们充分发掘了俄罗斯作者们和其他知识分子之间日益增长的不安。赫鲁晓夫执政期间，索尔仁尼琴和其他一些人出版了批判苏维埃政权的作品。但勃列日涅夫和柯西金上任后，决定再次对此进行镇压，于是上演了对安德烈·亚夫斯基和尤里·丹尼尔的摆样子公审。其他作者不得不转向秘密出版，即萨米兹达特（地下出版物）。信息研究部门帮助这些作品由地下转为公开。最终，我们发现了苏联和中国之间日益紧张的局势，我的部门里一位消息灵通的俄罗斯专家花了好几年追踪这一动态。她能够证明苏中对立日趋恶化：红卫兵攻击了苏联驻北京大使馆；俄罗斯军队在中俄边境大量驻军；1969 年在乌苏里江发生了武装冲突。这些都揭示了社会主义内部分裂严重。

1968 年 1 月，亚历山大·杜布切克接任捷克斯洛伐克共产党委员会第一书记。尽管深信共产主义，他希望共产党能够再次获得人民的支持，这也正是后来戈尔巴乔夫想要在苏联实现的。杜布切克提出了一项计划，要实现"带有人性面孔的社会主义"，允许群众的言论自由和反对意见。他还进一步减少了国家对经济的控制。杜布切克的政策在捷克斯洛伐克引起了群众极大的热情，无须信息研究部的任何报道就吸引了西方媒体的注意力。我们担心的是苏联的反应，因为我们不相信苏联会容忍"布拉格之春"带来的开放。我们便开始着手收集文件来证明苏联对捷克政府施加了许多压力：起初是在协商过程中，后来在边境上进行了威胁性的军事演习。我们通过将苏联的意图公之于众来引导俄罗斯人团结一致抱有一丝希望。《经济学人》杂志参考我们的摘要刊载了一系列一针见血的文章，但是收效甚微。1968 年 8 月 20 日，大批苏联坦克进入捷克斯洛伐克，终结了"布拉格之春"。但我们需要追踪并公布苏联发表的为进攻辩解的言论，因而仍然有许多工作要做。我们用这些材料来表明当下"勃列日涅夫主义"是如何强迫俄罗斯的附庸国完全服从其领导的。

我支持信息研究部门的宗旨，但是，对其采用的方法产生了越来越多的疑问。匿名发布信息的做法缺点远大于优点。能最大限度地利用我们的信息的人都与我们关系密切，他们知道，这些是英国官方资源，并且做好了守口如瓶的准备。另外，我不相信严谨的记者们会相信这些他们无法获知其来源的材料。维持匿名发布迫使我们保持一定的隐蔽性，因而需要一直承担被暴露的风险。我很享受这份工作给我带来的调查研究任务，对苏联和东欧国家我有了一定的了解，尽管可能只是略知皮毛。我一直和外交和联邦事务所负责这些区域的政策部门保持联络，虽然他们担心信息研究部的活动会使得他们的外交任务变得棘手。但是，作为信息研究部的一员，我不能访问涉及的这些国家；而我在办公室了解这些国家后，就不想被委派到其中的任何地方了。

但是，对于联邦德国，我们的工作又不一样了。联邦德国在我负责的区域中一直处于被忽视的地位，因为它几乎没有提供给我们什么可以研究的途径。由于大量苏联军队驻扎在那里，民主德国被迫保持对其的忠诚，然而，同时也享有着比其他任何社会主义国家都要繁荣的经济。我去联邦德国访问过两次，这对我后来的职业生涯来说也是个重大转折。我去过西柏林，在英国军事政府里负责民主德国事务的朱利安·哈特兰·斯旺对我布置了简要的任务。他不仅学识渊博，而且和东柏林有着重要联系。他带着我穿过查理检查站（东、西柏林之间外国人过境的检查站）去看一位朋友，而那是我在铁幕下度过的唯一一天。我仿佛回到了过去，东柏林的一切——建筑、汽车、商店商品、人们的服饰和表情——看上去都像是50年代的，而不是60年代末的。见了朱利安的朋友后，我休息了一个下午，去了帕加马博物馆，于是我又仿佛回到了远古。帕加马的宙斯祭坛、米利都的罗马图书馆、巴比伦的伊斯塔门……这些让我怀念起以前做考古学家的日子了。

我单独参加了在杜塞尔多夫附近举行的英德信息会谈，由我们的矮小精干的驻波恩大使弗兰克·罗伯茨爵士和一位联邦德国高层官员联合主持。基于在柏林的一些见闻和我在伦敦的专家提供的简要汇报，我准备了一个关于民主德国情况的介绍。这是在那天冗长的议程中的最后一个项目，我紧张地等待着上台。但当我开始发言后，我感觉屋子里引发了骚动。联邦德国的人不停向我提问，我意识到信息研究部能够告诉民主德国人民他们自己都不了解自己的事情。我明白这也给弗兰克·罗伯茨爵士留下了深刻印象。不久后，我便被告知下次委派是前往英国驻联邦德国大使馆。我相信，这是弗兰克·罗伯茨先生为我申请的，然而到了那里后我发现，他已经离开了。一直以来，我在联合国部门、马尼拉和信息研究部的工作都只是在外交事务的边缘游走。这次作为外交官前往联邦德国意味着我将进入英国外交政策的核心圈。

第九章 欧洲政治：波恩及计划部门

1969年6月，我们一行人穿越英吉利海峡，前往联邦德国。新车里坐着我、迪伊、我们的三个孩子（分别是7岁、4岁和1岁）和母亲的帮佣朱莉，车上塞满了行李。到达波恩时，天色尚早，一位睡眼惺忪的同事从他的卧室窗户里把我们的钥匙扔了下来。随后，我们在巴特戈德斯贝格的科纳街5A号下了车。房屋非常简朴，带有花园，坐落在树木茂盛的胡同尽头里，我们在这里愉快地度过了三年。来此的英国职员约有150人，大多数聚居在大使馆附近公寓楼内。高层官员都住在艾特森特尔，这是一条被称为金色聚居区的街道。作为一等秘书，我和为数不多的官员一样，和当地人住在一起。

巴特戈德斯贝格位于波恩南部，是宜人的温泉疗养地。当时，波恩是联邦德国的首都，也是贝多芬的故乡。康拉德·阿登纳将其定为政府所在地前，它的前身是莱茵河畔一座宁静的大学城。罗杰·杰克林爵士接替弗兰克·罗伯茨爵士成为英国驻波恩大使。作为外交官，他一向冷静沉着，善于安抚人心，但在关键时刻也会坚持自己的立场。我成为大使馆政治部的一员；理查德·汉伯雷·泰尼是我的上司，他是探险家罗宾·汉伯雷·泰尼的哥哥。我负责关注联邦德国与东方国家的关系，即东方政策。

至此联邦德国已经完全融入了西方世界，它是北大西洋公约组织和欧洲经济共同体的主要成员。但是，随着第二次世界大战结束，它与社会主义集团的关系仍然受四大战时同盟国（美国、英国、法国和苏联）的影响。德国被瓜分为四个占领区，按计划会在适当时机统一。英国、法国和美国三国信守承诺，将各自的占领区合并为联邦德国，但苏联将其占领区独立为一个社会主义国家——德意志民主共和国（即民主德国）。柏林在苏联占领区中处于被孤立的状态，因而也同样被分成英国、法国、美国和苏联四个分区。四国通过陆路、铁路和航空将西边的分区与各自的占领区连接起来，共同决定详细安排。这本应仅是暂时的，但自从1948—1949

年的柏林空投起，只有保证陆路、铁路和航空使用权，才能保证柏林不被民主德国吞并，这对这座城市的生死存亡至关重要。

在波恩的所有工作中，有关"柏林和德国是一个整体"的问题居首位，其他所有事情都无足轻重。负责这些问题的是"波恩集团"，成员有来自美国、法国、英国大使馆的政治参赞（乔克·迪伊恩、勒内·卢斯蒂格和理查德·汉伯雷·泰尼）以及一名联邦德国外交部高官（君特·凡·韦尔，艺术硕士）。我是理查德的助手，其他三人的助手分别是迈克尔·博尔纳、弗兰克·普莱桑特和汉诺·布劳提根。我们星期二、星期三都会会面，若有需要会更加频繁，会面时用英语讨论。除去睡觉的时间，我大部分时间都和波恩集团待在一起，甚至比和我们自己大使馆工作人员在一起的时间还要长，有时候会比和家人在一起的时间更长。这样，我们之间形成了强有力的纽带。

在我抵达柏林之初，处理这些问题都是每日的例行公事，但是十分繁重。柏林问题基本上总是和通往该区的路线相关。为英国航空公司、法国航空公司和泛美航空公司提供空中走廊，以便飞行。柏林航空服务中心负责交通，包括俄罗斯在内的四国派人在此负责管理。由于民主德国没有插手，柏林人认为，空运是最可靠的。始于布伦瑞克的铁路也很可靠，但是，行驶缓慢，非常不便。陆路经过三条横穿民主德国的专用通道，但是年久失修，交通易受影响。在我到达之前，民主德国为表示对西柏林一些活动的不满，将陆路关闭了几天。

苏联与民主德国总想考验我们保持道路畅通的决心。有一天，苏联人突然宣称当晚要将空中走廊关闭一段时间。尽管在此期间没有任何航班，但是，单方面宣布关闭完全不合规矩。波恩集团建议英国、法国、美国空军继续使用空中走廊以示维护权益。最终我们赢得了英国、美国的支持，虽然我们熬了整整一夜才做到。法国空勤人员厌倦了等待，集体去了一个当地酒吧，所以，他们没有起飞。还有一次民主德国试图宣称道路上的联合军事交通应当从民主德国警方处获取通行证（通行清单）。我们不能让民主德国染指军事交通，立即派出探路吉普车沿路两方出动，最终民主德国让步了。我们将苏联与民主德国的这一系列行动解读为不受欢迎的萨拉米香肠式渐进战术的首次试刀，并且做出了强烈反应。

"德国一体化"问题的焦点是民主德国的国际地位。联邦德国人遵循哈尔斯坦主义（联邦德国代表整个德国，不承认德意志民主共和国，不跟与民主德国建交的（苏联除外）任何国家级建立或保持外交关系，拒绝承认民主德国的存在，因为一旦如此，将会毁坏他们想要实现统一的终极目标。三个西方同盟国支持这一做法。联邦德国会像中国大陆对中国台湾做法那样，与那些承认民主德国的国家断绝邦交。起初仅有那些社会主义国家承认民主德国，但在我待在波恩的第一年里，有十个不结盟国家也加入了这一行列。想要稳住阵脚，难上加难。

1969 年 10 月联邦德国大选前，局势大致如此。自联邦德国成立以来就统治它的基督教民主党在竞选中失利，社会民主党联合自由民主党首次组阁：维利·勃兰特出任总理，自由民主党党首瓦尔特·谢尔任外交部长。大选后，我请了一个月假，去往巴登省卡尔斯鲁厄进修德语。但是，三个星期后大使就召回了我。勃兰特公布了雄心勃勃的"新东方政策"，与之前的政策完全背道而驰。他的目标是与德国的社会主义邻国实现完全和解，尤其是波兰和苏联。进而使得民主德国得到全面认可，并且让联邦德国同时获准加入联合国。

勃兰特的观点是：事实上，现行排斥民主德国的政策降低了完全统一德国的可能性。两德人民只有在双方都同意的基础上增进交流，才能开始走向统一。消除其他东欧国家对联邦德国意图的猜忌也十分重要。因此，勃兰特的首个行动就是与波兰和苏联协商签订条约来确认德国目前的边界线，并且边界线变更的商定只有在三方都同意的前提下才可实行。勃兰特前往华沙签署了《波兰条约》，并且在第二次世界大战死难者纪念碑前下跪忏悔，这一举动获得了国际上的赞誉。他还私下会见了民主德国总理威利·斯多夫，并且命令总理办公室的国务卿埃贡·巴尔启动与民主德国签订一般性条约的协商。

这些将德国视为整体的行动受到西方同盟国好评，但是，我们担心他们会对柏林局势造成影响。我们不相信联邦德国人仅靠自身力量就能保证柏林自由通行，并且防御民主德国国入侵和最终的吞并。如果这种情况成真，那勃兰特的东方政策早就让德国遭受灭顶之灾了。许多德国人也是这么想的，包括柏林人和联邦德国基督教民主党的反对派，他们在联邦参议院，即国会上议院拥有多数席位。整个东方政策具有高度争议性，因而有个笑话就这么流传开来：

德国人甲：听说了吧？勃兰特、谢尔和巴尔在莱茵河上乘船游览，结果船翻了，人都淹死了。

德国人乙：真是个悲剧！有人生还吗？

德国人甲：有！联邦德国。

很明显，如果没有一个相应的协议来强化柏林的地位，勃兰特与苏联、波兰和民主德国签订的条约无法获得联邦参议院的批准并且投入施行。

因此，自 20 世纪 50 年代起就中止的关于柏林问题的四方会谈重新开始，英国、法国和美国三国驻波恩大使请求与苏联大使在东柏林会面。1970 年 3 月，肯·拉什——曾位是与尼克松有着密切联系的商人和让·索瓦尼亚格———一位对德国有着深刻了解的外交官，在罗杰·杰克林的陪同下乘坐拉什安排的美国空军飞机飞往柏林。在那里，他们在战后盟军控制委员会大楼与老派苏联官员彼得·阿布拉西莫夫进行了会面，四人就各方立场做出了正式陈述。我起草了罗杰爵士的发言稿，并随他的代表团出席了这次会晤，随行的还有理查德·汉伯雷·泰尼和泰迪伊·杰克逊，后者是我们代表团的政治顾问。英国、法国和美国三个盟国与俄方意见几乎完全相左，但都同意以这样的形式进行每月一次的会面。

这就足以发起协商。接下来的十八个月是我迄今为止最为努力的一段时期。每个联合举措，无论大小，都要首先获得波恩集团的同意。迪伊安斗志旺盛，卢斯蒂格心思缜密，凡·韦尔头脑清醒，他们各自有着不同的见解，而且互不相让，只有通过漫长的辩论，才能达成一致意见。然而一旦达成一致，就不会有改动。相反，理查德·汉伯雷·泰尼看上去总是心不在焉的，总要我自己去揣测该干什么。但在第一次四方会谈之后他就离开了，由克里斯托弗·奥德兰德接替他的位置。他和理查德完全不同，直截了当，非常果决，是个有技巧的谈判家。他让我负责所有细节的简报和报告，而他负责整体战略。英国团队在两名退伍士兵的加入后更加强大了，他们是奈杰尔·布鲁姆菲尔德，一名天赋异禀的外交官，后来成为驻民主德国大使，德国统一后仍是驻德大使；还有一名是亚历克斯·明尼夫，他耐心勤勉。最终，戴维·安德森也加入了我们的团队，他是大使馆的法律顾问，他机敏的法律头脑总能为最棘手的问题找到最佳解决办法。

波恩集团达成的任何决议都需要得到四个国家的认可。克里斯托弗·奥德兰德早早地建议并安排了外交部西欧司司长约翰·德林考尔和尽职尽责的副部长戴维·本多尔来到波恩，会见德方有关人员，并且就总体战略达成一致意见。英国方面允许我们继续进行，前提条件是每个步骤都与他们提前确认。自此以后，我的综合报告和克里斯托弗娴熟的宣传总能占据优势。法国和美国政府就没有这么灵活，也缺乏先见之明。有时我们不得不要求我们的大使馆出面介入法意两国的事务，以推进事情的顺利发展。而有些时候亨利·基辛格和蓬皮杜总统似乎只看重本国方面和苏联的有关事宜。德方人员出现了分化：外长谢尔是坚定的拥护者，没有把个人因素掺杂在工作中；而勃兰特处理问题的方式更为复杂，他在情感上以柏林问题为己任，因为他在这里担任了十年市长，但他总和盟国起冲突，将我们视作他想取缔的旧体制的一部分。他受幕后操纵者埃贡·巴尔的影响很深。巴尔总是迫不及待地做出让步，让东德方面回到谈判桌上。同盟国大使们有时不得不拉回巴尔，防止他侵蚀他们的谈判立场。柏林人也不信任巴尔，相比更信任同盟国。尽管他们很怀疑我们到底能不能成功。

　　很久之后，我为大使馆圣诞节的时事讽刺剧写了一首关于波恩集团的歌。歌词以 A. A. 米尔恩的诗《那时我们还很年轻》为基础，前两段总结了我们目前为止取得的进展。

　　　　　抓紧时间，争分夺秒，
　　　　　索瓦尼亚格，索瓦尼亚格，
　　　　　杰克林、圣迈克尔和圣乔治高级勋爵士，
　　　　　仅凭三人之力，
　　　　　用心辅佐总理。
　　　　　抓紧时间，争分夺秒，
　　　　　杰克林和索瓦尼亚格，
　　　　　对勃兰特先生说：
　　　　　"不用慌乱，
　　　　　但是少了我们，民主德国走不远。"
　　　　　勃兰特，勃兰特，
　　　　　联邦德国总理，
　　　　　需要柏林协定。
　　　　　匆匆忙忙，手脚慌乱，
　　　　　杰克林和索瓦尼亚格，

　　不知道怎么搞定。

　　抓紧时间，争分夺秒，

　　杰克林和索瓦尼亚格，

　　对波恩集团说：

　　"你们必须离开妻小，

　　抛头颅洒热血，帮我们把事情办好。"

　　直到联邦德国与苏联签订条约，与阿布拉西莫夫每月的交流才开始有所进展。随后苏联表明，他们保证会在柏林通行问题上做出改善。作为交换，联邦德国企业不能将西柏林视作联邦德国的一部分。前景看上去一片光明，因此参赞级别的四方会谈就此开始，与会人员有迪伊安、卢斯蒂格、奥德兰德以及他们的副手和来自莫斯科的尤里·克维钦斯基（后来成为著名的军备控制谈判家），他得到阿布拉西莫夫的政治顾问霍图列夫的支持。但是，1971 年春的一次有关协议草案的会议展示了我们之间的分歧到底有多大。同盟国想要强调四国的责任，而苏联坚持他们已经将自己的责任委托给了民主德国，任何一致同意的行动民主德国都不得不付诸实施。

　　但是，同盟国相信，不管苏联在公开场合做出了多大的让步，暗中其实不会放过任何能够加紧对民主德国控制的机会。我们得找到方法利用这种心理。我们为一项协议提出了三级结构：首先四国共同制定指导方针；其次两德方面同意实际做法；最后四国将一揽子计划付诸实施。这个想法得到了克维钦斯基肯定。然后我们煞费苦心地以苏联不会反对的方式起草这项协议的文本。开始时在黑板上写下短语，在成文前让苏联修正认可。然后我们把这些短语转化成句子，有争议的措辞就用点代替。例如："以联邦德国为起点的通行路线上公路和铁路交通应……"我们撰写了完整的协议，上面满是点，内容涉及总则、通行权、在柏林市内行进、对联邦德国活动的限制、西柏林对外关系（后应联邦德国要求添加）、需签署的最终条款。然后我们将这些内容再过一遍，将有一点的地方用各方同意的语言（如果可能的话）或者方括号内可供选择的同盟国和俄国的建议代替。

　　早期会议中参赞们使用德语，这对我的德语的考验到了极限。当我们开始起草时，我大大松了口气，因为工作语言是英语。我们总是花很多时间待在柏林商讨文本，直到参赞（奥德兰德和特迪·杰克逊去了英国）都去吃晚饭了我们才能停止。我总会回到我们在柏林的经济顾问彼得·斯温位的房子里，然后工作到深夜，准备第二天要用的报告电报和文本。屋外夜莺会在斯温的湖畔花园里歌声嘹亮。随后我们回到波恩向联邦德国方面作简短汇报，和他们一道制订未来计划，然后回到柏林开始下一轮工作。泰迪伊·杰克逊和他的盟国同事会向西柏林当局，即参议院提供最新消息。至于苏联，正如我们猜测的，办起事情更加简单。他们从不提前咨询民主德国的意见，只在事后告诉他们达成了什么协议。我的歌词的下两段总结了这一阶段。

> 迪伊安，迪伊安，
> 卢斯蒂格和奥德兰德
> 还有外交部的凡·韦尔
> 来到大使们面前
> 知无不言。
> 抓紧时间，争分夺秒，
> 杰克林和索瓦尼亚格，
> 深受感动：
> "接下来起草协议交给你们
> 剩下的交给我们"。
>
> 迪伊安，迪伊安，
> 卢斯蒂格和奥德兰德
> 整夜和苏联探讨。
> 他们写下柏林协议，
> 但没把一切都商量好。
> 迪伊安，迪伊安，
> 卢斯蒂格和奥德兰德，
> 指给大使们看：
> "瞧！多么方便，
> 那些不能达成共识的地方，我们打上了许多点。"

到 1971 年 7 月底，参赞和大使们会面已经很频繁了。柏林四国协定也快完成了。克里斯托弗·奥德兰德和我想在 8 月离开这里，休息一下。但是，肯·拉什迫切要求大使会议继续进行，阿布拉西莫夫也同意了。我们怀疑这是由于基辛格和葛罗米柯之间有秘密接触，后来这也被证实了。罗杰·杰克林坚持认为，克里斯托弗应该离开一段时间，因为他已经精疲力竭了。在这个至关重要的最后阶段，我负责接替他的工作。而迪伊带着全家回到英国，我留下来继续工作。

第一次八月会议非常简短，结束后大使们前往东柏林和阿布拉西莫夫共进午餐。罗杰爵士继续留守柏林，所以，我做了乘坐美国飞机回波恩的打算。但是，我在出发去滕伯尔霍夫机场前花了太多时间写报告。当我们的外交用车开到飞机跑道上时，我看到飞机引擎正在发动，将要起飞。我跳出汽车，用传统的"搭便车"手势打信号想让飞机停下。它果然停了，台阶放了下来。我满心感激，和我的同伴们登上了飞机。我向肯·拉什道歉，发现他心情很愉悦。在和阿布拉西莫夫吃午餐期间，拉什的司机一直把车子的空调开着，拉什准备走时，发现蓄电池坏了，车子抛锚了。罗杰爵士用自己的戴姆勒汽车帮他解了围，所以，拉什很高兴还了英国一个人情。

8 月 16 日星期一，三位同盟国大使再次和阿布拉西莫夫会面，会议时间可以无限延长。特迪·杰克逊和我是罗杰爵士的左右手，君特·凡·韦尔和同一个联邦德国使团，还有说话精练、头脑清醒的君特·米切斯纳带领的柏林参议院代表团，避开了苏联视线，躲在地下室里等待结果，我们一有机会就会给他们发出简要汇报。大使们稳步推进，在三天里就协商解决了一些重大问题。阿布拉西莫夫两次试图弱化有关通行权的承诺，拉什和索瓦尼亚格看上去都要动摇了。而罗杰爵士立场坚定，最后，苏联原先承诺的道路通行无阻得以保留。在星期三晚上，最后一个悬而未决的有关西柏林对外关系的问题解决了。各位大使同意将整个文本交由各自政府进一步审核，并决定 9 月 3 日会面，代表各自政府正式签署协定。将这个消息带给正在等待结果的联邦德国和柏林代表的任务落在了我的头上。他们高兴极了，也十分感动。我们取得了比他们期待的更多的成果。

星期四我写好了伦敦所需审核协议的详细评估。开放原则存在一些不足，反映了不同的法律观点。苏联只会提到"西柏林区"，所以，我们不得不用累赘的"有关地区"来表示整个柏林。尽管如此，四国都同意遵照各自的权利和义务行动，这一点不容许任何单方面的改变。实际规定都是固定不变的。苏联顶不住压力，承诺通往柏林的公路、铁路和水路将畅通无阻，并且能够享有一定的优先权。有关货物运输、直达火车汽车还有汽车出行方面也有详细安排。苏联就西柏林公民探访东柏林和民主德国一事上也做了改善。其他三个盟国也承诺联邦德国不会将西柏林视作联邦德国的一部分，也不会在此进行政治活动。苏联同意联邦德国在国际上代表西柏林，并且为其公民提供领事服务。西柏林公民可以持联邦德国护照出国，前提是护照上印有"遵照四国协议条例签发"。同样，盟国允许苏联在西柏林设立领事馆和贸易办公室。总之，我们的目标都达成了。

罗杰爵士决定让我和戴维·安德森飞回伦敦详细说明协定内容，并设获取批准。我不得不向外交部坦言自己开没有护照，因为从波恩到柏林不需要护照。星期五清早，我们飞到了希思罗机场，到工作人员那里办手续的时候我颇为紧张。较好，他们提前接到了通知，所以他们让我顺利过关。我和戴维整个早上都在西欧司接受讯问，但我们一直坚持着自身的立场。随后部门助理彼得·尤温（Unwin，拆开为 un－win，没赢，愿老天保佑他）带我们吃了午饭，让我们恢复了精力，还给我开具了一个旅游护照。饭后我们见了汤姆·布赖姆洛，他是高级副部长，在处理苏联问题上经验丰富。我们把协定文本详细地解释给他听，他表示满意，就派我到了外交部长的办公室。最后一步出人意料的简单。那天是星期五，我到的时候已经很晚了，亚力克·道格拉斯·休姆爵士不在，他的私人秘书给他打了电话，核实了一个问题，然后就获得了他的认可。我的任务完成了。

我精疲力竭，赶上了从帕丁顿到科茨沃尔德的火车，回去和我的家人团聚，在返回波恩前好好地度过了一个周末。罗杰爵士认为，只要我通知了奈杰尔·布鲁姆菲尔德坚守阵地，就可以休假了。所以，我没有参加签署仪式，但克里斯托弗·奥德兰德及时回去参加了。我的歌词的最后段落为这个故事画上了句号。

> 抓紧时间，争分夺秒，
> 杰克林和索瓦尼亚格，
> 认为这就是关键之时
> 抓紧时间，争分夺秒，
> 杰克林和索瓦尼亚格，

想在午餐前将问题终止
抓紧时间，争分夺秒，
杰克林和索瓦尼亚格，
对阿布拉西莫夫低语：
"签字生效，
别管葛罗米柯，我们会很快把事情办好"
抓紧时间，争分夺秒，
杰克林和索瓦尼亚格，
搞定了阿布拉西莫夫
他们又对总理说：
"现在可以和赫尔·斯托弗先生谈谈了，
你可能觉得这个协议不值得如此慌乱，
但是少了我们，民主德国走不远。"

其后，联邦德国和民主德国按要求制定了详细策略，联邦德国和波兰、苏联签署的条约得到了批准。四国和德国内部关于柏林的协定于1972 年 6 月生效，在此之前我就离开了波恩。在那时没有人会想到 20 年之内柏林墙就会倒塌，德国会统一，"冷战"结束。勃兰特的东方政策就像一场豪赌，稍不留神就会出错。但是，四国协定就像给柏林人民的一剂补药，很快就给他们带来了可观的收益。联邦德国人渐渐团结在东方政策的周围，也帮助民主德国人意识到社会主义并不会经久不衰。尽管柏林协议已经变成了历史，它实现了重要的目标，为结束欧洲分裂状态提供了最初的一线希望。

我在波恩工作的日子快要结束了。1971 年年末，我被召回到伦敦面见亚力克·道格拉斯·休姆爵士，因为我是他的私人秘书的两名候选人之一。我们相谈甚欢，但是，他最终选择了早就认识的迈克尔·亚历山大。由于我本就不抱希望，所以这个结果并没有让我灰心丧气。但是，现在我认为，失去了这个机会很可惜。因为如果当上了私人秘书，我就可以培养政治直觉。这样的机会后来再也没有了。因此，后来在我后来的职业生涯中，我总觉得和部长们办事比和同事们办事更困难。很快我接到了去外交部政策计划部门工作的委任，于 1972 年 5 月开始。

不同于我们在马尼拉的奢侈生活，迪伊和我在波恩的家庭生活更为平静。我在办公室的工作时间很长：通常会工作到深夜，有时候甚至彻夜不眠，周六常常加班，还总会离开柏林。迪伊独自干家务、照顾家人，我没能帮上太多的忙。母亲的帮佣帮了她不少忙，她们和孩子们关系很好：能干的朱莉在我们刚到柏林时帮我们打点安排，但是，很快就离开去和她的德国男友结婚了。温和的弗朗西斯待得最长，但最终还是离开去参加护士培训。来自新西兰的凯瑟琳和我们度过了在柏林的最后一个夏天，她做事效率很高，尽管她和汤姆有时会起争执。但是和其他人一样，汤姆挺喜欢希拉里——最后一个也是最聪明的帮佣。她也嫁给了一个德国人，他后来在伦敦政治经济学院授课。

随着孩子们渐渐长大，他们成为我们极好的陪伴，同样我们也陪伴着他们。即使在被缩短了的周末，我们依然去了好几次郊游玩得十分尽头，尤其是浏览了在这一带众多的城堡。它们中的许多都对外开放、无人看管，所以，我们可以随意在城垛周围徜徉，并且登上城塔。我们还参观了壮观的特里尔罗马遗迹和位于亚琛的查理曼大教堂。孩子们喜欢去一位名叫梦幻国度的早期主题乐园，在那儿办生日聚会很不错。我们有许多来自英国的访客，他们到这里来只要一天的车程：迪伊的爸爸、我的父母和祖母、我的哥哥克里斯托弗和他的家人，还有一些朋友，比如乔安娜·史密斯、克里斯托弗·罗伯特和索拉比·吉斯。约翰·亚迪伊斯顺道来过这里，我们带他去了布吕尔宫的巴洛克城堡，那是举办年度外交舞会的地方。我们回英国度过了一个暑假和两个圣诞节，还参加了我兄弟戴维和费莉希蒂·韦瑟德的婚礼，查理是他们的傧相。

我的儿子给我们带来了许多欢笑的同时也带来了一些焦虑。汤姆的手臂被一个带尖刺的栏杆划伤了，伤得很严重。我搭建了一个不是很稳固的树屋，查理从上面摔了下来。他们俩在韦格贝格的英国皇家空军医院做了小手术，并且表现得勇敢。查理很喜玩那只很早就送给了汤姆的老虎毛玩具，和他形影不离。迪克的手术是为了纠正斜视。过了几年，他不得不戴眼镜，去看视轴矫正师，最终视力还是得以矫正。汤姆和查理去了英国大使馆预备学校，他们巨大的词汇量给大家留下了深刻印象。但是，汤姆9岁那年，我们决定送他回到寄宿学校，费用由外交部支付。这对我来说是自然而然的事，因为我也是这么过来的。但是，对迪伊来说，和汤姆分开是一件很痛苦的事情。幸运的是，汤姆很乐意去斯温伯恩学校。很快，他不仅在课堂上，而且在板球、橄榄球和田径场上都开始崭露头角。很幸运，三个男孩子都很享受寄宿学校的生活，并且在他们的学生时代，我们没有和他们分隔很远。

我们竭尽所能为大使馆做贡献，全然不顾工作量大小。迪伊成为国际妇女组织的主席，很喜欢自己的工作尽管其他外交官的妻子多比她年长，但她挑选的接班人不愿接替好的职务，这着实给了她不小的麻烦，好在最终还是迎刃而解了。另外，我还在当地一个国教教区担任牧师的世俗助手，并且在一位新牧师上任没多久的时候，我就晋升为教区区长。这位新牧师是一个好牧师，但是他想要的工资太高了，超过我们小区能承担的额度。所以后来，他决定辞职在我们回英国之前，我无法从富勒姆和直布罗陀的主教管区选出一位继任者。从那以后，我一直担心教会的管理。

1972 年 4 月，我们回到英国并决定搬出克拉伦斯别墅。尽管我们很喜欢这套房子，但它紧邻一个繁华的主街道，所以我们搬走了。我们早就想住进附近的两套优雅的乔治王时代的房子里了：它们也和克拉伦斯别墅一样，背靠灌木公园，但是面朝绿树环绕、阻隔交通的汉普顿宫绿地。我们回来之际，得知其中一套正在出售。要价 4.5 万英镑似乎很不合理。但当我们了解到我们不在的这段时间房价飙升，克拉伦斯别墅能卖到 2.5 万英镑时，这个价格就很合理了。我们开始了一场持久并且扣人心弦的谈判，紧张的情形如同四方会谈。1973 年 1 月，我们以 4 万英镑出头的价格成为切特温德房 2 号的主人，当然，这多亏了建房互助协会给我们提供了一笔更大的贷款，而且汤姆·王尔德也慷慨援助。直到今天，我们仍生活在这个房子里。我们把克拉伦斯别墅卖给了科林和凯西·怀特。他们是我们在这一带相识最久的朋友，现在也还住在那里。

切特温德房外观简约典雅，仿佛从布卢姆斯伯里迁移而来的建筑一样，宽敞的框格窗让房间充满光亮。在客厅里能俯瞰公园，客厅楼上有个类似的卧室是迪伊和我的。汤姆有他自己的卧室，他的房间里摆满了飞机模型。查理和迪克合用一个卧室，就在汤姆卧室的上面。查理热度写作和画家。他写了些有趣的故事，人物有那个老虎毛玩具、他自己、迪克和迪克的亲密好友"睡睡狗"。没过多久，查理跟着汤姆去了斯温伯恩学校。孩子们很乐意在比迪伊福德度过假期，因为他们的外公汤姆·王尔德在树林里建造了一个被称为"猩猩屋"的树屋。但是，我们的第一个夏天还是在土伦附近的法国度过的。基思·莱特福特一从马尼拉退休就购买了一所房子，我们在那里度过了假期。这是一个巨大的成功，但是使得家庭财政变得紧张起来。因为在英国外交部的一等秘书薪酬并不高。我们开始慢慢了解我们的邻居：约翰·甘地，一个工程师，住在切特温德房1号；演员马吕斯·戈林主在我们的另一边。

我的个人生活一切顺利，但是，职场工作就没那么顺心了。我确信在计划部门干得不错，期待着干些技术含量更高的工作。因为我在德国解决了那些棘手的难题，积累的经验使得我做了充分准备在外交部更好地工作。我是一支四人队伍中的一员，同事有莱斯利·菲尔丁和约翰·古尔登，都与我意气相投。尽管队长詹姆士·卡布尔非常沉默寡言，我们相处得依然很不错。但是，我的过度自信最终带来了报应。在计划部门的工作是我整个职业生涯中最为失败的，因而我已经把大部分关于这段经历的记忆从脑海中删除了。

最终，英国打算加入欧洲共同体。詹姆斯·卡布尔决定让我们写三份计划文件，阐明加入欧共体对英国的西方国家外交政策、对社会主义集团、对第三世界意味着什么。他让我负责起草文件，我便去外交部收集材料。很快我发现，作为计划者，我不能深入探讨这些问题，因为具体分管部门能够做得比我更透彻。相反，在快速调查后，我应该能够拥有全新、原创的深刻见解来挑战传统观点。事实证明，我不擅长这方面的工作。我的草案缺乏创新，无法使人信服，最终詹姆斯·卡布尔将文案完全重写了一份。我们对加入欧共体的实质也有分歧。我认为既然加入了，就应该最大限度地利用这一优势。而他是早期欧洲一体化反对论者，他担心英国会失去对美国那样传统盟国的影响力。

后来，我在政策规划工作上的努力没有取得什么成果。我只在辅助活动上取得了一些成功，例如，约翰·古尔登和我一接到通知就完成了亚力克·道格拉斯·休姆的发言稿，这样，他对基辛格被误导的言论就能及时地做出反应。我很高兴计划部门能有机会与外部机构互动，例如英国皇家国际事务研究协会（Chatham House）。但是，总体来说，我干得不怎么样，也没有很享受这份工作。莱斯利·菲尔丁加入欧洲联盟委员会后，我成了詹姆斯·卡布尔的副手，这更让我觉得自己成了众矢之的。所以，在1973年年末，当我收到人事部传召去讨论我的未来发展时，我并不感到遗憾。这将会成为我事业的转折点。

第十章 经济外交开始：财政部和巴黎

"你觉得在巴黎做金融参赞怎么样？"人事部主管官员这样问道。我目瞪口呆。能够在 40 岁之前提拔到参赞是十分罕见的，而我当时年仅三十六。"你是认真的吗？"我回道，"我之前没怎么任过经济上的职位，而且我也会不讲法语。"他摆了摆手接着说："别忘了，你上过经济学课程。你会被调到财政部学习一年做好准备，这样会有充裕的时间让你的法语达标。"英国首相哈罗德·威尔逊首次提出要派遣一位财政官员到巴黎，之后他会见了戴高乐将军，这时英国试图再次加入欧洲共同体。将军同意了派遣，但仍反对英国的加入。第一任英国派驻巴黎的金融参赞在巴黎的日子并不好过，因此财政部没有人想步其后尘。所以，要求外交部派人替他，此人事先会调任财政部学习。我在马尼拉的同事德里克·托马斯已经给我介绍了情况，他现在是外交部派往巴黎的金融参赞，备受财政部器重，我就是去接任他的位置。虽然这似乎有点难以置信，但是我发现这份工作十分适合我，并且经济职位一个接一个。从现在开始，我的这本回忆录会充斥着各种国际经济活动。

我初次接触经济外交，正是在时代大剧变的时候。在 20 世纪五六十年代，世界经济稳步发展，国际货币体系基于固定但可调节的汇率上。但是，1971 年 8 月，美国突然放弃美元与黄金挂钩的汇率制——这是国际货币体系的基础。许多国家对美元失去信心，转而采用浮动汇率，包括英国。然而，欧共体的六个成员国仍然保持它们货币之间的固定汇率，但可以在一个小的区间内浮动，俗称"浮动汇率制"。1973 年 1 月，英国终于顶着巨大的压力加入了欧共体。财政部犹豫不决，但最后还是在 6 月把英镑纳入"浮动汇率制"当中。但金融市场对此并不信服，一周内还是将英镑出局。这次不愉快的经历让财政部对于欧洲货币一体化的态度永久定局。

1973 年 9 月再次发生经济浩劫。以色列在与埃及的短暂苦战中胜利后，阿拉伯石油生产国设法切断对以色列盟国的石油供应，尤其是对美国的。结果，世界石油价格上涨了两倍，从每桶 4 美元涨到 12 美元，石油输出国组织（OPEC）成员则渔翁得利、幸灾乐祸。西方工业发达国家十分依赖进口石油，突如其来的价格上升对经济增长前景、通货膨胀和国际收支平衡造成了恶劣影响。英国深受其影响，因为在与工会对抗的时候，希思政府过度刺激经济。经济高速发展陷入停顿，能源短缺导致一周内只能有三个工作日。

就在 1974 年年初我加入财政部的时候，希思政府垮台。工党在哈罗德·威尔逊的带领下卷土归来，丹尼斯·希利担任财政大臣。希利之后计算得出一年内提高的石油价格会给英国对外赤字加重 25 亿英镑、通货膨胀上升 10%，以及国民收入减少 5%。他的策略是优先考虑恢复经济增长和保护就业，依靠工会约束工资来阻止通货膨胀。他致力于保持经济活力，其他工业发达国家同意了要这样做，因为保持经济活力将帮助英国通过出口摆脱困境。但实际上，美国和德国恰恰相反，优先考虑降低通胀和减少进口。但工会没有控制工资失败。因此，英国经济地位不保，通胀持续飙升、失去控制。

一来到财政部，我发现它比起外交部（FCO）的构架更加紧密，层级制度没那么严格。我从外交部的一等秘书变成负责欧洲货币事务的主管官员。我是国际金融部门的一员，该部门由副部长杰弗里·利特勒和副常务秘书德里克·米切尔领导。我渐渐地习惯了这份工作的风格和节奏。我曾经一度认为，财政部是一个庞大、内部纪律严明的机构，但我发现这只是外表，目的只是在英国政府内部斗争中给人以坚强的印象。但在财政部内部，不同经济思想学派之间辩论激烈，然而，政府青睐的策略是促进增长，许多人都赞成采取更强硬的措施抑制物价。甚至有人认为，把英镑纳入"浮动汇率体制"是有价值的。然而，大多数官员认为，英国需要的是浮动汇率制的灵活性，我不反对这一观点。因此我发现，自己在执行一个捍卫欧洲货币一体化的政策。

1974 年秋天，财政部放了我 6 个星期的假去巴黎的法国国家行政学院，参加一个为英国官员而设的课程培训。国家行政学院是法国高层官员的摇篮，大多数公众人物包括总统都是国家行政学院的校友，即"énarques"。我们这个英国团中大约有 20 人，3/4 是外交官，其余的是国家公务员。我们每天先进行语言培训，然后上有关法国公共管理的课程或者到诸如国家议会等机构参观。中午，我们会在当地餐厅吃午饭，酒水供应充足，所以，我的同事们（可能没有我积极性高）都觉得很难在下午的课程当中保持清醒。有一次，当讲授法国工业政策的讲师停下来提问时，我看到几乎所有人都睡着了，因此试图用一系列的急切询问分散讲师的注意力。他之后表扬了我的浓厚兴趣，并让我正式就职时给他打电话。这就是为什么乔治·多米里恩和他的家人成为我们最亲密的法国朋友的原因。课程以里昂之旅结束，期间，我们花了一天在薄若莱葡萄园大饮特饮，花了一个星期让每个学员完成自己的项目。我尽量把时间都花在参观法国财政部上。我知道，我在英国财政部的同事喜欢我这样做，因为他们对法国那套体制程序很感兴趣，我的这趟参观除了满足他们的好奇心外，还对我日后的工作大有裨益。

回到伦敦，我突然被卷入一项迥然不同的活动当中。丹尼斯·希利虽然不支持欧洲货币一体化，但是，他看到了加入欧共体会给英国的国际金融事宜带来的好处。国际货币基金组织希望帮助没有能力支付进口石油的国家，希利支持这项议案。当国际货币基金组织想要增加援助资金时，希利总结说共同的欧洲战线可以战胜拖他们后腿的美国人。因此，1975 年 1 月初，他邀请了他的同事——财政部部长到兰卡斯特宫会晤，并且让我带领 82 名经济外交官负责安排这次会晤。这并非易事，因为当时的欧洲机构都有很长时间的圣诞假期。但是，会议进展顺利，目标达成，我也给财政大臣留下了深刻的印象。他记得在马尼拉见过我，而我洞察出，好战个性背后的是工作时的敏锐。然而遗憾的是，当我为了会议忙得不可开交的时候，我的祖母渐渐离我而去。她在那年 1 月去世，没有赶上她的 95 岁生日。

我的短期调任即将结束，我也十分享受这段时光。虽然大家都知道我是外交部的人，但是，财政部非常欢迎我这个"养子"。我被视为是财政部大家庭的一员，不只是当我还在那儿工作的时候，而是在我之后的 20 余年职业生涯甚至之后也是如此。不仅仅是因为我与许多后起之秀共事过，而他们成为我之后工作当中的主要联系人；从更广泛的意义上说，这次调任赋予我批判财政部政策的权利，在财政部官员们眼中，我这种批判若出自其他外交官是无法容忍的。这 15 个月是我有史以来最有价值的职业投资。

1975 年 4 月，我带着家人到新的职位上任。我们接手德里克·托马斯的公寓，靠近戴高乐广场，轻轻松松就可以走到香榭丽舍街上的大使馆。公寓是 L 形的，长的一边是接待客人的，短的一边有基本的一些单元是给儿子们和吉赛尔的——她是我们来自布列塔尼害羞但忠诚的好帮手。我们发现，很难管住三个精力旺盛的儿子，他们分别是 12 岁、9 岁和 6 岁，很喜欢在灌木公园晃荡。巴黎市中心地方太小了，并且没有可以散步的草坪。在我们踏遍所有的古迹比如埃菲尔铁塔、巴黎圣母院、凯旋门和圣心大教堂之后，儿子们开始在公寓玩起走廊板球。在一次意外中，迪伊的眼睛不小心被打青了，搞得大使馆员工们遐想连篇："你看到戴安娜了吗？她和尼古拉斯没事吧……？"

因此，学校放假时，我们尽量能地带孩子到巴黎以外的地方旅游。我们最喜欢枫丹白露的森林，凡尔赛的公园也不错。每个夏天，我们都花尽量长的时间待在租来的度假屋里，每次都在不同的地方。我们在诺曼底和勃艮第北部找到的房子离巴黎很近，这样，我就可以在 7 月乘火车过来，8 月开始度假。我们还去了南部的普罗旺斯，回程时游览了莱特福特屋和佩里戈。在佩里戈，我在国家行政学院课程上认识的法国朋友带迪伊和我进入拉斯考。旅程的亮点是去了布列坦尼参加吉赛尔的婚礼，迪克还做了婚礼弥撒仪式上的小花童。漫长的午餐后，我们带孩子们去攀爬卡尔纳克的巨石。相比除了德国的废弃城堡，他们觉得游玩史前遗迹、古老的修道院和第二次世界大战时期的碉堡也是不错的选择，尽管法国的城堡不比德国少。

目前，汤姆个人比其他孩子高，是斯温伯恩里最高的男孩。他学扮演过《威尼斯商人》里的鲍西亚，演得很出色。在争取伊顿奖学金当中，表现得"颇为出色"，但还不够好。所以，他开始接受我的古典乐导师——拉伊夫·佩恩的家庭辅导。在拉伊夫指导下，第二次尝试中他跻身奖学金名单的前列，所以顺利地考进了伊顿公学。查理和他的朋友道格拉斯·韦斯特伯里在斯温伯恩声名大噪，得益于他们讲述的关于西班牙大陆美洲精彩纷呈的冒险故事。一开始，迪克在巴黎和我们待在一起，每天去双语学校学习。他学得很快，并且和同班同学让·拉斐尔·艾克里结成了法语交流的语言伙伴。迪克真的流利地掌握英法双语，部分原因是他的语言伙伴。

英国驻巴黎大使馆的风格非常很有古都的气质。大使的府邸是 1814 年威灵顿公爵从拿破仑时髦的妹妹——波莉娜·博尔盖泽夫人手中买来的。所有的家具包括波莉娜的睡床都包括在内，而这张床现在的主人是尼古拉斯·亨德森爵士和他的妻子玛丽。而隔壁位于圣奥诺雷市郊路上的办公室就稍微逊色了点，但是，大使房间的天花板还是有壁画的。第一次拜访他的时候，有人招手跟我说，"大使在等着你"，但房里没有人只有一条达尔马西亚大犬。当他从暗门走进房间时，我在纳闷大使是不是个"变形人"。

这里人才济济许多出色的外交官都立志身居高位，像之后成为驻华盛顿大使的罗宾·伦威克。作为金融参赞的我后来做到了经济部长，直率的罗纳德·阿克拉，还有我最亲密的同事戴维·拉福德分别是农业和经济参赞。我的智囊团里有安东尼·古迪纳夫和艾弗·罗林森，他们两个后来在加拿大再次露面。很快我就总结出，尽管在政治部门工作荣耀更大，但使馆工作对我而言才是最好的。

第一个原因是尼科·亨德森对政治有着狂热的兴趣，他的政治团队经常都不好过。他的早会是出了名的辩论激烈，当回答问题的人有些许犹豫时，他总能快速钻空。幸运的是，他对经济没那么感兴趣。他问我问题时，他事先是不知道答案的。所以，不管我对自己的立场确定与否，我也学会了临场发挥，自信回答，之后私下改正失误。尼科乐于他的员工当中有人能直线通话财政部，并允许我自由发挥。

第二个原因是政治处主要跟法国外交部（其别称是奥赛码头，Quai d'Orsay）打交道，这是吃力不讨好的。法国外交部认为，维护法国利益的最好方式是披露得越少越好，尤其是向诸如英国这样的国家。如果他们不告诉我们，我们无法反对他们的计划或采取竞争行动来抢他们的风头。法国外交部也同样加入到了法国政府的内斗当中。他们力图成为法国对外关系的唯一渠道。在政治上，他们是主要的渠道；但在经济上，他们的主张让财政部痛恶不已。所以，我发现我在那里的联系人早已准备好泄露法国政策的细节，力图驳倒他们在外交部的对手。

第三个原因是财政部，它是最有权力的政府部门，而且我有特权进入这里。它比英国财政部覆盖的政策范围还要广，包括价格、保险和对外贸易。它监管着大量公共财政机构，比如信托局和国民信贷银行，后者监管流向政府和私人投资的资金。它控制着三个最大的商业银行，它们是国家有所此外，它还对私有银行严加监管。比这些还要厉害的是，这个部门有自己公开的"秘密组织"，其成员以财政监察员的形式存在，它们是从国家行政学院里成绩优异的学员中挑选出来的超级精英。

财政监察员会在财政部开始他们的事业，但在那里待不久，至多待到45岁，他们就会调任体制内或体制外的其他显赫职位。这些监察员是公共财政机构负责人，不仅仅是国有银行的，而且也是私有银行的。他们有很多是私有机构的部长或是像瓦勒里·德斯坦·德斯坦总统那样的。政治人物，他们争取有国际威望的职位，如国际货币基金组织的常务董事。不管这些财政监察员走到哪里，他们都是法国财政部权力的有形标志。

在工作上，我和掌管财政的法国财政部的联系最为紧密。（我采用法语是为了避免与英国财政部混淆）。我会拜访严厉的部长雅克·德·拉罗西埃，还有他的副部长——平易近人的米歇尔·康德苏和沉默寡言的让·伊夫·哈博乐（德拉罗西埃去了领导国际货币基金组织，康德苏跟随他。哈博乐成为里昂信贷银行的执行主管，给银行带来了不可抹灭的丑闻。）我与友善的副部长让·米歇尔·布洛赫·莱恩（还有下属主管们。）建立了关系。他说我是"英国财政部的白狼"。我定期造访他们位于里沃利大街的办公室或带他们去附近餐馆吃午饭。一开始我以为，由于英国经济低迷，法国官员可能没兴趣跟我谈话。但是，我后来认识到，财政部在自己的政府里没有朋友，其他部门都畏惧甚至憎恨他们，于是他们只好跟其他国家财政部的人交朋友。法国财政部和英国财政部关系密切，并且对彼此都十分好奇。

我一问关于法国政策的问题时，他们就会反问我英国政策的问题。一开始我问财政部我应该怎么回答。当英国政府表示不愿意帮我时，我开始自己写指示。根据我所掌握的信息，构造我所认为的英国政策，向我的法国同行解释并且仔细向我的伦敦同事汇报，告诉他们我以他们的名义所说的一切。这种做法不是没被财政部注意到，但我从未因此挨批评。我觉得这做法适合我，也适合他们。在之后的外交生涯里，只要可以，我都说明我在预测伦敦的指示。我觉得我和国内团队一样清楚本国的政策，然而面对外国对话者，我知道什么办法是最有说服力的。我认为，这从来没对我造成任何伤害。

我没有把注意力局限在财政部，我也在家宴请当地或异国的银行家，以私下了解的金融情况。我与法兰西银行建立关系，其内省风格让人心感愉悦；还有加布里埃尔·莱福特，富有同情心的政府官员，邀请我和迪伊到他那位于皇家宫殿的阁楼做客。我与法国欧洲经济协调部国际委员会（SGCI）（人们总用它的首字母）保持密切关系，它比得上在伦敦的首相内阁办公室里的欧洲秘书处。在那里，伯特兰·施奈德（又一个监察员）会很乐意告诉我法国外交部不愿意告诉我的法国有关欧共体的政策。我在法国计划署找到能提供有用信息的同事。在准备制订国家计划过程中，他们收集了许多法国经济成效的评估，并且乐于跟任何有兴趣的人分享。这样，我就能渗入国家政策深处，一个常规外交官所不能及的深度。

德斯坦总统比任何欧洲他国的总统都更享受更大的直接权力。作为前财政部部长，他决心要用自己的个人影响力解决由石油危机引起的经济危机。为了达成目标，1975 年，他发起倡议举行世界重要经济体峰会，这与我直接相关，并从此让我闲不下来。

当他担任财政部部长时，德斯坦曾跟美国、日本、德国和英国的财政部长们在白宫的图书馆、国际货币基金组织聚会的边上进行非正式会晤。他在这非正式的"图书馆小组"交流中很有分量，之后这个小组发展为五国集团。当他成为法国总统时，他决定复制一个他这个层次的"图书馆小组"。他得到了朋友德国总理赫尔穆特·施密特的大力支持，后者做了一个平行过渡，从财政部部长到联邦德国总理。1975 年 7 月，美国总统、法国总统、德国总理和英国首相在赫尔辛基会晤，大体同意以德斯坦的模式举行经济峰会并和日本合作。但这没有受到美国财政部长比尔·西蒙的欢迎，因为他生怕杰拉尔德·福特总统会被更老练的欧洲同僚谋算。德斯坦不得不同意首脑可以得到他们的外交和财政部长支持。为了加强反抗社会主义的政府联盟，德斯坦不情愿地邀请了意大利，但拒绝让加拿大加入，加拿大到了第二年的峰会才加入进来。

1975 年 11 月的一个下雨的周末，第一届经济峰会在巴黎郊外的朗布依埃城堡举行。络绎不绝的直升飞机扬起公园的落叶，剥去还留在树下的叶子。英国代表的办公室设在拿破仑的浴室，配备镀锌的浴缸和画有他胜利场景的天花板。大使罗宾·伦威克附和哈罗森·威尔逊，而我支持丹尼斯·希利。头天晚上，大家聚集在通往城堡私人区域的大厅，等待主人的出现。德斯坦来了个戏剧性的出场，身着羊毛套衫，牵着他的猎狼犬朱古达。他希望能够只招待各国首脑，但是，看到满屋子都是福特的安保人员，他感到不悦。

进入正题后，德斯坦让大家大吃一惊。自从 1971 年，国际货币基金组织就开始论证如何让国际机制适应浮动汇率。大部分由美国领导的成员国认为，浮动汇率制和固定汇率制一样合理。但是，法国坚持固定汇率制更胜一筹，浮动汇率制只允许在紧急情况下使用。在上一次国际货币基金组织会议中，其他成员国已经敦促法国和美国协商一致。德斯坦让财政部长德拉罗西埃和美国财政部长埃德·杨私下谈判一个双边协议。他们两个达成协议，根据协议，法国会让它的货币储备保持浮动。作为回报，美国和其他金融中心会插手对付外汇市场上的不稳定波动，这些不符合潜在经济走势的波动。这项协议在此公布于众。

协议的精神迎合英国和其他与会国，但这份法美协议陈述得十分概括。当首脑们在商议剩下的经济议程时，丹尼斯·希利、德里克·米切尔和我有许多工作要做。峰会的文件需要形成修改国际货币基金组织协议条款的基础，以便使浮动汇率制合法化。他们还需要为中央银行提供足够的指引，来决定究竟市场压力仅仅是"不稳定波动"还是更严重的失衡的标志。要求的上半部分进展得很顺利。1976 年 1 月，国际货币基金组织协议被成功修订，新机制一直延续至今。这项成果提高了德斯坦作为世界首领的声望，并鼓励在任的首领把峰会作为常规的年度活动。

但当时德斯坦高度重《朗布依埃协议》的后半部分。他成为总统之前，石油危机的压力迫使法郎采取浮动汇率制。德斯坦决心恢复固定汇率，1975 年 5 月，他突然把法郎放回到"浮动汇率制"，而且没有事先通知财政部长。《朗布依埃协议》关于协同干预的内容是旨在帮助法郎保持"浮动汇率制"。但因为英国货币的问题它一下子就崩溃了。1976 年 1 月，英国通货膨胀高达 26%。得益于威尔逊和希利终于让工会压低了工资，尽管后来的数据有所改善，但市场仍持怀疑态度。3 月初，英国银行的失误导致英镑连续十天遭到挤兑。然后市场寻求其他更脆弱的货币，使法郎蒙受巨大压力。困难的时候，把钱移出法国转入瑞士银行账户是最佳的避难之路。这些转账数量激增，我提醒财政部采取措施。3 月中的周末，法郎退出"浮动汇率制"再次浮动。之后，哈博乐深夜把我召到财政部，愤怒地控诉英国当局引发货币危机。他声称是英国货币的疏于管理让整个市场都对抗法郎，并暗示我们是故意这样做的。这是我职业生涯中最不愉快的交谈之一。

这是第一次我请教德雷克·米切尔应该怎么回应。他给了我明智的建议：什么都不说，法国的怒气会平息。但是，英国经济危机越来越严重，政府被迫向国际货币基金组织申请大笔贷款。资金附带难以接受的条件，有一部分是在巴黎商榷，远离英国媒体的视线；我为相关的财政部官员提供庇护和道义支持。与国际货币基金组织的最终协议关联着抵消海外英镑差额的事宜。在 1976 年 11 月英法峰会上，吉姆·卡拉汉（现在的首相）和希利会见德斯坦时，法国人证实这些是有用的。

国际货币基金组织的贷款一到位，英国经济快速增长。危机气氛缓解，而我也有更多的时间进行其他活动。迪伊和我会见了王太后，她在巴黎的项目包括在罗纳德·阿克拉的住宅与法国大企业首脑品酒。

似乎双方都不知道为什么他们会在那里，但是，她拿着那杯马丁尼酒，用她那口流利的法语把那位商人迷得如痴如醉。我们和圣乔治国教教堂的几位成员一起会见了诺曼底拜客修道院的坎特伯雷大主教、仁爱之家的前辈们——兰弗朗克和安塞姆。在玛格丽特·撒切尔夫人路过巴黎时，我被要求向她简要地介绍法国的经济。但我几乎插不上话，她详细地告诉我法国人应该在干什么，偶尔停下来给我一个迷人的微笑。

财政部首席部长乔尔·巴内特要过来开一天会，我负责接应他。国际货币基金组织坚持要大幅度削减英国公共部门的借贷需求，而财政部想知道法国是如何保持他们的低水平。我解释道，法国几乎把所有资本支出都不算入预算，但是巴内特希望从法国人口中获得证实。我安排了一个项目，参与者包括预算副部长、储蓄信托局局长、审计法院院长和政副部长等。我们的会议一次比一次上档次，办公室一次比一次豪华，但巴内特应对从容。我们俩特别意气相投，我很喜欢邀请他和他的妻子到沙特尔共度周末。

1976 年 7 月，我曾说服弗朗索瓦·海尔布罗纳和我共进午餐。他是雅克·希拉克总理办公室一位难以捉摸的成员。在吃着比目鱼、品着桑塞尔白葡萄酒时，我问他关于法国经济政策的问题。但是，他心不在焉、答非所问："希拉克先生有其他打算。"一周后，希拉克突然宣布辞去总理职位。德斯坦选择雷蒙德·巴尔接任，他是经济学教授和前欧盟委员会专员。巴尔既是总理也是财政部长，因此成为五国集团的成员。五国集团的会议是秘密进行的，为了远离公众视线，防止意大利不请自来。但是，作为总理，巴尔不可能低调离开法国。因此，他邀请五国集团财政部长到灯笼阁进行他们的季度会议，那是他位于凡尔赛宫附近的乡村住宅。我会在会议开始之前享用午餐时向丹尼斯·希利、德雷克·米切尔和英格兰银行总裁戈登·理查森简要介绍情况。有时大使也会和我们一起，但是，我喜欢跟他们独自汇报。

让丹尼斯·希利这样一个引人注目的人物远离公众视线绝非易事。有一次，他和妻子艾德娜乔装成游客坐经济舱出行，非常奏效。艾德娜·希利在为安吉拉·伯德特·库茨写传记，后者是一名维多利亚时代的慈善家，曾短暂租过尚蒂伊城堡。丹尼斯去参加五国峰会，而艾德娜就在迪伊陪同下造访那座城堡。隆冬的会议更是一波三折。我原本安排财政大臣和银行行长秘密降落到维拉库布莱军用机场，但是，一场反常的暴风雪迫使机场关闭。他们不得不继续飞到奥利，在那里媒体发现了他们。五国集团会议以卢浮宫部长晚宴结束。大使的劳斯莱斯被派去接希利回家，但是，他喜欢走路回去，然后消失在单行道上，让配车无法跟随。司机垂头丧气地回来，说他跟丢了财政大臣；但很快希利就出现了，心神气爽的散步让他容光焕发。

希利同样出席经济合作与发展组织（OECD）部长级会议。这是西方经济体之间出于政治咨询目的的论坛，起源于"马歇尔计划"。每一年经济合作与发展组织部长会议对英国和法国的经济进行回顾和展望，我认为，很有必要参加这些会议；我们的大使亚瑟·马多克斯很高兴我有兴趣。经济合作与发展组织喜欢用所有可用的宏观经济手段，包括财政的和货币的，来对付目前的危机。它认为政策协调会让弱国从强国的发展中受益。这些观点受到美国当时的新总统吉米·卡特的支持，并且也自然而然地吸引处于经济困难时期的英国政府。结果，1977年和1978年经济峰会取得的政策协调时从未有过的高度，承诺领域包括宏观经济、贸易和能源。与经济合作与发展组织的接触深深影响了我对经济外交的理解，在之后的职业生涯中，我与这个组织保持着紧密的联系。

任职期间，迪伊和我又搬进了一间两层的新公寓。楼上有不错的卧室，楼下有高雅的画室，通往饭厅处挂着深蓝的天鹅绒。五个高大的窗户和一个阳台可以看到拉内拉赫花园，朝向布洛涅森林，这下儿子们就可以解决多余的精力了。新家离迪克的学校更远，所以，迪伊一天要开车绕过戴高乐广场四次，直到迪克也去斯旺伯恩上学。三个儿子在法国的日子越来越精彩。两次冬天游览卢瓦尔河谷使参观文艺复兴时期的城堡成为可接受的文化熏陶形式：香波城堡熊熊燃烧的壁炉火焰和舍农索城堡拱门下汹涌而过的洪水。为了查理，我们还进行了滑铁卢战场一日游。当汤姆还在醉心于模型飞机时，查理已经画了拿破仑士兵的微型画并且谙熟战争时期。跟迪克一样，查理也参加了法国交流活动，伙伴是埃尔韦·吉瑟罗，他的父母是同事。皮埃尔·吉瑟罗是财政观察员兼巴黎南部一个乡村市镇的市长，而海琳是副部长。

巴黎的影院太不可思议了，我们在那里看了第一、第二部《星球大战》、雷德利·斯科特《决斗者》的首演、库布里克的《乱世儿女》，还有约翰·休斯顿激动人心的《霸王铁金刚》。圣诞假期有好玩的派对，在一次家里办的派对上，我扮演双语圣诞老人。我在办公室穿好圣诞老人的装备，背着一大袋玩具在时尚街头歪着头走回在隔壁的家。有一年是哈德森的银婚周年，圣诞老人奖给他们用圣诞树的装饰做的"银色驯鹿的命令"。

1977 年的一天，我开完经济合作与发展组织会议回到家，发现我弟弟克里斯托弗给我留的口信，说父亲之前中风了。好几次，他身体上都恢复得很好并且可以出院回家，像平时一样彬彬有礼。但是，思绪仍很混乱，当不能做熟悉的事情比如签名的时候，就很容易心烦。18 个月后，第二次中风夺去了他的生命，享年 81 岁，就在我离开巴黎之前。他的骨灰撒在常康普顿教堂的墓地，他管理这个教堂的财政很多年了。母亲一个人住在莫尔特大宅。

德斯坦总统仍然渴望把法郎放回"浮动汇率制"，但担心不知道法郎能不能够跟上德国马克。1978 年，他的机会来了，赫尔穆特·施密特采纳了欧盟委员会主席罗伊·詹金斯的意见，提出了一个新的欧洲货币系统。这将由一个更强大的制度结构组成，由欧共体货币委员会监管、欧洲汇率机制（ERM）决定货币水平。德斯坦认为，汇率机制的目的应该是强制强势货币重新估值，而不是总让法郎或英镑这样的弱势货币贬值。根据他的指示，德拉罗西埃邀请了接任德雷克·米切尔财政部长的肯·卡曾斯和德国的曼弗雷德·莱恩斯坦进行三方会谈。法国人希望获得英国人支持，以使德国更加被动，这样英法都会受益。

尼科·亨德森认为，出于政治原因，各国都应该加入新系统以显示我们对欧洲的责任。我深信从经济上说把这个交给财政部。我认为，收入政策太弱不能抑制物价，由于工会原则崩溃，价格再度上升。如果我们要保护英国货币抵御其他欧洲货币，这会迫使我们对通货膨胀施压。财政部的其他人和英格兰银行都这样认为。但是，卡曾斯怀疑，无论法国怎么期待，德国到底会不会让马克升值。他相信北海石油的到来会扭曲英国货币的价值，并且让其很难选择正确的中心汇率。因此，肯·卡曾斯拒绝让英国货币加入汇率机制，并且一度英国貌似会像鱼雷一样毁坏整个新的系统。但幸运的是，施密特和德斯坦同意让英国在不加入汇率机制的情况下加入欧洲货币系统。这个方案在 1978 年 11 月一个和谐的英法峰会上得到公开支持，峰会以在爱丽舍宫举办的盛大晚宴结束，宴请所有参加者，包括我。

峰会结束后，我搭上专机回到伦敦。途中，外交部的经济部部长迈克尔·巴特勒告诉我，1979 年年初，我可以返回伦敦，代替汉弗莱·莫德出任金融关系司司长一职。这是个好消息，因为我需要重建我对外交部的忠诚。我在巴黎度过了 4 年的好时光，我的继任者是伦恩·阿普尔亚德，他已经在财政部接受培训了。迪伊和我没想到消息会在巴黎公布，在这样一个充满活力和高压的城市。但我们在这里宾至如归，并且决心保持我们和法国的联系。

在我任职的最后的几个星期里，我为尼科·亨德森提供了一份经济数据，这把法国的经济活力和英国的经济衰退形成鲜明的对比。我的研究显示，自从 20 世纪 50 年代后期，法国已经稳步追上并超过英国。1957 年，法国经济总量比英国小 1/3，20 年后变成大 1/3。尼科的经济数据被泄露给了《经济学人》杂志，引起了巨大的轰动。这引起了新保守党政府的注意，影响了他出任驻华盛顿大使的任命。但具有讽刺意味的是，我们都预料错了。迄今帮助法国经济的干预政策逐渐失去价值。英、法两国经济都出现了逆转，2007 年英国经济再度超过法国。到那时为止，国家行政学院校友和财政监察员影响大为削弱。尼古拉斯·萨科齐就曾声明，他本人没有上过国家行政学院。

第十一章　经济关系司司长

1979 年年初，正如五年前去财政部一样，我又重新回到外交部。世界经济因新一轮油价飙升而重陷混乱。由于工党与工会的关系完全破裂，英国政府岌岌可危。由此引发的"不满的冬天"也让大选失败成为必然。保守党上台执政，政局逆转。当时，我处在外交生涯的中途，政府已连换四届。但是，我将在以玛格丽特·撒切尔或约翰·梅杰为首的保守党政府领导下，继续完成我余下的事业。

工业发达国家终于从首次石油危机中复苏。虽然通胀率仍然居高不下，但外部失衡已经得以纠正，经济再度增长，失业率下降。就在那时，伊朗国王被推翻导致其石油出口崩溃。这足以引起新一轮的油价飙升。油价从 1978 年 10 月的每桶 13 美元飙升至 1979 年 1 月的大约是每桶 36 美元。与第一次石油危机一样，这次事件对经济增长、通货膨胀以及收支平衡产生了消极影响。但是，这次的应对政策完全不同。由经济合作与发展组织和波恩峰会提出的通过宏观调控保持稳定增长的策略被搁置。美国经济过热，德国和日本懊悔早期采取的刺激措施。舆论一致认为，应首要应对通货膨胀，而不是去适应油价增长。政府应该用货币政策对抗通胀，让私有企业和个体经济恢复活力。

这次的国际舆论变化与玛格丽特·撒切尔及其财政大臣杰弗里·豪部署的挽救英国经济的政策非常契合。通过限制流通货币的供应量，通胀将会被挤出。收入政策被搁置，工会成为政府的敌人，公共支出急剧削减。这一系列挽救政策尽管伴随着阵痛，并阻力重重，但最终获得成功。并不是所有内阁成员都赞同这种策略。外交部长彼得·卡林顿就对此保持缄默，但伊恩·吉尔莫在下议院谈论外交事务时，认为这是政治上的致命错误。他过去常常把我和西蒙·布劳——一位外交和邦联事务所的顾问叫去办公室，询问我们如何反击玛格丽特·撒切尔的政策，这使我深感不安。我对货币供应量目标心存疑虑，并认为政府对失业人员太过苛刻。但我确信对抗通胀是第一要务，不愿批评首相的政策。所以，当吉尔摩离开政府之后，我松了口气。

我回到了外交部经济团队，时任副部长是迈克尔·巴特勒和德里克·托马斯（后来由汤姆·布里奇斯和理查德·埃文斯取代）。我认为，金融关系司的职责就是金融、投资和援助问题，主管是两位经验丰富的助理——戴维·戈尔·布斯和维罗妮卡·贝克特（后来换成了萨瑟兰）。但是，后来这个部门改组，他们很快就离开了。在工党领导下，独立的海外发展部成立，有其自己的内阁大臣作部长。但是，保守党将其降级为海外发展局，由一位对外交部负责的年轻部长掌管。外交部和海外发展局应当密切合作，两个部门设立的目的就是这个。我的援助团队被纳入了一个新的援助政策司，而作为补偿，负责南北关系的几位来自海外发展局的官员被调到我的部门，他们都很好辨认，因为留着胡子。我有幸成为新的经济关系司司长，并拥有了一支高素质的团队，而海外发展局的伙伴们也很快吸收了外交部的精髓。（但与之协作的援助政策司的官员见没有这么幸运了）从整体来看，我对这次改革没有信心，因为它挫伤了海外发展局的成员的信心。他们隶属于内政部，但在不同的办公楼里工作，并且不能与外交部协调合作。

虽然担任经济关系司司长的日子虽然没有在巴黎时那么风光，但却给我以国际政策制定的广阔视野。我经常与白厅周围的一些经济部门打交道，比如财政部和贸易部，并且长时间参与部门间的会议。我处理了许多并不是由外交部负责的事务，并且不得不说服某些负责国内事务的部门对国际事务给予应有的关注。我认为，负责国内事务的部门应该对自己业务中涉及国际事务的方面负责，而非全部扔给外交部。我的许多外交部同事也赞成这种观点。

我们经济关系司的工作人员分为两个团队。一组是以安德鲁·格林为首的，负责处理与发达国家的关系，包括经济峰会，组员还有迈克尔·赖利和戴维·莱斯康。另一组负责处理与发展中国家的关系，以鲍勃·斯通为首（他甚至刮去了胡子），组员还有理查德·艾斯克里特和凯文·奥沙利文。我们与各种国际组织打交道，包括各种峰会、经济合作与发展组织、国际货币基金组织、欧洲共同体和联合国。

经济峰会已不仅仅是一个制度。每位政府首脑都会任命一位个人代表，也就是协调员，下设两位副协调员，一位来自外交部，另一位来自财政部。这些代表会提前召开几次预备会议，在峰会时，会坐在领导人的后边。他们会在一个联合起草会议上完成峰会宣言，经常工作到深夜。之后才会提交领导人签字宣布。约翰·亨特是内阁部长，从一开始就担任英国代表，肯·库泽斯为财政副代表。迈克尔·帕利泽是外交部副常务秘书，担任外交事务副代表，直到1982年由汤姆·布里奇斯接任。

我的部门负责协调代表会议和峰会发布会，甚至有些事务超出了我直接负责的范畴。我与约翰·亨特及其继任者罗伯特·阿姆斯特朗定期会面，渐渐对峰会流程非常熟悉。1981年，罗纳德·里根出任美国总统时，代表们决定审查峰会的有用性。罗伯特·阿姆斯特朗被任命为领导者，并让我担任起草工作。我自认为，我的工作并不是惊天动地的大事，却受到了广泛的欢迎。代表们决定应该继续召开峰会，但是，我永远不会参与峰会和代表会议，因为代表团的名额被严格限制，我只能从外部施展影响。

1979年和1980年的峰会关注如何应对油价上涨。玛格丽特·撒切尔高兴地发现，她所有的峰会同事都把重点放在控制通货膨胀上。甚至吉米·卡特都放弃了财政刺激政策，而美联储的保罗·沃尔克却收紧了美国的财政政策。但是，世界经济因此陷入严重衰退。与此同时，卡特也深陷美国驻德黑兰大使馆被困人质事件中，敦促我们冻结伊朗在伦敦的资产。考虑此举对伦敦的影响，我们首先宣称我们无权这么做，但我们后来还是重新立法，事实证明，这是一项有力的外交手段。

1981年的渥太华峰会由罗纳德·里根作东，在白宫召开。当时，爱丽舍宫的主人已从吉斯卡尔·德斯坦换成弗朗索瓦·密特朗。里根的经济团队引入大幅度削减税收政策来刺激私营部门，认为强劲的经济增长会维持政府的财政收入。但是，"里根经济政策"被证明是完全失误的，美国预算赤字激增。沃尔克更加收紧货币政策，使美国利率升至20%，美元升值30%。这一举措使峰会其他成员陷入痛苦的两难境地：如果他们任由本国货币兑美元汇率下跌，就会导致输入型通胀；但是，如果他们提高利率支持本国货币，就会扼杀经济增长。施密特和密特朗强烈指责里根，但撒切尔夫人却没有这么做，因为他们的政治关系密切。

1982年的峰会由密特朗作东，在凡尔赛宫召开，由其颇具天赋却傲慢自大的代表雅克·阿达利主持。美欧间摩擦加剧，甚至超越了东西方经济关系。欧洲国家，包括英国，多年来提倡这些关系以减少与华沙条约国之间的紧张。里根政府想在经济上给苏联一点教训，迫使他们削减军费开支。欧洲人从西伯利亚石油管道寻求供给，他们的泵站依赖美国的技术。里根政府威胁欧洲要撤出该技术，除非欧洲减少对社会主义国家的出口信贷。凡尔赛峰会似乎达成了妥协，但是很快它就解体了，美国也实施了对欧的制裁。随之而来的骚动导致美国国务卿阿尔·黑格的离任。他的继任者——冷静的乔治·舒尔茨采用"静默外交"解决了这个问题。

峰会以盛大的宴会、歌剧和烟火而告终。马尔维拉斯群岛战争依然肆虐，玛格丽特·撒切尔在晚宴后突然决定离开。她带走了其余的部长和罗伯特·阿姆斯特朗，团队里其他人都被留下。汤姆·布里奇斯、肯·库伦斯和朱利安·布拉德（外交部政治主任）追着她的直升机一路到奥利机场，只看到她的飞机起飞并且带走了所有行李。他们只能乘坐第二天清晨的第一班民航班机回国，身上仍然穿着昨天晚上的宴会礼服。

我的部门在经济合作与发展组织事务上也起着引领作用，这与在巴黎是一样的。其宏观经济工作已经不是财政部支持，现在财政部的立场已经向国际货币基金组织倾斜。经济合作与发展组织预测，英国的失业人数将达到300万（事实证明，该预测十分准确），这使得杰弗里·豪十分气恼，扬言要从中退出，但幸好他最后，没有这么做。经济合作与发展组织因其在经济和社会政策方面的杰出工作，在白厅声誉颇高。然而，每个部门都只想保留经济合作与发展组织对自己有利的部分，而对其他部分却不闻不问。所以，经济合作与发展组织要获得预算支持非常困难，具体由外交部负责这方面的事务。

我发现，参加经济合作与发展组织会议使我受益匪浅，特别是，由财政、外交、贸易部长参加的年会更是如此。这被广泛地认为是经济峰会的彩排，我能在这个会议上会晤来自其他峰会国家的代表团，从峰会和经济合作与发展组织中学到的不仅仅是原来从未涉猎的国际贸易政策。关键的组织是关税及贸易总协定，它举办定期回合谈判使国家间减少贸易壁垒，主要是关税壁垒。多亏了在早期峰会达成的协定，东京回合谈判于1979年结束，当时正值世界经济衰退前夕。没有了谈判的压力，大西洋两岸的贸易保护措施不断增加。经济合作与发展组织在对抗保护主义方面起到了关键的作用，尽管其进程被认为是"停滞和倒退"。在这方面，成员间互相鼓励，采取单边举措保证市场开放。

尽管我可以接触峰会和经济合作与发展组织事务，却很难探知国际货币基金组织的事情。我可以很轻松地接触财政部，因为经济关系部的人都在办公楼里，但是，他们非常小心翼翼地保护着自己国际货币基金组织的地盘。在国际货币基金组织的那次年会上，我非常幸运。1980 年，世界银行因一个政治问题受到威胁。巴勒斯坦解放组织在这些会议上寻求观察员地位。大部分成员国对此表示支持，但是，美国却对此深恶痛绝，认为这会破坏整个大会。财政部的玛丽·赫德利·米勒让我加入代表团提供政治建议，尽管我对巴勒斯坦解放组织知道得并不多。

在英联邦财政部长会议上，我们开始讨论，这个会议一般会先于国际货币基金组织和世界银行的年会。会议在百慕大群岛召开，我非常欣赏这里岛屿的构造。屋顶一片白净，一种涂有可以积聚雨水的特殊涂料与墙体柔和的色彩交相呼应，但是，会议却非常不顺。因为英国的政策在英联邦的发展中国家当中是不受欢迎的。我支持财政部的皮特·蒙特起草联合公报，那时已是深夜，会议进行得非常艰难。国际货币基金组织和世界银行年会在华盛顿一家大酒店召开。世界各国的财政部长、中央银行行长都汇聚于此。众多来自世界各地的金融家在走廊里商谈盈利交易。巴勒斯坦解放组织问题很快得到解决，并且没有邀请任何观察国。我参加的会议十分无聊，因为真正的交易被严格限制在五国集团手中。但是，我行动自由，亲眼见证了国际货币基金组织和世界银行是如何运作的。

国际货币基金组织首先要面对的就是债务问题。第一次石油危机之后，发达国家发现，依赖进口石油的发展中国家比他们承受的更多。在国际货币基金组织支持下，他们提出一个方案，即把富裕石油输出国存在欧洲的过剩基金借给发展中国家。这一循环的过程使得发展中国家有能力继续发展，通过从出口中获得足够的金钱来偿还债务。但是，第二次石油危机来袭后，发达国家为了对抗通胀，削减进口量，并提高利率。许多发展中国家无法继续履行还债义务，不得不延迟还款。这一工作大部分是由借贷集团"巴黎俱乐部"完成的。债权人首先要求借贷者与国际货币基金组织协商出一份计划，来恢复其偿付能力。然后，他们会决定多少贷款需要来重新制订还贷计划，并决定采取多少利率，每年都会重复这一过程。巴黎俱乐部进程十分痛苦，对借贷者无疑是蒙羞的。

财政部要求国际货币基金组织对借贷国施行严苛条件，比如说，要求他们达到预算平衡。他们定期向外交部咨询，每次当我们出于外交政策原因希望借贷国政策不要如此严苛时，财政部总有办法把我们的要求挡回来。如果我陈述经济原因，他们会更加顽固，比如会争辩说，大幅度削减公共开支会制造麻烦，进而延缓经济恢复健康。我在许多会议上与一些大负债国坐在一起，比如巴西、埃及、波兰。实际上，我更担心英联邦中的贫穷国家，担心它们既不能还贷，又不能招架国际货币基金组织苛刻的计划。但是，我的努力有了稍许起色，使国际货币基金组织采用了更为宽容的对策。众所周知，美国人会反对，而财政部绝不会与他们争辩。我的工作在第二个主要部分发挥了一些作用，即与发展中国家的经济关系。这一点我还会在本章中提到。

当我们在巴黎时，迪伊和我协作配合，她也成为经验丰富且成功的外交家庭的女主人。但在这里并不一样了。我会很早出门，在办公室待上一整天，盼着火车不要罢工。但是，我总是设法按时到家陪她几个小时，如果儿子们在家也会陪陪他们。周末我经常是空闲的，学校节假日期间也能请假，这样家庭生活起码不会受到影响。

汤姆在伊顿公学一切顺利，六年级毕业时成为学生领袖。他在校期间，校长迈克尔·麦克拉姆退休了。汤姆为他做了一个激动人心的告别辞。演讲稿的大部分内容都出自他之手，我只是提供了少量帮助。他在大学礼拜堂的台阶上发表演讲，照片出现在了《泰晤士报》上。他最骄傲的事就是在橄榄球十五队待了三年，这支球队战无不胜。在离开伊顿之后，他在皇家炮团短期服役，之后进入牛津攻读工程学学位。事实上，军营的九个月多少耽误了他的时间。经过短暂的兴奋，比如在加拿大发射导弹之后，伴随他的就是长期的无所事事。

查理在我们离开巴黎之前参加了伊顿公学的奖学金考试，考了两次，不能再考了，于是就非常兴奋地去了拉伊夫·佩恩学校，获得了"欧彼德奖学金"。在那里，他与一位名为乌代·科马克的印度男孩产生了不朽的友谊。与此同时，他升到了六年级，在6月4日的演讲里，他渲染了查尔斯·达尔文发现象龟的创举。迪克在斯旺伯恩学院的成绩与他的兄弟们不相上下，尤以沉稳有条理著称。这使得校长贾米森先生提前一年就任命他为学生会主席。迪克相比于查理，在伊顿的奖学金上并没有他出色，之后跟他去了佩恩。

迪伊继续因婚姻放下教师事业。此时，她加入了位于维多利亚大街的迪克逊沃尔夫教育学院，由波林·戴利掌管，创立者们早已退休。教师们帮助那些在O级考试和普通中学教育证书考试中失利的女孩们通过考试。迪伊教的是英国文学，她的学生的考试通过率很高。迪伊认为，当学生们通过她的讲述理解了狄更斯或简·奥斯汀在文学上的贡献时，就非常欣慰。晚上，我们有时会看电影。我们观看乔纳森·普莱斯在哈姆雷特里的精彩演出，鬼魂通过他讲话，以及马尔菲公爵夫人里海伦·米伦和鲍勃·霍斯金斯的精彩表演。在迈克尔·弗莱恩的《关掉噪声》中欢笑落泪。

迪伊把精力放在改造升级切特温德房上，我们之前买不起这座房子。她从她的父亲汤姆·王尔德那里得到一些专业指导，在 1979 年和 1980 年进行了两次大修。原先，这座房子只有 4 个卧室。查理和迪克住同一间房，非常融洽一起玩复杂的拿破仑战争游戏。但是我们认为，他们都需要一些个人空间。顶层的房间包括主卫生间和一个大的可供人进入的亚麻橱柜。汤姆·王尔德在当地管道工的帮助下，将卫生间改造成橱柜。然后为迪克在原来卫生间的基础上修了间小小的卧室。第二年，迪伊和他的父亲开始改造第一层。他们将原来的浴室分割，取而代之的是一个更大更合适的卫生间。汤姆·王尔德采用优雅的护墙板，与我们卧室的木质品相辉映，并加了一个带有气窗的拱形门，让室内更好地采光。

每年夏天，我们全家都去巴黎旅游，经常还会有我的母亲。而汤姆在离开伊顿公学后经常与他自己的朋友一起出去玩儿。1979 年，我们借了位于蒂涅阿尔卑斯山的吉瑟罗公寓。第二年，我们去侏罗纪山时，来了个在奥利机场的"三方会合"，查理从布列塔尼的吉瑟罗赶来，迪克从普罗旺斯的哈克里赶来。但那个时候，由于法国渔民封锁了港口，我和迪伊被困在中央航道的小船上。孩子们被伦·艾普亚德救起，我们在巴黎的公寓里找到了他们。之后，我们还有两次非常成功的旅行，一次是蒙彼利埃附近的圣马丁村，另一次是在蒙彼利埃北部的乡村。我们制订的行程让每个人都满意。第一天，我们会游览文化景观，如阿尔勒的罗马遗迹或是卡尔卡索纳的要塞城镇。第二天，我们会去朗格河游泳、划船，或追寻遗失在丛林中的城堡。有一年，我们乘坐游艇，从罗纳河的圣吉尔出发，途经普罗旺斯，到达米迪运河，然后返回。当时好像没有什么规章制度禁止 16 岁的查理和 13 岁的迪克开游艇，所以，他们在返程时开着游艇，非常开心。与此同时，迪伊享受着日光浴，而我观赏着天空中飞过的火烈鸟。在紧张的职业生涯中，这些是很受欢迎的娱乐活动。

当威尔士王来视察外交部时，经济关系司是他参观的两个部门之一。我们用 20 分钟时间讲解了我们部门的具体职能，他提出了很多发人深省的问题。他最为关心的是与贫穷国家的关系问题，并委婉地暗示我们可以采取更为慷慨的援助政策。我尽己所能地维护政府的立场，但实际上我特别赞同他的意见。

外交部是英国政府在联合国南北对话问题上的领衔部门。而贸易部是联合国贸易与发展会议的牵头部门。我发现，自己又陷入第一次任职后那种挫败感中。发展中国家希望建立"国际经济新秩序"，从而在与工业发达国家的贸易中获取更多利益。"国际经济新秩序"会使他们在国外投资和自然资源上占据更多的控制权，出口价格提升，更易进入国外市场，更大的资本流动，以及在某些机构如国际货币基金组织和世界银行的决策中更具影响力。"国际经济新秩序"的支持者在第一次石油危机后加大了这种压力，认为这是他们的一大筹码。作为回应，德斯坦总统召开了国际经济合作公会，包括某些工业发达国家、石油输出国家组织成员以及发展中石油进口国，但是却一无所获。在第二次石油危机之后，"国际经济新秩序"的支持者发起了另一轮倡议。他们现在要求联合国"全球谈判"要覆盖他们关心的所有问题。

英国政府忙于恢复自身经济，无暇顾及全球谈判。我们已经削减了援助项目，因为我们必须先管好自己的事。我认为，这是错误的，因为发展中国家面临着比我们更为艰巨的困难。我希望我们采取更加积极主动的方式来与发展中国家打交道，而不是采取守势。因此，我十分关注布兰德国际发展委员会的工作，特德·希思，最后一位保守党首相，是其中的一员。希思的下属向我介绍了准备委员会报告的最后阶段，名为《南北关系——生死攸关之事》。

当这一报告成形时，我就开始起草政府回应，并使之尽可能积极。我建立了英国在发展政策方面的良好记录，我们支持报告中许多有关食品和能源问题的建设性建议，希望通过这样做来抵消我们不能增加援助的遗憾。但是我的方法没有成功：政府的政策被公众认为是勉强和吝啬的。我意识到，我不是很擅长制定我并不赞同的政策，不知道是否应该出于该原因；我离开英国外交部。我决定迎难而上，但也变得更为谨慎。之后，我尽可能地远离我并不赞同的政府政策，比如对欧洲的政策。

与此同时，有关全球谈判的工作也在联合国继续进行。与经济合作与发展组织或国际货币基金组织不同，南北对话政策在欧洲共同体内部达成一致。并商定在成员国间进行六个月一轮的共同体主席选举。这就要提到我定期的布鲁塞尔之行，在那里，我得到了英国代表团顾问约翰·科尔斯以及后来的查尔斯·鲍威尔的热情款待。其他，欧共体成员，除了德国偶尔提出反对意见，都给予全球谈判大力支持，所以我很难捍卫英国持怀疑态度的立场。1980 年 8 月的联合国安理会特别会议是为了启动谈判，那时我正在度假。但英国和德国与欧共体分道扬镳，并与美国一起对关键决议投了反对票：我们不能接受国际货币基金组织和世界银行依赖联合国。因此这一问题需要重新商议。

布兰德委员会建议举行南北峰会来打破僵局，解决悬而未决的问题。因此，1981 年 8 月，墨西哥总统洛佩斯·波蒂略邀请 20 位政府首脑在坎昆会见。玛格丽特·撒切尔和新任总统里根都在犹豫是否前往，但最终都参加了会见。我陪着彼得·卡林顿参加现场的外长预备会议。他非常傲慢，几乎没怎么和我说话。因为他失去了一个难得的机会观看国际橄榄球锦标赛。我与首相搭乘她的专机 VC10 前往这次峰会。作为高级外交官，我很受她的照顾。她邀请我共进午餐，不时为我添菜。她让我诚惶诚恐，就像兔子见了蛇一样。

坎昆峰会在喜来登酒店举行，那时，该酒店是海边最宏大的建筑。而墨西哥海军的军舰在海上巡逻。一些代表团成员穿着休闲裤和 T 恤衫就来开会了，而英国代表团绝对不会这样，因为首相告诉我们：你来这里不是度假的。会议开始得很晚，因为美国安全部门为了保护里根的安全，关闭了所有电梯。于是，领导人之间开始了热烈的交谈，玛格丽特·撒切尔与英迪拉·甘地关系不错，但也没谈出什么结果。加拿大的皮埃尔·特鲁多，作为联合主席，向媒体宣读了预先商谈好的有关全球谈判的文件，但它非常模棱两可。所以该议题再次回到了联合国大会。

英国在 1981 年下半年担任欧共体轮值主席国，我被任命为欧共体发言人。我必须小心翼翼地均衡欧共体内全球谈判的拥护者和我国政府的关系。而美国政府与我们的立场相同。在经济合作与发展组织会议上，西方的观点被质疑，而我的提案非常幸运地得到了法国和委员会的热心支持。然后，我飞去纽约，第一次参与联合国会议，在欧共体一位荷兰人的帮助下，致力于与美国人达成联盟。英国代表团经济顾问约翰·博伊德给了我非常有价值的精神支持。我们会在中央车站生蚝酒吧吃午餐，然后带着我回他家里见他的妻子茱莉亚和三个女儿。这是我跟迪伊度过蜜月后第一次回到纽约，浪漫的气息仍是那么强烈。我带回家一件蓝色的河马彩陶，我们第一次去大都会博物馆时就对它甚是喜爱，但当时无力购买。

在与美国达成一致后，我与备受尊敬的联合国大使安东尼·帕森斯一起拜访他的阿尔及利亚同事，他是联合国负责发展中国家的主席。他是个很奇怪的讨人厌的家伙，非常做作，又十分谨慎。他认为，我们的拜访是为全球谈判的达成打基础，所以就让他的下属接见了我们。其他的欧洲代表都有所进展，很是喜悦。但是，我们的周末却一无所获。周日，天降暴雪，我被困在了酒店，打开电视，看到了苏联坦克开进了华沙。这个问题引起了联合国的首要关注，因此国际谈判的决议就被推迟。回家后我感到一阵轻松，因为之前我曾担心我的妥协是否可以被接纳（而事实上，从来就没有达成什么协定，这一项目最终不了了之）。那时，肯纳邦克港下着大雪，迪伊在家里写圣诞节贺卡，突然发现房顶漏水了。

1982年，是我在经济关系司的第四年，这一年商品危机不断。英国加入的《国际锡矿协议》即将到期续签。工业部主管这一事务，伊妮德·琼斯固执己见，认为应抵制续签，因为协议对经济造成了伤害。该协议使得锡价格虚高，损害了英国锡矿使用者的利益，并且降低了我们锡矿出口的需求。她预测，该协议会很快被废置。我不得不反对她的经济论点，指出该协议已正常使用20年，并提出了政治方面的论点支持续签。欧洲共同体刚刚决定同意其商品问题上的共同政策。如果英国阻止共识的达成，欧共体就不能整体加入，而新协议也会因缺少大量锡矿需求者而被废置。此举会使得想加入协议的欧共体国家和支持"国际经济新秩序"的发展中国家彼此疏远。尤其是得罪马来西亚，当时最大的锡出口国，拥有我们所需的大量原材料。彼得·卡灵顿坚定地告诉我他只想从马来西亚进口。

伊妮德和我各自在政府中寻找支持者。财政部和农业部不喜欢该商品协定，对她表示支持。但是，贸易部作为联合国贸易暨发展会议的支持者，站在我这边。因为部门间产生分歧，该问题提交内阁部长委员会。国防部长支持我的想法，因为他想与马来西亚签订武器合同，但是，僵局仍在持续。问题最终提交首相裁决，这对我非常不利。在她做出决定之前，她与彼得·卡灵顿参与了英德双边峰会，德国是欧共体国家中对该协议存有顾虑的另一个国家。这会让局势对我更加不利。但是，卡灵顿采取灵活策略，说服他的同事，认为汉斯·迪特里希·根舍加入该协议是正确之举。施密特说服了玛格丽特·撒切尔。英国和德国同意加入新的《国际锡矿协议》，最终正式生效。三年后，协议失效，我不得不赞同伊妮德的经济论点。但是，英国并未受到指责，因此避免了很多政治损害。

1982 年年末，复活节前夕，我把全家送往德文郡度假。我打算一周后与他们会合，但是却没有做到。4 月 4 日星期五那天，阿根廷入侵福克兰群岛。无论再发生什么，我都明白我们需要采取最严厉的经济制裁手段。在一个关键会议上，我恰巧遇到汤姆·布里奇斯，提醒他我们有权冻结阿根廷在伦敦的资产。周末就完成了这一行动。星期一，我起草指令，指示我们在布鲁塞尔的代表采取政策，完全抵制阿根廷货物出口欧共体国家。我将这些材料到达唐宁街 10 号，希望他们有足够的野心，惊讶于约翰·科尔斯告诉我打压他们的嚣张气焰，现在他已是首相团队中的一员。通过娴熟的外交手段，代表采纳了我们的建议，整个欧共体联合抵制阿根廷产品。

这已经是我们制裁行动中的最高成就。我们从来不试图说服美国和日本政府采取金融抑或贸易行动。但是，我们已经做了足够多的事情来使所有西方银行拒绝向阿根廷提供信贷，而当时经济危机仍在持续。我们并不期望经济压力会使得阿根廷退步，但是，这向其表明了其鲁莽的侵略行为所带来的后果。我列席了外交部的紧急会议，为从布宜诺斯艾利斯驱逐出境的经济参赞在经济部安排职务。但是，我逐渐退出了会议，因为我对外交往来和军事决策都不能有什么贡献。我很乐意退出，因为我并不赞同军事解决途径，这样做风险太大。即使是现在，我也不认为，英国为保卫福克兰群岛所付出的时间、资源很值得。

赫尔穆特·施密特和吉斯卡尔·德斯坦是经济峰会的共同创立者。他最后出现在马塞尔的时候，曾警告其他国家的领导人，对许多国家而言，外债危机已无法忍受，但是没人听他的。1982 年 8 月，他预言成真。是墨西哥以拖欠 650 亿美元的债务相威胁，巴西和阿根廷不久也紧随其后。恼人的问题最终演化为一场全面的经济危机。这是经济大萧条和 2000 年早期金融崩溃之间最大的一场危机，西方银行面临偿付能力的威胁。危机需要七年才能得以控制，而要达到更令人满意的结果，还需要更长的时间。但是，现在我非常庆幸将经济关系部的工作交给了从巴黎归来的伦恩·阿普尔。1982 年 9 月，我终于可以松一口气，离开外交部，休一年假。

第十二章　第一本有关峰会的书

英国外交部有一种很开明的做法，就是允许步入仕途中期的官员获得为期一年的学术休假，前往世界知名学府或研究机构开展研究，并出版其成果。我的几位同事去了哈佛大学，并在那儿写出了很有影响力的著作。比方说，克里斯宾·迪克尔在加入欧委会主席罗伊·詹金斯的内阁，并成为欧委会七国集团协调员之前，就提出将气候变化当作一项全球化问题的突破性研究。我喜欢去休学术假，但我更倾向于在国内休假。因此，我联系了英国皇家国际关系学会（又称查塔姆学会，Chatham House），希望我的一年休假在那里度过。事实上，我早在外交部政策规划部门时就与查塔姆研究所研究部主任威廉姆·华莱士保持着联系。我在那儿度过了我外交生涯中最愉悦和最有收获的一年。与此同时，还跟威廉姆以及他那位有名的学者妻子海伦·华莱士成为好朋友，后者也是一位著名学者。

在外交部经济局这样一个忙碌的部门里，我不断地去处理一个个危机，并没有时间去深入思考。现在，我想退而识别出经济外交中的潜在趋势。我决定把经济峰会作为我研究的主题，因为我在经济峰会刚刚起步、没有多少有关研究的时候，就已经参与其中了。我认为可以研究峰会在对待政策问题以及其与更广泛的国际组织互动上的影响。我的课题得到了外交部以及财政部的支持，与此同时，作为一个协调员，我从罗伯特·阿姆斯特朗那儿得到了便利。威廉姆·华莱士也很支持我，因为他对峰会在外交政策中的作用十分感兴趣。他把我介绍给来自哈佛大学的罗伯特·帕特南教授，帕特南教授整个夏天都在查塔姆研究所。帕特南教授当时也在做关于经济峰会的研究，他主要关注它们对国内政策制定上的影响。我俩相处异常融洽，并且都认为彼此对对方大有帮助，而且没有什么利益冲突。

1982 年年初，我整理了一下在外交部的工作，然后转到了查塔姆研究所工作。查塔姆研究所在圣詹姆斯广场的办公楼曾经被 18 世纪时的英国首相威廉姆·皮特，也就是查塔姆伯爵，以及 19 世纪的两位首相当作官邸使用过。我高高兴兴地选了阁楼里一个舒服的办公室。这里的职员们都很友好，很有学识，尤其是图书管理员。能够不受国际的要求以及政府咨询的约束，自己做主，实在是一大快事儿。但我并非无所事事。我不知道，这样让人羡慕的生活可以持续多久，所以我马不停蹄地倾尽我全力来做我的研究工作。

我的第一个任务是整理研究峰会上的书面资料。图书室里有一个很豪华的接待室，我基本上把它当作自己的办公室了。在我仔细阅读材料的时候，我感觉有人在这栋房子里吹着很好听的笛子，于是就去问工作人员是谁在吹笛子。但是，没有人能回答这个问题，直到有人说伯爵自己藏到了笛子里（伯爵笛子吹奏水平不俗）。我对伯爵用这样的方式欢迎我的到来感到很开心。自那之后，我经常在查塔姆研究所里读书，但我再没有听到那个笛声了。

这里对我而言最重要的资源不是书本和期刊，而是机构里丰富的剪报资源。从这些剪报中，我建立了一个完整的档案，记录了八次峰会以来公开的会议记录，这成为我研究成果发表的直接基础。我在巴黎和经济外交司期间了解到了很多关于峰会的内部消息，但是，我没法直接地使用，因为那些都是加密的材料。所以，我用上了很久之前在信息调研部门学会的技巧。我浏览公开发表的报告，直到找到从我自己的经历来看能够与事实相互吻合的文章。然后把这些文章作为我写作的参考引文。这个技巧运作得非常好。不像秘密的五国集团财政部长会议那样，八国集团峰会的政府领导人会议都是在万众瞩目之下进行的，因此领导人是很难保持他们活动的秘密性的，并且他们通常也不会那么做。

在11月份的时候，威廉姆·华莱士带我参加在马斯特里赫特举行的一个有关峰会的国际研讨会，他和帕特南教授在那儿有一个发言。研讨会期间，帕特南和我深入地讨论了我俩各自开展的研究。有天深夜，他提出我们应该联手开展研究。他指出，我俩的研究路径是互补的，如果我俩合作，就可以为峰会研究提供一个综合性的分析。合作起来之后，我们就可以出一本完整的书，不然的话，我们两人都没法独自达到这个高度。我欣然同意了，但也在想，我们该怎样才能让这个合作建议被外交部接受。我有义务把自己所写的文章交给外交部审查，然而帕特南肯定是不愿意接受这种审查的。因此，我们决定我们每个人都写我们书中独立的篇章，然后在我们书的前言上注明两个人都是独立写作的。回到伦敦之后，我把这个主意告诉了外交部的图书员——艾琳·布莱尼，她在这件事上很有话语权。让我十分宽慰的是，在 1983 年年初，外交部完全接受了我的申请，同时也告诉我他们也想将帕特南写的那部分作为信息参考。我立马去帕特南在哈佛附近的莱克星顿的家里拜访他。在那儿我度过了收获颇丰的一周，并且见到了他的夫人罗斯玛丽和已经步入了青春期的孩子们——拉娜和乔纳森。我在哈佛参加了一些研讨会，和他的家人一起逛了一些地方，但是，大多数时间还是在筹划那本书。

我们设想书共有十二个章节，六个章节是他的，另外六个是我的，轮流使用叙述性和更广泛的分析语言。我的叙述篇章主要包括我参加过的在朗布依埃举办的第一届峰会。而他的部分则包括 1983 年在弗吉尼亚的威廉斯堡举行的峰会。我分析了第二次石油危机造成的影响，描述了我在经济关系司的时光。他主要研究分析卡特总统的角色，因为他曾在白宫为总统工作过。帕特南的结论章节将开展有关峰会研究的理论回顾，而我的总结则为峰会的未来发展提供思考。我们俩都会写好自己的草稿，我们双方的观点将保持一致。如果我想提出一些特别相反的观点，那么我们将会把它们放到他的章节里。在我们编写这本书的过程中，我越来越觉得自己能有帕特南这样的合作者是我的一笔财富。我发现他在阐述一些晦涩难懂的概念时能够讲得十分明了，并且提出了很多他自己的原创观点和看法。因为他曾经在白宫工作过，并且早年还出过一本名叫《西方民主国家的技术官僚和政客》的书，因此，他对政界还是非常熟悉的。

我们的书会广泛地利用访谈资料，而受访者均与峰会直接相关。帕特南（曾自我介绍了）早先在他的学术作品中用到的访谈技巧。我们会利用我们采访对象告诉我们的事情，包括直接引用，但是，也保证了不会披露来源。他发现几乎所有人都会在这个基础上开诚布公地交流，我也有这样的体验。因为他在法国没有联系人，所以我承担了跟法国相关的工作，以及与相关国际组织联系的工作。我会和其他国家的官员进行交谈，但是会把重要的政治人物留给他去采访。因此，离开帕特南之后，我在华盛顿（包括国际货币基金组织和世界银行）、纽约（因为联合国的原因）、渥太华组织了一圈的采访，这也得益于我在这三个地方的外交同事们。在纽约的时候，朱莉娅·博伊德带我去看了歌剧。在华盛顿的时候，暴风雪阻碍我工作的进度（暴风雪瘫痪了交通）。于是我在城里闲逛，我惊异于美利坚合众国对罗马帝国建筑的偏爱。

回到伦敦之后，威廉姆·华莱士和他的同事波林·威克姆负责出版，他们说服了海尼曼教育图书出版社的戴维·希尔来出版关于峰会的书。这本书原计划于 1984 年 4 月问世，在伦敦召开的经济峰会之前。当时我们需要认真地开始准备了，3—6 月，我给帕特南寄去了我负责章节的所有手稿。与此同时，我又组织了几轮海外采访，所以去了两趟巴黎，一趟波恩，以及经济合作与发展组织、日内瓦的联合国分部、位于布鲁塞尔的欧洲委员会。我再一次得到了英国在这些地方代表团的帮助，并且在这个过程中见到了很多老朋友，比方说，之前我在加入外交部的时候面试我的评审组里的彼得·马歇尔，他现在是我们驻日内瓦的大使。在这一轮采访结束之前，我跟 100 名和峰会有关的人聊过，其中还包括 10 位现任和前任的会议协调员。帕特南也见过了超过 200 个人，并且很慷慨地与我分享了他的记录笔记。

七八月间，在帕特南的建设性的启发下，我修改了我所有的章节。他没有我写得快，但是，我必须遵循外交部的审查程序。帕特南给我们这本书取了一个很好的名字——"Hanging Together"（同舟共济），这是源于本杰明·富兰克林在签署《独立宣言》时的名言："We must indeed all hang together, or most assuredly, we shall all hang separately（我们必须同舟共济，否则，我可以断言，我们将逐一灭之）。（译者注："hang"在英文中有"吊"、"吊死"、"处以绞刑"的意思，"hanging together"直译就是大家捆在一起，而"hang separately"意思是分别被处以绞刑。富兰克林巧妙地运用双关修辞，通过词组搭配，活用了"hang"这个词，起到了较好的语义表达效果）麦克·帕利泽——帕特南之前在哈佛的同事，现在已经从外交部退休了，同意来读我们的稿子，然后给出评价。8 月 16 日，是我进入查塔姆研究所刚满一年的日子，我把六个章节的稿子递交给了艾琳·布莱尼。然后我就带着我的家人去度假了。

在我做研究的这一年里，我接触到很多我在外交部所了解不到的东西。迪伊和我都是一个由当地居民组成的汉普顿宫廷协会的活跃成员。我们的邻居马吕斯·戈林和约翰·甘地分别担任了主席和书记。在汉普顿的另一头住着一个比较有钱的人，名叫哈罗德·爱德华。他是一个友善的神经学家，以及当地的国会议员——托比·杰塞尔，他是个非常热诚的支持者。我们在他访问我那个身为国会议员的堂兄在巴黎的公司里就认识了。由于我有了更多的空余时间，我志愿承担为期一年的协会秘书工作。

一项任务就是组织一场在汉普顿宫殿举办的协会基督徒音乐会。音乐会的歌曲是由托比夫人艾丽卡演奏的，非常吸引人，但是，她需要一架高质量的钢琴。由于当时下着雪，协会秘书处把马吕斯戈林的三角钢琴搬到了从当地的市场花园借来的卡车上，然后运到了宫殿的大门口。我还动员协会反对授权执照给当地的一家餐馆。里士满负责执照的公务员（他在当地开了一家旅行社，我常常光顾）否决了我们的论证，但是，正如我们所预期的那样，这个新餐馆也很快倒闭了。最后，我组织协会到克利夫登庄园的远足，我们在那儿的草坪上野炊，晚上观看了一场露天的表演——《屈身求爱》。

迪伊和我有三个假期是在法国度过的。1982 年 11 月，在长假期间，查理和迪克在黎明前从伊顿出发，加入我们到布列塔尼的难忘远足。从圣麦克山开始，我们享受了如盛夏般温暖的三天。第二天是在圣马洛度过的，我们在那儿探索由沃邦建造的要塞，那儿只能等退潮了才能进得去。第三天，我们发现拉拉特要塞，它是一个非常奇妙的像个火箭一般突出到海里的破损了的城堡，我们是从电影《纵横四海》里认出来的。1983 年 4 月，迪伊和我拜访了我们的朋友——克里斯托弗和玛格丽特·勒什夫妇，他们从巴黎搬到了斯特拉斯堡。我们尽情浏览废弃了的阿尔萨斯古堡，坐在松树林的碎石上小憩，然后穿越了有着优雅建筑的南锡和充满了肃穆气氛的凡尔登的战争纪念碑回到了巴黎。8 月份的时候，我们和三个男孩子还有汤姆的女朋友——帕梅拉·沃利斯一起去了多尔多涅的一个被修整了的谷仓。汤姆和帕梅拉很快就继续前进了，但是查理的朋友乌黛·坎姆卡却意外地出现了。从那儿开始，我们像走了一个长途的对角线的方式斜穿法国到了布列塔尼地区，然后乘一艘机动游艇沿着乌尔克河北上，一直到了乔斯城堡。像往常一样，查理和迪克来掌舵，我和迪伊欣赏着河岸的水獭和翠鸟。

那段时间，我一直在尝试发现我下一个派遣地在哪里。我知道我会得到升职，并且人事部门认为，我应该出任一个位于热带的发展中国家的大使（热带地区常穿短裤，因此膝盖会变棕色），以此来"让自己的膝盖变成棕色"。在焦虑等待的一个月里，我以为派遣地会是哈瓦那，但是幸运的是，一个西班牙语的发言人被任命派驻那里了。那么就剩下四个 K 开头的地方了：加德满都、金斯顿、金沙萨和坎帕拉。仲夏的时候，我被安排到金沙萨当大使，金沙萨当时是扎伊尔的首都，现在该国改名为刚果民主共和国（刚果金）。幸运的是，扎伊尔的官僚机构动作缓慢，一直到我写完书以后才准允我上任。我的赴任最终定在了 11 月底。

在我休假的最后两个月中，有越来越多悬而未决的事情。我写的章节在递交给外交部、财政部和内阁办公室的高层后如石沉大海，杳无音讯。帕特南最后只好写他自己的章节，但是，我还是担心他的时间不够。在 10 月中旬的时候，我们的读者——帕利泽和戴斯勒对我们的书给予了很高的评价，但是，他们强烈地建议文章结构需要重新组织一下。我到莱克星顿同帕特南进行了更深入的交流，我同意把一个章节拆分成两个章节，并且我们舍弃一些彼此文本中自相矛盾的地方。尽管存在方法上的根本分歧，但我俩最终总能达成一致。作为一名官员，我倾向于使用一种能同时反映出我俩观点的语言风格；而作为一名学者，帕特南则想要进行观点的辩论，直到我俩其中一个的观点胜出。此后，我以很快的速度在他的新电脑上完成这本书的编写。他后来跟我说，他从来没有工作得这么拼命。

到了最后一刻，所有的事情都尘埃落定了。11 月上旬，我把帕特南写的章节以及我重写的章节递交给了外交部。除了几个小地方需要修正，外交部正式通过对我章节的审核。完整版的书于 11 月 15 日被送到了海尼曼出版社的戴维·希尔手中，刚好赶上我们的截止日期。迪伊和我匆匆忙忙地打好行包，于 11 月 20 日（周日）离开前往金沙萨。海尼曼出版社动作迅速，12 月中旬我就收到了校样，来年 2 月份的时候，我拿到了样书。1984 年 4 月，在伦敦第二次峰会召开之前，这本书已经开始发售了。

1983 年 10 月，我在查塔姆研究所做了一次报告，内容在《今日世界》上发表了，报告主要总结了这本书的主要观点，尤其是我自己所写的章节。帕特南和我看到了三个峰会召开的根本原因。不断发展的经济相互依存，需要更多的有效行动来协调在政策制定上的国内外压力。欧洲、日本和加拿大的诉求是建立一套世界经济的集体管理体系来替代美国的霸权主义。政府首脑们由于他们的权威性和广泛的责任感，会运用他们的政治领导力来解决低层面的政策壁垒。这个峰会的设想最开始来自法国总统吉斯卡尔·德斯坦和德国总理施密特，原本是个私人的反官僚的手段。但是，美国方面想要把它变成一个机构，亨利·基辛格和吉米·卡特曾先后提出了这个想法。这样的两种观点在峰会里一直并存着。

最开始四个峰会的目的是重振第一次石油危机后的世界经济并扶持正在上升发展中的行业。朗布依埃会议（1975）的主题是关注货币问题。

波恩会议（1978）接受了日本和德国提出的有保障的财政刺激计划、美国提出的节约能源计划以及所有国家都采取行动来为关贸总协定里的贸易协定达成一致意见。接下来的四个峰会，1979—1982 年，是第二次石油危机发生之后举行的，采取了一个完全不同的策略。他们将降低通胀作为重中之重，却导致了长期衰退；直到 1983 年的威廉斯堡会议上才看到复苏的迹象。

前四次峰会的一些教训在后面的四次中依然有借鉴意义。当所有与会国家做着同样的事情时，累积的影响会比他们所期待的还要强大。正如里根经济政策所做的那样，当一个国家的政策与其他国家有分歧时，这必将导致失败或者给它的合作者带来极大的困难。宏观经济政策需要与其他方面采取的政策相一致。第二次石油危机之后，经济不景气导致了过度的能源限制政策，这让贸易自由化更加难以进行。此外，接下来的峰会见证了外交政策和经济政策的相辅相成，因为最开始的峰会是没有财政部长的；到了波恩举行的那一届峰只有六位财政部长参加，而之前的威廉斯堡峰会上没有一位财政部长参加。展望未来，我们需要关注更多的"结构性"经济政策，比如说劳动力、投资和竞争，以及发展中国家问题。我们提倡更系统地应对外交问题。但我们的希望还没有实现，实现这些还任重道远。

当《同舟共济》一书于 1984 年 4 月出版发行时，一开始的反响很不错。这本书在查塔姆研究所的《国际事务》杂志上得到两名前峰会协调员约翰·亨特和亨利·欧文的点评。但是，由于海涅曼的职位被接管了，戴维·希尔也离职去了塞奇——一个新的出版社，因此书的市场销量并不让人满意。然而，帕特南的海外关系使这本书被翻译为多国文字。在1985 年第二次波恩峰会召开之前，位于波恩的德国国际问题研究所（一个与查塔姆研究所类似的德国的研究机构）所长卡尔·恺撒资助了德文版本的发行，并给德文版取名叫"变化中的世界经济峰会"。一年之后，帕特南被一个出版商找上，希望在 1986 年东京的第二届峰会召开之前发行一个日文版的。帕特南在意大利有很杰出的联系人，所以，我们在1987 年威尼斯举办的峰会时发行意大利文版的也就没有什么意外的了。我到米兰与帕特南见面了，我加入了帕特南参加的一个会议并推介这本书，这个会议在有着蒂耶波洛壁画的房间举行。

每个连续发行的版本都更新了过去一年峰会的内容。尽管帕特南联系了大部分的受访者，我们还是相互分享自己所写的东西。但是，我们还是希望能发行一个新的（平装）英文版。最终我们和戴维达成了协议，也就是说，塞奇出版社会在 1987 年年末的时候给我们发行，这也为意大利文版的发行留下了较好的间隙。戴维希望这本书能够更加直接地清楚明了地面向学术市场，并且帕特南承担了在他的引言和结论部分扩充理论材料的任务。我重新写了我的最后一个章节，为了将 1983 年威廉斯堡峰会后举行的峰会与之前的峰会进行对比。我发现最新的一轮峰会已经渐渐地把经济问题授权给了与会国的财政部长们。领导人转而关注外交政策问题，尽管方式比较零散和偶然。我通过对他们政治领导力的客观因素（政治领导的原始目标）、集体管理能力和相互依存的协调能力进行了观察，从而评估了峰会所取得的进步。我得出了一个结论，就是他们的表现在这几年来有所减弱，但他们仍然是合作的重要因素。

在本书第一版，帕特南就用了"双层博弈"的比喻，来形容政策制定者必须同时面对国内和国际两个棋局进行决策。国内谈判能否取得进展对国际谈判的成功至关重要。而久经沙场对外谈判者能借助国际谈判推进国内政策目标的实现。在整个 80 年代，帕特南都在研究和阐释这个"双层博弈"的理论，我俩也进行了一系列热烈的辩论。我通过自身的谈判经历，如国际锡协定谈判论证了他的理论，而他把改进后的理论写入我们新版的《同舟共济》。后来，他还专门写了一篇更详细的学术文章，题为《外交与国内政治：双层博弈的逻辑》。整个 80 年代，帕特南精心思考并提炼了他的想法，我们也进行了一系列生动的论辩。我也能够引用一些我自己的经历作为阐述他的理论的小插曲。

随着时间的推移，我发现很难得到外交部对我贡献的官方许可。当第二版英文版出来的时候，我被调到了一个高级的经济职位——作为英国驻经济合作与发展组织的代表。我写了一些跟最近峰会相关的一些章节，这些章节里涵盖了一些有争议的外交政策问题，但我对这些问题并不太在行。但是，我能够沟通修改文章，使所有人满意。回过头来看，我很惊讶于我那些遭受巨大压力的伙伴们需要阅读我的书的若干版本，并提供建设性评价时所表现的耐心。外交部对我依然很好，因而我也可以继续从事与我专业工作相关的问题进行写作并发表。在经济合作与发展组织任职期间，我写了一篇文章；在担任经济主管期间，我写了两篇文章；在加拿大的时候，写了三篇文章。因而我可以保证我能够在离开外交工作之后还能持续地发表文章。有些帕特南的学术荣耀给了我很大的启发，后来成为我学术生活的通行证。

　　帕特南接下来从事有关"社会资本"的研究，先是在他一本关于意大利的名为《让民主起作用》的书里，然后是在他一本关于美国的名为《独自打保龄》的书里，后者一出版就取得了巨大成功。帕特南后来的学术成就一发不可收拾，成为他那个时代最有名的学者之一。对此，我并不感到惊讶。从他身上我看到了成为一名伟大学者所需要的一切特质。不仅是他的智慧，更有他的人品。他个性可爱，人情味十足。他对别人的经历有着发自内心的兴趣和好奇，这使得别人愿意向他敞开心扉，一吐为快。在学术上，他开放诚实，能公正面对与他意见相左的争论。他绝不是一个象牙塔里的思考者，而是时刻希望看到他的想法和理论转化为现实。与他共事、合著峰会外交一书，让我的学术休假成为一段令人难忘的美好回忆。

第十三章　在非洲出任大使

飞机飞过撒哈拉沙漠上空，迪伊和我惬意地享用着鱼子酱、大菱鲆和栗子配野鸡肉。依据当时的制度，首次出任大使的外交官可以乘头等舱到达驻地，于是我们充分地利用了这一便利。事实上，我即将同时出任四个职务：我将作为驻扎伊尔（即后来的刚果民主共和国）大使生活在金沙萨，同时，我还是另外三个国家的非常驻大使——前法属刚果、卢旺达和布隆迪。前法属刚果的首都布拉柴维尔与金沙萨隔河相望，而卢旺达和布隆迪则位于扎伊尔的东部边界。此前，我已经大量阅读了有关这一地区悲惨殖民历史的文献，其中最先读到的是有关比利时国王利奥波德二世暴行的《窗扉报告》。我记得1961年我加入联合国部门的时候，刚果正被内乱肆虐，而且从那时起这个国家就开始日渐衰落。我期待能找到关于贫困和政府管理不善的证据，但不曾预料到的是，在这个不幸的地区的这段时间，也见证了我家庭的悲剧。

根据外交及联邦事务部的划分，在这里工作算得上是一件苦差事，但是，当地的居住环境——至少对于我们这样的外国工作人员来说，比预期要好一些。虽然价格不便宜，但是食物丰富多样。当地产的啤酒味道纯正，我们拼命地喝酒解渴。当地的通信服务时常有问题，但是，依靠河流发电的电力系统却相当稳定。最糟糕的是医疗服务匮乏，一些严重的患者只能乘飞机到国外接受治疗。当地没有通行障碍，尽管盗贼猖獗，但治安还过得去。一天可能开始于骄阳万丈，结束于细雨清凉。

大使的居所十分别致。房屋设计精良，只有一层，通向宽敞的游廊。下面是一个大花园，里面种满了凤凰木、蓝花楹、木槿和三角梅。五彩斑斓的蜥蜴在地上爬行，而果蝠栖息在高高的树上。花园的篱笆外是汹涌壮阔的刚果河（当时称为扎伊尔河），是流量仅次于亚马逊河的世界第二大河。白天看着渔夫驾着独木舟穿梭在水葫芦中；夜晚眺望布拉柴维尔的灯光，聆听着不绝于耳的枪声——那是武装警察在追击走私犯。金沙萨的中心位于上游地区，建有渡船码头和位于巴克莱银行楼上的使馆办公室。总统蒙博托的宫殿位于加利马山，下面就是下游湍急的河水。这里曾经矗立着一座探险家斯坦利的青铜雕像，双眼眺望着上游，而现在这座雕像趴在一个废品厂里，从脚踝处断成两截。

　　住所里的内勤人员已经为英国政府效力了很多年，十分清楚自己的职责。塞巴斯蒂安是第一侍者，皮埃尔是厨师，让是第二侍者。他们像上了年纪的地下宝藏守护神，只有洗衣工安德烈年轻一些，也高大一些。园丁佩德罗和西蒙是最近从安哥拉过来的难民，已经被我的前任培训好了。遵照比利时殖民时期的惯例，这些工作人员并不和我们住在一起，每天他们会很早到达，在天黑之前离开，这样，我们就可以尽情地享受夜晚和周末的时光。相比之下，我的司机昆尼亚受教育程度更高，也没那么恭顺，开车时冷静又机敏。而我的办公团队虽然很小，但是经过精挑细选：罗宾·克朗普顿是我的助手，这已经是他在非洲担任的第三个职务了；政治部的詹姆斯·贝文拥有社会人类学学位；乔·麦克格兰是一位经验丰富又很有能力的领事；而我的秘书乔伊斯·米尔纳办事效率很高，又像慈母一样可亲可爱。河对面的布拉柴维尔住着克莱夫·阿尔蒙德和他的妻子奥利奥尔，他作为临时代办替我履行职责。

　　根据扎伊尔外交礼仪，我只有向总统蒙博托递交了国书之后，才能开始跟政府接洽。所以，一开始我只能先着手处理同外交人员和其他在此工作的外国人的关系。欧共体各成员国的大使们会定期会面，并且相处很愉快，对飞扬跋扈的欧洲委员会驻金沙萨代表的憎恶使我们团结在一起。我和荷兰临时代办基斯·兰柔意气相投，基斯和他的太太海尔格及他们女儿安妮特——一位动物学家关系十分亲密融洽。英联邦的大使们也会定期共进午餐，我上任的第一天就参加了一个这样的午餐会。第二天深夜（星期六）电话铃响了起来，是从1500英里以外、位于这个国家东北部的伊西罗打来的，电话那头一个微弱的声音告诉我们，一位跟着一支英国探险队横跨非洲大陆的加拿大人被车碾死了。我很庆幸在告诉我的加拿大同事这个不幸的消息之前我们已经见过面了。他们必须接回遗体并将其送回加拿大。令我颇为不解的是，唯一一条可靠的与伊西罗相连的电话线是从我们的住所里穿过的，这是我在扎伊尔的外交之旅不同于其他地方的第一个标志。

　　大使每个月都需要邀请当地的英国企业负责人在自己的居所召开信息

交流会。由于到场的商界领袖对非洲的了解都远胜于我，我很担心自己不能控制好局面。但幸运的是，我赶上了扎伊尔延迟向巴黎俱乐部偿还贷款的事情，而在这一问题上我可是有权威的发言人。因此，我从一开始就赢得了大家的尊重。渐渐地，我认识了其中的许多成员：理查德·维恩是一位雄心勃勃的企业领导，他的公司 INZAL 业务包括组装路虎汽车；托尼·兰森，一个清醒而理智的约克郡人，负责棉布印花协会（CPA），旗下的工厂生产出的艳丽的印花布匹装点着扎伊尔女性的生活；穆罕默德·瓦伊德是一个聪明的毛里求斯人，运营的公司是英美烟草公司，该公司拥有自己的飞机；还有两个可靠的银行家，巴克莱银行的杰夫·托马斯和澳新银行的彼得·汤姆金斯。

开发区那里主要是由非政府组织和传教士组成。保罗·西蒙带领一支乐施会队伍，负责在金沙萨的运营。我们会邀请他们和他们的家人来到我们的居所。英国浸礼会传教士们在这个国家扎根多年，设立了沿河的三家医院。而我们主要在金沙萨的美国浸礼会诊所看病，这个诊所的负责人是贝尔·麦克弗森医生。我们也会去他们的教堂，该教堂的负责人是一位口才极佳的威尔士人，名叫帕斯特·路易斯。还有一位扎伊尔的英国国教牧师，神父贝尼·巴塔加，每个月都会在这里举行一次圣祭礼。

圣诞假期到了，汤姆和他的女友帕梅拉从牛津过来，随后是从伊顿来的查理和迪克。我们一家人愉快地出游了几次，参观了基桑图的植物园和壮观的宗戈瀑布。我们把艾文充气艇放到河里，带舷外发动机的小艇在水中穿梭自如。我们的身边还有一群年轻人，在他们的陪伴下，我们领略了当地的夜生活和激情四射的音乐。1984 年圣诞前夜，我们举行了盛大的圣诞颂歌晚会，第二天，男孩子还踢了一场足球赛。

那是一次轻松愉快的家庭团聚，在那之后便发生了一些家庭大事。汤姆的大学生涯进入最后一年，他曾经很喜欢工程学，但是以之为专业却让他与工程学反目成仇。在之后的几个月中，他考察了自己在金融领域的前景，并最终决定投身会计行业。他和帕梅拉的感情也走到了尽头。同时，查理也自己选好了大学。我们期待他会和汤姆一样进入牛津，学习历史，但是他却对剑桥大学有关盎格鲁—撒克逊人、挪威人和凯尔特人的课程十分感兴趣。他成功地被剑桥大学三一学院录取，师从西蒙·凯文斯。他的朋友乌代·坎姆卡也准备去剑桥。12 月份查理离开伊顿之后，打算和我们一起体验非洲生活。

1984 年 1 月初，我接到邀请向总统蒙博托递交国书。在总统警卫护送下，我走下高悬在河水上的礼宾楼梯，洒下棕榈酒祭奠先人，然后欣赏了一笼豹子——这是扎伊尔的国兽。我同身材高大的蒙博托总统进行了简短的交谈，在谈话中，我感受到了他那股维持专制统治的果决和冷酷。蒙博托最初是一名记者，后来参军，在经历了长时间的动荡之后，他于 1965 年掌权。起初他尽心为人民服务，恢复秩序并激发起民众的统一热情。而后他成为极端民族主义分子，提出"特色"这一概念，试图抹去该国的被殖民历史。他把河流、国家和货币都更名为扎伊尔，并给所有的主要城市重新命名。国民不能使用欧洲名字，必须采用非洲名字，并使用类似于法国大革命时期的"公民"这一称呼。穿西装打领带被视为违法，取而代之的是一种名叫"打倒西服"的服装，是正式的深色军装式衬衫配以领巾。蒙博托还把扎伊尔变成了一党制国家，建立了人民共和运动党，这样，他的正式头衔为公民开国总统。在我们见面的第二天，他宣布，他将竞选下一届总统，无人反对。

蒙博托视自己为扎伊尔的最高领袖。他通过给自己的支持者施以恩惠来巩固自己的统治，方式既包括给他们直接的财物奖励，也包括给他们提供官职——通过这些官职，支持者们还可以大捞油水。蒙博托还频繁地改组内阁，以防出现任何可能形成的反对势力。他还把各部门分散给不同的部落首领来领导，这样，这些首领分给自己手下人的职位就更少。当时所有反对蒙博托的人都遭到流放，但他依然不放松警惕。像沙巴这样富裕的矿业大省曾在 1978 年试图独立出去，蒙博托便把当地的官员全部换成省外派去的人员，而当地赖以生活的电力则依赖金沙萨附近的英加坝供给——随时都可以被切断。

靠政治恩惠来统治国家代价是高昂的，而蒙博托也不忘中饱私囊，据估计，当时他个人资产达 40 亿美元。尽管扎伊尔物产丰富，蒙博托的政策还是拖垮了这个国家。公务员的薪水发不出来；富铜矿和钴矿的产量锐减——因为没钱更新设备；钻石被走私到国外，只为寻得公道些的价格；像钢铁厂、炼油厂和水泥厂这样依靠外界资金援助的大型工程项目均已停产。刚开始的时候，蒙博托没收了全部外国企业，后来又允许外国资本进入，但是，禁止像 INZAL 和 CPA 这样的企业把利润调回国内。它们只能通过虚报进口材料的价格来维持生意。扎伊尔已经积累了约 50 亿美元的国际债务，后来一直拖欠不还。巴黎俱乐部同意延迟还款期限，但前提是扎伊尔采取与国际货币基金组织一致的纠偏措施。在我到任之前，这些措施就已经开始生效了，扎伊尔的货币贬值了 80%。蒙博托任命了一位新首相，肯戈·瓦·唐多，并允许他全权处理此事。我们会面时，我认识到他决心控制公共财政。祝他一切顺利。

现在我可以和政府打交道了。但是，我发现扎伊尔的公众人物都神出鬼没，十分难找。我拜访了各部大臣，但是彼此之间很少有什么深入交谈。我寄希望于总统的国宴，可以接触到其他受邀的外交人员、内阁及其他扎伊尔的领导人物。我们欢聚在人民大礼堂（据说，这是撒哈拉以南非洲最大的建筑，由中国修建且维护至今），到了就坐下来，接着响起非常强烈的音乐。但是，我根本无法与该国政要进行深入的交谈。我们无法与政治界人士直接沟通，而这里的报刊和电视都是为美化总统而存在的，我们沦落到只能依靠街头巷尾的传言来了解当下的情况。在这方面，我在东非的英联邦同事们帮了大忙，他们从金沙萨的斯瓦希里人那里收集到不少小道消息。

外交部长温巴·第·卢提特在 2 月份访问完伦敦之后，表现得十分友好，但相比他的两个副部长却显得软弱无能。其中一个副部长是尼瓦·蒙博托，总统之子；另一个是公民兰戈玛，是主管发展事务的国务卿，同时也是援助问题上的关键人物。英国每年总计援助该国 100 万英镑，伦敦方面希望这笔资金能造福人民，而不是被政府窃取。在英国专家的事情上经历了糟糕的合作之后，我们更倾向于援助设备。我们曾经靠援建渡河用的贝雷桥取得了很大的成绩，这样的桥很难被偷走，但是，现在对贝雷桥的需求已经处于饱和状态。在同伦敦方面和公民兰格玛多次协商之后，决定将当年的捐款分开使用，一半用以购置新的公共汽车，以替代当地人民赖以生活的老旧的运输系统，这个项目将在 INZAL 的理查德·维恩的监督下进行。而剩下的钱则用来给交通管理局管理下的内河船提供设备。其负责人是一位比利时人，他曾经在肯尼亚工作过（此后同年，通过英国广播公司的"大河之旅"节目，英国的电视观众跟着迈克尔·伍德一起回溯扎伊尔河，了解到了关于这些船的情况。昆尼亚和我的前任约翰·斯诺德格拉斯在开场的镜头中作为特写人物出境）。而根据《任务负责人馈赠条例》，我可以赠送最多 1000 英镑的礼物，比如说，迪伊和我就给一家救世军开办的妇产诊所送去了一台新洗衣机。

在最初的几个月中，我在河对岸的刚果花了很长时间，每次都要坐着不靠谱的轮渡来往两岸。刚果同扎伊尔一样，是专制独裁统治。但是，总统萨苏·恩格索没有蒙博托那么贪婪。法国的殖民统治留给该国人民良好的基础，这个国家也享受着近海油田带来的丰厚收入。相比之下，布拉柴维尔的情况也比金沙萨要好——除了长期困扰当地的电力中断问题。1月，一位英国贸易使节科林·弗莱彻路过这里，克莱夫·阿尔蒙德和我带他会见了刚果的使节并视察了由欧共体援助的一条铁路隧道和一个桉树种植园。2月，在布拉柴维尔举行了欧共体及其在非洲、加勒比海及太平洋地区的相关国家的议员大会。迪伊和我接待了十几位与会的英国欧洲议会议员，其中，有我之前的同事约翰·德·寇西林，现在巴黎使馆任职。通过这些事情，我在布拉柴维尔名声渐噪，得以在3月份向总统递交国书。但真正吃苦受累的是阿尔蒙德一家，他们只能在一家宾馆外居住和办公。同年，伦敦方面批准他们搬进一座新的组合式房屋，配有办公室。我尽可能多去看望他们，并把金沙萨这边的工作人员派过去帮助他们，其中，有我居所的园丁西蒙，帮他们打理花园。

汤姆和迪克回去之后，查理需要找点事情做。于是我们同乐施会的保罗·西蒙谈了谈，他安排查理和他的朋友杰米·高加入由麦克·菲兹杰拉德负责的一个农业项目，地点在位于金沙萨以西的巴扎伊尔。他们坐上巴士出发了，我们就这样失去了联系。一个月之后，查理又毫无预兆地回来了。他晒黑了，也更自立了，还有一肚子的冒险故事要讲。他和杰米在荒野深处的两个村庄里挖鱼塘，这是一个罗非鱼项目的一部分。他们的饮食主要以豆子和木薯为主，晚上便和村长及村中的长者们一起喝棕榈酒。他们还同项目领导人路桑比萨一起去猎捕鳄鱼和猴子，虽然最后一个也没见着。他们坐在拉货的卡车顶上长途旅行了一番，并最终又这样回到了我们身边。

受到此次经历的鼓励，在两家英国公司帮助下，查理和杰米计划了一趟更加冒险的旅行。理查德·维恩安排他们坐着 INZAL 往基桑加尼运油的油轮，沿扎伊尔河北上，航行 1000 英里，总耗时需要三个星期甚至更长。然后，他们会参观英美烟草公司的烟草种植园，最后乘该公司的飞机返回金沙萨。迪伊去码头送他们，之后我们又一次同他们失去了联系。之后复活节假期到了，迪克来了，查理的朋友乌代·坎姆卡也来了。我的母亲也打算过来看望我们。3月30日是星期五，当晚一位 INZAL 的黎巴嫩员工通过广播带给我们一个不幸的消息：查理在基桑加尼附近的上游地区出了很严重的跳水事故，我们必须马上把他转移去接受治疗。

　　当时电话不通，迪伊和我开车到理查德·维恩家，他家隔壁就是英美烟草穆罕默德·瓦伊德。我们希望 INZAL 在基桑加尼的代理商——同时也是英国荣誉领事，能够照看查理，直到英美烟草的克莱夫·威克斯可以用公司飞机把他接回来。但是，英美烟草的飞机当时正在外服役，我们 5 个人只能焦急地等待着，试着用电话和广播同基桑加尼取得联系。后来，我们得知查理和他的同伴已经到达机场，又过了很久之后，他们租到了一家德国公司的小型飞机。而我们必须在第二天早上之前决定应该把查理送到哪里接受治疗。金沙萨到伦敦需要飞行 10 个小时，而且没有直航；而到南非只需要 5 个小时。因此我给比勒陀利亚的使馆发了封急电，对方立刻表示愿意接收查理。星期六，我去了卡隆吉的办公室，他是一位友善的礼宾司司长，批准给我所需的一切机场设施。载着查理的飞机在下午着陆了，他躺在担架上，虽然神志清醒却不能动弹。INZAL 的救护车载着他去见了麦克弗森医生，对方给出的答复是转到比勒陀利亚。据他说，查理已经"四肢瘫痪"了。我不知道这个词意味着什么，只是问："跟他们这么说就够了吗?"他说"哦，是的"，便没再多解释什么。

　　当天晚上，查理躺在担架上，在迪伊和麦克弗森医生的陪伴下，乘飞往约翰内斯堡的飞机离开了。一位陪着查理一起飞过来的、叫丽莎·穆恩的护士在我家暂住，她工作的浸礼会医院位于基桑加尼附近的亚库苏。在星期日离开之前，她试着温柔地告诉我查理这次事故的后果，但我当时没听进去。第二天早上，我收到了迪伊的电报，查理已经到医院了，他的情况很严重；他们现在在一起，并受到了良好的接待。感谢上苍，使馆的电话是通的，这样，我能和迪伊直接通话。她几乎没办法告诉我情况有多严重：查理摔断了脖子和脊椎，脖子以下都瘫痪了。

　　我尽快飞到了昂德里克·弗昂奇·维沃尔德医院，在脊椎科见到了他们。查理平躺在床上，有一根金属绳与他的头部固定在一起，并与重物相连以起到牵引作用。迪伊在他的旁边，每天都可以留在那里照看他。查理把经过告诉了我：在他们到基桑加尼的前一晚，油轮停在岸边，他们在长途航行之后，百无聊赖，决定玩跳水。前两次查理都平安地从船上跳入了水中，但第三次撞到了头。他浮上来的时候脸朝下，浑身都动弹不了，杰米发现情况不对，于是奋力把他拖上了岸并给他做了人工呼吸。船长同附近的亚库苏的浸礼会医院取得联系，在用机动独木舟把他送到基桑加尼机场前，院方一直照顾着查理。随后，迪伊告诉我他们到达约翰内斯堡时的情况，当时她已经两个晚上都没合眼了，大使馆值班员格里·麦克克鲁登接待了他们，并在这样的时刻给了他们巨大的支持和帮助，确保查理可以进入脊椎科接受治疗。该科室的主治医师是多米斯大夫，当时已经快退休了，他的医术在整个非洲首屈一指。他向我们解释道，所有的损伤在查理受到撞击的一刹那就造成了，后来的过程中查理没有受到其他伤害。

查理意识到自己能活下来是个奇迹，因此他决定要用自己的头脑和精神来弥补身体上的缺陷。迪伊也加入这一奋斗中，不管需要付出多大的努力和牺牲。我被他们的勇气和热诚所鼓舞，并回到了扎伊尔。而查理开始用口述给朋友们写信，把自己的情况介绍给他们。金沙萨的所有人都为事故感到悲伤，并向查理表达了深深的祝福。而最关切查理的是他的朋友乌代，他立刻掏钱让迪克和汤姆先后飞去看望查理并支援迪伊，等后来他自己可以去的时候，他克服了种族隔离政策的种种不便亲自去看了查理。

在同伦敦方面协商之后，我又回到比勒陀利亚同迪伊和医生商讨关于查理未来的安排。使馆给迪伊安排了一间公寓并帮她买了一辆小车，许多工作人员也定期去看查理，其中包括忠诚的格里·麦克克鲁登和大使埃文·弗格森及他的妻子萨拉。后来，我们决定让查理在5月底结束牵引治疗，并进行一个脊椎固定手术以免他的头耷拉下来。如果手术进行顺利，那么他将在7月初被送回英国，进入斯托克·曼德维尔医院脊椎科接受治疗，外交部已经联系好弗兰克尔医生，由他负责查理的治疗。

尽管我的心中一直记挂着查理，但我还要履行我的职责。现在我要去另外一个首都履职，需要4个小时的飞行，下面是连绵不断的丛林。4月，我在基加利向卢旺达总统哈比亚利马纳递交了国书。6月，我在布琼布拉向布隆迪总统巴加扎递交了国书。这两国最初是德国的殖民地，1919年之后移交给了比利时。比利时把这两个国家同刚果分开统治，直到他们在1961年取得独立。两国的人口可以分为养牛的图西人（属于高大的尼罗特人）和以农耕为生的胡图人（属于相对较矮的班图人）。尽管种族间的差异已经淡化，但是，长期由少数派的图西人统治政治和经济差距依然存在。实现国家独立后，这样的统治秩序受到了挑战，两国都爆发了血腥的内战。巴加扎统治布隆迪八年，依然维持着图西人的最高统治地位。国内因此弥漫着难以调和的紧张态势，而这非常不利于实施有效的管理。而于1973年上台的哈比亚利马纳是胡图人，许多卢旺达的图西人逃到了乌干达。因此卢旺达的局势相对平和，管理也更为到位。在我任职的这四个国家中，似乎卢旺达是管理得最好的，也是最有前途的。

驻两国的荣誉领事很好地维护着英国的利益。基加利的托尼·伍德是一位英国咖啡业大亨，同时还是个单身汉和一个乐活者。他对客人十分周到，也给了我慷慨的支持。在布琼布拉的查尔斯·卡洛是一个严肃的比利时人，一丝不苟地履行着自己的职责。他和妻子莉莉都很讨人喜欢，而且人脉很广。在这两个国家时，这两位荣誉领事都替我安排了与外交部长、教育部长及当地外交界人士的会面。他们还使我见到了由英国援助项目资助的老师们。在卢旺达，圣公会很兴盛。我在基加利的教堂里参与了人山人海的圣灵降临节后的周末礼拜，还欣赏了用卢旺达语填词的圣歌。我还参观了圣公会的传教士医生们开设的一家医院，印象深刻，其中还设有脊椎科。而在布隆迪，传教士则遭到了一些怀疑。但总体来说，相比扎伊尔的混乱局面，这些援助工作者认为，在这两个国家都取得了不少进展。总统巴加扎直截了当地向我表示，他希望英国给予更多的援助。同年，我很开心地告诉布隆迪驻扎伊尔的大使：我已经说服伦敦方面，布隆迪和卢旺达可以从英联邦发展公司获得贷款。

两国均是山川众多，风景秀丽，土地肥沃。村庄密集地分布在小山坡上，周围环绕着团团簇簇的咖啡树——这是当地的主要经济作物。布琼布拉有一处俯瞰坦葛尼喀湖的绝妙观赏点，而基加利的海拔更高，在经历了金沙萨的闷热潮湿之后，这样凉爽的气候实在令人心情大好。在我4月份去卢旺达的公务结束之后，托尼·伍德安排我和迪克去比苏奇火山看山地大猩猩。我们在国家公园边缘见到了两个向导，然后钻入了茂密潮湿的竹林中。在爬了一个小时泥泞的死火山之后，我们遇到了一对大猩猩：一只年轻的成年雄性大猩猩和一只处在青春期的猩猩。我们趴在地上，避免表现出危险性，而它们倒很放松。巨大的雄性大猩猩胸肌发达，一边晒太阳一边用它香蕉一样粗的指头给自己挠痒痒。而较小的那只则对我们队伍里一个小女孩美丽的头发十分感兴趣，她勇敢地让它摸了自己的头发。这是我第一次如此近距离地接触到危险的野生动物。

英国大使每年6月都要举行联欢会庆祝女王的生日，但日期不固定。因此，我得以在四个国家分别举行了一次这样的聚会。6月9日，在基加利，托尼·伍德安排了一场150多人的热闹聚会，大家在他家的花园中翩翩起舞。6月12日，在布琼布拉，由查尔斯·卡洛主办的聚会约有90人到场，气氛相对庄重严肃——主要原因是布隆迪的部长大臣们来了。6月19日，在金沙萨举行的招待会花了主厨皮埃尔整整一个月时间来准备食材；救世军乐团成员都穿着整洁的、缝着紫色绳边的白制服，轮流演奏着英国和扎伊尔的歌曲。花园中有300位宾客，为首的是外交部长温巴和尼瓦·蒙博托，我们一起站在走廊上为女王和总统祝酒。最后一次是在6月21日，我乘渡船到达布拉柴维尔，阿尔蒙德一家已经聚集了总数约为200人的各行各业的客人。总之，在1984年，总共有750多人向女王表达了敬意和祝福。

　　7月，外交部特批给我一个月假期，这样，我可以把查理和迪伊从比勒陀利亚接回来并安置在斯托克·曼德维尔医院。尽管头上还绕着金属线并和一种塑料护胸相连以支撑他的脖子，查理现在能在轮椅上坐起来了。然而，在这家医院，查理一开始的日子并不好过：他被某种原因不明的腹痛和呕吐折磨着。而弗兰克尔医生忙着救治那些双臂尚能动弹的瘫痪病人，像查理这样没有移动能力的病人被排在了后面。一个多月之后，他才开始处理查理的问题。与此同时，我们也安顿在了我的母亲位于朗康普顿（Long Compton）的家里，这样，我们每天都可以去看查理。我们还受到外交部及剑桥大学的支持。人事部门建议我在年底结束在金沙萨的任期，然后在伦敦的公务员选任委员会待半年之后，到巴黎出任经济合作与发展组织的英国代表。这是一个理想的方案，如此一来，在我回归经济外交领域之前，查理有充分的康复时间。三一学院也明确表示，他们希望查理可以回到学校，并会给他提供合适的住房。他未来的助教凯文·格雷和导师西蒙·凯文斯来医院看望了他，这大大振奋了查理的信心。这样，我回到扎伊尔时心里踏实了很多。我面临着同家人数月的分离，但之后，我们就可以再次团聚了。

　　我在金沙萨开始了独自一人的生活。蒙博托在总统选举中得到了99%的支持率，然后开始在各省进行欢庆巡游。而我们当时正为一件领事案件焦头烂额。一位英国女性在基桑加尼被误认为是谋杀犯并遭到监禁，罗宾·克朗普顿飞过去把她从监狱里解救了出来（这位女士是王室的远亲，也是女王的熟人）。我们还帮助吉凯恩（GKN）公司得到了与合伙人——公民坦布韦合建的一家糟糕的采矿企业。一名扎伊尔法官把所有财产判给了吉凯恩公司，其中包括一架小型飞机。而当吉凯恩派一名飞行员和机械师去领那架飞机时，坦布韦拒绝把这架飞机交给他们，还以侵犯财产为由控告了机械师奈杰尔·塔洛克。所幸案子告到了同一个法官那里，法官表示此案不成立。塔洛克长舒了一口气，回到金沙萨之后狂欢了一番。后来他开车回去的时候，把自己的厢式货车停在了 AND（AND 是蒙博托手下恐怖的安全警察）总部外面的沟里。两个保安闻声从里面出来了，他一拳打在其中一个人脸上，然后又吐了另一个人一身，被立刻抓进了监狱。乔·麦克格兰开始时敬佩 AND 但后来又很害怕他们，不过，经历了漫长的争辩之后，还是把塔洛克从里面救了出来。

圣公会主教从基桑加尼过来，召集了大批会众，举行了一场长达四个小时的露天礼拜。我们进行了坚振礼、派立礼和圣餐仪式，其中，还伴有唱诗班的合唱以及主教提巴法振奋人心的布道。礼拜仪式上用了法语、英语、斯瓦希里语和林加拉语。会众们在走廊上跳舞，然后把大捆的扎伊尔货币放进一个大洗衣筐作为捐款。这些钱是为了购买土地，用以在金沙萨建一个正规的圣公会教堂。我同主教、贝尼神父和当地的会计丹尼斯·勒热纳一起去看过那块地。勒热纳是一位亲英的比利时人，他和他的南非妻子玛丽·安妮在迪伊和查理去比勒陀利亚时给过我很多帮助。之后我在耶稣会教堂的一场婚礼弥撒上为使馆的档案管理员戴维·哈维和他的新娘伯纳黛特朗读了使徒书信。新娘在家梳妆打扮好，由司机昆尼亚用使馆的捷豹汽车送她到教堂。然后再按例用捷豹把新郎和新娘接回到我们的住所，并在花园里举行了婚礼招待会。

我抓紧机会提高我对扎伊尔其他地区的了解。我往南飞到了沙巴省的卢本巴希的采矿中心，这里出产的铜、钴及其他金属，虽然开采量不多，但还是占扎伊尔出口总量的 2/3。我视察了科卢韦齐的巨大矿坑——世界上最大的露天矿坑之一，并在基普希下到了地下 1000 米深的矿洞里，那里闷热难耐。而这些金属一旦被开采出来，就踏上了复杂的旅程：乘火车到达扎伊尔河的支流地区，乘船到达金沙萨，再乘火车到达马塔迪的海港。

后来，昆尼亚开车带我去了马塔迪，足足两百英里都是颠簸在扎伊尔唯一的一条碎石子路上。港口深藏在急流下的峡谷中，河水向四面八方延伸到金沙萨。码头上有许多船在卸货，但只有一小堆金属铸块在等着装船出口，由此可见，扎伊尔产出下滑是不争的事实。附近的英加坝情况也是如此。两个大型水电站只利用了河水潜力的 1/10，可产出 1550 兆瓦电，

但是，整个扎伊尔（包括连接到沙巴的新高压线）也只消耗了不超过 450
兆瓦，因此里面最大的涡轮机都闲置着。

　　沿马塔迪沿河而下，在一座由日本建造的吊桥下面，我十分感动地发
现了一座小小的浸礼会传教士的墓园，时间可以追溯到 19 世纪 80 年代。
扎伊尔的三座英国浸礼会医院中最古老也是最大的一所——金佩塞医院，
就在不远处。我也同样被工作人员的无私奉献深深地打动了，他们竭尽全
力只为更多的百姓服务。我还另外参观了位于波罗波的浸礼会医院，这家
医院位于金沙萨上游，大约需要一个小时的飞行。这是一个偏远得多的机
构，只有很少的外国援助者在尽力为当地人民提供妇幼保健服务和结核病
防治服务。1972 年，这里的浸礼会人员被要求离开，医院由一家扎伊尔
企业接手。但十年之后，他们又被请了回来，然后发现这里的员工们已经
长年领不到工资，他们卖掉所有药品，也因此没有病人再来看病——这正
是蒙博托统治下管理失当的鲜明事例。而目睹了浸礼会医疗队的情况之
后，我才意识到查理出事时给亚库苏的医院造成了多大的负担。在回程的
飞机上，飞行员告诉我他是卢旺达的图西族难民，以及在乌干达总统奥博
特的统治下他的同胞们所忍受的轻视。

　　还有一件事让我想起查理，是在我从马塔迪回去的路上遇到了麦克·
菲兹杰拉德。我们用了一天时间，走访了那些帮助当地居民改善农业和营
养状况的小项目。我们参观了蔬菜园、新种上玉米的田地以及查理和杰米
曾挖过的那种鱼塘。我还见到了他俩的朋友路桑比萨，并向他转达了查理
正在逐渐康复的消息。他的呕吐症状得到了改善，胳膊也有足够的力量可
以使用电动轮椅了，他正在学习用口含棒在电脑上打字——我已经收到了
一些他用这种方式写给我的信。看起来明年初他就能从斯托克·曼德维尔
医院出院并回到我们身边。于是我说服迪伊乘查理可以由医院照顾时，在
11 月对非洲进行一次告别旅行。

　　迪伊和我经历了三个月的分别之后开心地团聚了。她在金沙萨待了
三个星期，重新见到了我们居所里忠诚的员工和之前在这里认识的所有
朋友。他们在查理出事时表达了极大的关切，借此机会，迪伊可以向他
们一一告别并致谢，不仅感谢他们之前的帮助和祝福，还感谢查理出事
后我们所收到的来自整个英国人圈子的慷慨捐助。然后我们飞到布隆迪
和卢旺达做最后的访问，公事很快就结束了，之后我们便有机会一起欣
赏那里的美景。查尔斯·卡洛带着我们领略了暮色时分从坦葛尼喀湖浮

出来的河马，还带我们去看了湖边的一块石头，上面标记着利文斯通和斯坦利从这里经过，然后我们攀登到高山上参观了茶园。在卢旺达，我和迪伊去看了山地大猩猩，这次我们遇到了更大的一群：为首的是一只魁梧的银背大猩猩，里面还有一只雌性和一只可爱的圆眼睛小猩猩。突然间银背大猩猩朝我猛冲过来，我倒在地上让它过去。然后我们开车穿过阿卡盖拉公园，看到了大象、河马、水牛、疣猪和各种羚类。那是一次伤感的告别。

迪伊从基加利飞回家，而我还要在金沙萨待三周。在我卸任之前，于1984年12月20日举办了最后一次圣诞颂歌晚会。居所的员工都涨了工资，这是他们应得的。塞巴斯蒂安带我看了他给家人盖的新房子。当时，蒙博托正春风得意，在去联合国做短暂访问时途经欧洲，他见到了八位主要政府首脑，包括撒切尔夫人、罗纳德·里根和罗马教皇。后来，他以盛大的排场再次就任总统，并发表了长达三个半小时的演说。但在我卸任时，扎伊尔的前景并不乐观。首相肯戈感谢大使们为总统在欧洲的良好声誉所做的努力，同时表示，蒙博托认为经济紧缩政策已经够久了，现在值得给人民松松绑，因此扎伊尔需要更多的国际援助和债务减免。12月中旬，一支洛朗·卡比拉领导的反叛组织在东部边境的卡莱米着陆，该组织很快被击退了。但在和我的最后一次通话时，蒙博托表示，他本该把用于经济建设的钱拿来加强军备和安全警察的建设。

在那之后的25年来，卢旺达因为大屠杀而四分五裂，而刚果民主共和国（当时的扎伊尔）经历了漫长的内战，造成400万人死亡。我并未预见到卢旺达的悲剧——悲剧的导火索是乌干达的政权更迭：图西族难民因为无法忍受总统奥博特的虐待，强力支持穆塞维尼取而代之。而作为回报，穆塞维尼可以支持他们杀回卢旺达。而胡图族极端分子因为害怕被打败，在1994年发动了种族灭绝。然后卢旺达最终团结起来并在总统卡加梅的带领下走上了复兴之路。而犯下屠杀罪孽的胡图族兵团被驱逐到扎伊尔东部，这成了压垮风雨飘摇的蒙博托王朝的最后一根稻草，当时已经到了1997年，他被他的死对头洛朗·卡比拉取代。这个国家四分五裂，积重难返，只剩下空壳。社会混乱，政府也放任自流，联合国最大的维和部队也无能为力。

我意识到，我在金沙萨任职时，这场灾难的种子就已经种下。我告诉外交部，蒙博托统治越久，这个国家就越难重回正轨。但是，他的暴政和贪腐并不是我非洲之旅中印象最深的部分。相反，我记得的是传教士医院里的医生和护士们的无私奉献，还有普通的扎伊尔人对抗艰险命运的不屈不挠。而我最常回忆起的是查理出事后，我和我的家人感受到的来自世人的所有善意。

第十四章　在经济合作与发展组织的三年

我从非洲转到英国白厅工作，工作的调动比较突然。1985年1月中旬，我被借调到公务员选任委员会，担任外交官选派委员会主席。我发现，如今的选任程序与我当年应试时略有不同。现在驻外部门及国内行政部门的考生会一起参与考试，要通过三个阶段的选拔：首先，通过一系列的笔试进行初步淘汰；然后，由文官选任委员会主持的为期两天的面试；最后，决定谁能进入政府部门的终极面试。在6个月时间，我担任面试委员会主席。每一次面试都是和一位心理学家、一位中层公务员或外交官合作完成。委员会将考生分为五六个人一组参与笔试和口试，每位考官还会进行一对一的单独面试。接着会将考生分为四个等级：合格、待定、不合格以及完全不合格。其中，合格和待定的考生会进入最终面试，而最终结果几乎总会证明我们之前的选择是对的。

6个月时间，我一共评估了75位考生。参与驻外部门选拔的考生共有200个左右，我面试的考生占其中的1/4，还有少部分是国内行政部门的考生。这次的选任工作要求较高，但选拔结果总体来说令人振奋。外交部轻而易举地挖掘到了所需的25位精英人士。他们在智力上并不出众，很少能达到高等水平，但他们判断力强，十分机敏，从而弥补了不足。而我们委员会也在慢慢取得进步，使得这次选拔吸引了更多的女性，更多牛津、剑桥大学以外的高才生，以及更多科学、经济学学位的获得者。我特别欣赏一位来自布里斯托的女微生物学家，在我认识的考生中，她的事业是最成功的。而行政部门的情况就没有这么乐观了。每一个职位的考生人数都无法满足所需，因而没有完成招揽80人的计划。我认为，这一结果得部分归咎于《是，部长》这部电视剧，正是这部讽刺喜剧破坏了公众对行政部门的好感。

我很喜欢在公务员选任委员会认真工作的日子。这份工作很大的一个优点就是灵活性强，我可以腾出时间来帮助查理康复。我从金沙萨回到英国的时候，医院允许他暂时出院，与家人一起过圣诞。我们相聚在一起，度过了愉快的时光，当时母亲帮了迪伊不少忙。查理很快回到了斯托克·曼德维尔医院，但在1985年1月底就出院了。之后，我和迪伊负责帮他适应家中生活，为10月搬去剑桥做好准备。我们决定不回切特温德小屋，那里的台阶太多了，因而在河畔的泰晤士迪顿市租了一栋小型现代化住宅。这样，查理就可以坐着轮椅从花园进屋，在一楼自由活动，睡在由餐厅改造成的卧室里。我们和当地的朋友、乐于助人的家庭医师、哥哥克里斯托弗以及他的妻子安妮关系都比较亲密，克里斯托弗一家住在彼得舍姆，给予了我们很多帮助。

我们和查理搬到泰晤士迪顿后，建立了新的生活规律。他的状况比较稳定，头部、颈部已有了知觉，可以活动，手臂略有恢复；而身体其他部分的运作则处于无意识状态。他的床是一种特殊的可调节床，充气式的床垫使之能够均衡地承担人体重量。每天早上迪伊会在床上给他穿衣服，更换连接着尿袋的阴茎套，并将尿袋绑在他的小腿上；每隔一天她还会用栓剂帮他排泄。接着，迪伊会把查理挪到轮椅上，尽管轮椅上有充气垫，为了防止褥疮，我们还是会时不时地把他从椅垫上扶起来。我如果在家的话，会搭把手，毕竟两个人容易些，必要的话我也会一个人搞定。

一坐上轮椅，查理就可以把背挺直了，而且自己能够做一些事情。他可以用吸管喝水，用牙齿衔着笔写字抑或画一些生动的非洲图画。他的"口含棒"通过一个紧贴牙齿的固定器固定，这样，他不仅可以翻书页，还可以使用非手持式电话及盒式磁带放录机。最棒的是，之前我们在金沙萨为他进行了募捐活动，并用这笔钱买了一台个人电脑，现在他终于可以使用了。不久，查理就开始给朋友们写信，也创作了一些以扎伊尔为背景的戏剧性故事。他还灵敏地认识到了电脑的潜力，在日记中颇具预见性地写道：直到开始了解一台小小的个人电脑的能耐，你才开始理解整个电脑科技的巨大能量。真想知道二三十年后的生活会是什么样子，很有可能会发生翻天覆地的变化。

我们可以把查理移到汽车前座上，带他到远方旅行，但这一过程非常费力。后来，通过里夫·佩恩的倡议动员，查理在伊顿公学的朋友和同龄人送了一份丰厚的礼物——一辆可以容纳他轮椅的二手小型货车。这样，查理的可动性就大大增强了。我们开着这辆车去了南部的德文郡看望汤姆·王尔德，还去了北安普敦郡，在一条可容纳轮椅的运河船上待了一周。

8月，我们三人和迪克在苏塞克斯海岸借了栋房屋度假。一天深夜，我们接到了汤姆的求助电话。他和一位名叫克莉丝汀·科林斯的会计实习生去了海灵岛玩风帆冲浪，但后来车抛锚了。我把他们接了回来，当晚他们睡在沙发上。克莉丝汀面对发生的意外非常冷静，我们很快对她产生了好感。没多久，她和汤姆就坠入爱河，形影不离。两年后，他们喜结连理。

一年渐渐过去，查理越来越有自信，我们开始寻找能在剑桥照顾他的合适的助手。我们发现了"社区办事志愿者"这一服务机构，并且我们当地的委员会愿意承担相关费用。这些志愿者没有受过特殊训练，但只要是合情合理的事，他们都愿意帮忙。他们大部分刚刚大学毕业，很多还来自国外。查理在剑桥生活期间，每次都有两名志愿者照看他，他们一待就是一学年。起初我们得教他们怎样做，他们都非常负责地完成了任务。到了学校，他们会照顾查理的身体，用轮椅或货车带他去任何想去的地方。两个强壮的小伙子甚至可以用轮椅抬着查理过阶梯和螺旋梯，把他送到导师办公室。查理和这些志愿者的关系很好，对他们真诚相待，除了极个别情况，查理完全信任他们。

开学后，我们把查理和第一对志愿者安顿在剑桥大学。三一学院特意在一楼为他们留出了一套三人间宿舍（这些房间早些时候供威尔士王子和他的保镖们使用）。由于查理要在电脑上完成所有的学术任务，学校的木匠还专门做了一台合适的桌子。可惜的是，那辆小货车无法满足要求，我们只好换成了一辆改造过的鲜红色福特护卫者货车，这辆车在后来的几年中载着查理远行了上万里。接着，我和迪伊怀着最美好的希望前往巴黎。1985年10月，我出任英国驻经济合作与发展组织的代表。

1982年我离开的时候，经济外交一直处于低谷。当时工业发达国家的经济衰退，债务危机威胁着金融体系，贸易保护主义重新抬头。在里根的第一任期，美国对国际经济合作漠不关心。三年后，我回到这里，发现形势大有好转。1983年起，经济开始复苏，乐观态势一直延续到80年代末。里根在第二任期任命詹姆斯·贝克为财政部长，在我任职于经济合作与发展组织期间，他一直担任此职务。他很热衷于国际合作。1985年9月，他邀请五国集团财政部长在纽约广场饭店会晤，并在饭店第一次联合发表公开声明。一直以来，美元的强势使得美国的出口商品失去了竞争力，而《广场协议》使美元控制性贬值，立即减轻了保护主义压力，并为1986年关贸总协定新一轮贸易谈判（乌拉圭回合）开辟了道路。现在五国集团（G5）刚准备接受新成员，意大利和加拿大就抢先进入，五国集团变成了七国集团（G7）。早在 1987 年年初，七国集团在巴黎卢浮宫会晤，詹姆斯·贝克就竭力争取更紧密的宏观经济合作，但该计划并未长久。他为结束债务危机而制订的"贝克计划"也只取得了有限成果。尽管如此，美国与其他国家更广泛的合作还是大受欢迎。

经济合作与发展组织涉及国际经济活动的方方面面。它的成员国为工业发达国家，覆盖了西欧、北美、澳大利亚及日本等地，其活动涉及各个领域的经济问题。与经济峰会不同，经济合作与发展组织比较低调，并不注重自我宣传。它不像国际货币基金组织那样有足够的资金提供借贷，也不像欧洲共同体一样具有约束性条约，而是完全通过劝导方式施加影响。它是幕后工作者，通过说服其成员国改变政策而促进该国发展，自身从未居功。在组织内部，一系列专业委员会根据专业秘书处提供的文件得出相关结论，从而完成该组织的主要工作。来自各成员国首都的官员们会加入这些委员会，有时也会通过部长会晤来给予高层指示。我主要的任务并不是亲自上阵出风头，而是向英国代表团介绍这些会议，并向他们解释经济合作与发展组织如何帮助我们实现发展目标。英国的官员和部长们总是很乐意去巴黎，这样，代表团就可以接待络绎不绝的拜访者。

经济合作与发展组织总部位于布罗尼公园附近，该建筑的前身是一座罗斯柴尔德酒庄，另外还有一栋无名的附属建筑，主要为秘书处办公所用，我们的代表团办事处也在此地。我负责的队伍很紧凑，最初由两名参赞和四名主管官员组成。这两名参赞——艾莫瑞斯·戴维斯和蒂莫西·乔治——不久便去了越南和尼泊尔担任大使，取而代之的只有休·戴维斯一名参赞。经济问题的相关工作就由他以及四位主管官员分担，即凯文·帕斯莫尔、约翰·杜查尔斯·格雷（其后被克里斯·西格接任）和理查德·陶惠尔。英国驻法使馆负责我们所有的行政事务，其实我已经有私人司机杰勒德·罗塞尔，由他开着装甲捷豹送我。他还是一位长途徒步旅行爱好者，曾用 6 天时间从巴黎走到伦敦。

外交部在福煦大街给我买了一栋 6 号别墅。一开始的时候，公众批判外交部的做法铺张浪费，但我们来发现它非常实用，便尽量充分利用。别墅内有 4 间备用卧室，其中一间非常适合部长居住；一间大客厅可接待客人；还有一间可容纳 20 人的餐厅。地下室内有一间大厨房，这是克莱尔的领地。克莱尔是我们的家庭厨师，她能烹饪出各种符合场合需求的美味佳肴，还会根据访客的不同改变食物分量：经济合作与发展组织的同事们吃得比较少，而伦敦的来访者所吃的食物通常会多一倍。她的继父是国际航空餐饮协会会长。在凡尔赛巴泰尔画廊有一个由 600 人参加的盛大晚宴，届时各个航空公司会竞相提供最好的食物和饮料，决一雌雄，克莱尔便帮我们得到了这个晚宴的邀请函。

　　每年的 5 月，我们都会迎接三位英国大臣前来参加高级别理事会——财政大臣、外交大臣和贸易大臣。尼格尔·劳森对经济合作与发展组织毫无兴趣，总是来去匆匆，发表完演讲便回国。杰弗里·豪却大力支持，甚至在 1986 年美国轰炸利比亚时他也依旧积极参与会议。有一年，他那令人生畏的妻子埃尔斯佩思也来到了巴黎。贸易部长艾伦·克拉克是位彬彬有礼的客人，但在会议桌上却让人难以捉摸；所幸的是，我们并不是他回忆录的主要角色。其他大臣都是为特定项目而来，如肯尼思·克拉克（就业问题）、克里斯·帕滕（海外发展）、约翰·帕滕（住房问题），以及戴维·米切尔（运输）。他们在巴黎似乎玩得很愉快，我们通常会准备午餐和晚宴招待他们。

　　在所有来访的官员中，我们最喜欢的是财政部的三位爵士——常务次官彼特·米德尔顿、首席经济学家特里·伯恩斯和我的前任上司杰弗里·利特勒。我成功地说服了利特勒担任经济合作与发展组织国际货币工作组组长。米德尔顿和伯恩斯主要是前来参加经济委员会，他们非常高兴能有这难得的机会"逃离"伦敦。在"结构调整"的口号下，经济合作与发展组织正在研开发一种新技术以协调其他经济措施，加强宏观经济政策。其中，包括综合考虑一系列的问题，如教育、研究、工业政策、劳动力、金融市场等问题，以及公共部门的规模，并探索出一种方法将其结合起来，从而提高经济表现。彼特·米德尔顿很擅长游说：他和我说服了英国秘书处经济部部长戴维·亨德森坚持这种方法。到了晚上，爵士们会喝着威士忌，靠在沙发上轻松地闲聊，我和迪伊听到了不少伦敦的八卦。

　　随着乌拉圭回合谈判在关贸总协定的主持下顺利开展，不断有来自贸易与工业部门的来访者：先是托尼·莱恩，随后是我的老朋友托尼·赫顿。谈判议题不仅包括制成品贸易，还首次涵盖了农业和服务业这两个对英国来说十分重要的领域。由于关贸总协定对此毫无经验，经济合作与发展组织贸易和农业委员会便负起责任，规定谈判范围，概述可能达成的协议。

作为仅次于美国的世界第二大服务业供应国，英国想要最大限度地减少服务业贸易壁垒。迈克尔·帕利泽与伦敦服务贸易自由化委员会成员来到巴黎，提供私营部门经验。经济合作与发展组织能为他们将不同的服务贸易及其发展障碍进行分类。服务贸易不仅仅可以像货物一样通过跨境贸易实现，也有像旅游一样的境外消费，像银行一样由在海外市场建立的跨境公司提供，或像律师、会计师一样由境外专家现场提供。而其贸易壁垒通常是以政府法规的形式出现，而不是关税。此轮谈判的目标就是使政府法规更加透明化，并消除对国外供应商的政策歧视。经济合作与发展组织的工作为在乌拉圭回合达成《服务贸易总协定》奠定了基础，该协定不仅涉及服务贸易，还涉及服务投资的内容。

农产品贸易自由化的谈判更加艰难。经济合作与发展组织成员国不仅抑制食品进口，而且以各种各样的方式对农业生产及农产品价格进行补贴。其中最具破坏性的方式之一就是欧盟的共同农业政策，对此，英国政府寄望于内部改革，却收效甚微。因此，我们希望经济合作与发展组织探索一种方法用以比较不同国家间各种形式的农业支持及保护政策。经济合作与发展组织随后制定了"生产补贴等价物"这一标准，成为达成关贸总协定《农业协议》的基石，该协议的结论多年后为乌拉圭回合的圆满结束发挥了重要作用。经济合作与发展组织对达成这些目标做出了积极贡献，因为通过这一组织欧共体成员国可以各抒己见。首先，委员会代表（通常是外交部的老同事莱斯利·菲尔丁）会解释欧共体已认可的原则，但成员国在不否定它的情况下可以进一步评价，而不必达成完全一致的意见。

迄今为止，经济合作与发展组织让我接触到以前不曾了解的白厅其他部门人员。格雷厄姆·里德前来参与就业委员会，该委员会倡导增强劳动力市场的灵活性，与提倡严格监管的欧共体相比，英国政府更易于接受这一观点。悉尼·弗里曼特尔经常来国际能源署参加辩论，探讨如何应对1986年后石油价格的暴跌问题，作为北海沿岸的石油净出口国，英国在这一方面很难做出决策。菲奥纳·麦康纳尔参与环境委员会，该委员会越来越重视环境变化和生物多样性的问题。另外，我并没有忽视与外交部的关系，并尽己所能，帮助罗利克·布雷思韦特，当时的经济局局长以及和他共事的副部长汉弗莱·莫德。罗利克前来参加执行委员会特别会议，并成为这个名称晦涩的委员会的主席，他们会讨论涉及经济和政治的一系列问题。由于每年主办国的峰会协调员都会向经济合作与发展组织作简要报告，阐释会议成果，因而我也很了解峰会动态。1988 年 3 月，在我即将离开经济合作与发展组织之前，协调员们在执行委员会特别会议间隙会晤，我在别墅设宴招待了英国筹备小组。奈杰尔·威克斯，当时玛格丽特·撒切尔的私人秘书，也是我们的协调员。罗利克·布雷思韦特和杰弗里·利特勒担任副协调员，辅助奈杰尔·威克斯。

我们在巴黎的这栋别墅颇具魅力，不仅吸引了官员们，许多朋友和家人也都前来拜访。书中提及的许多人都来过这里享用美味佳肴和舒适的卧室。母亲和戴安娜阿姨是常客。我们还接待过我的哥哥克里斯托弗、戴维和他们的孩子，汉普顿宫的邻居科林、凯西·怀特，来自哈佛的鲍勃、罗兹玛丽·帕特南，还有像克里斯托弗·罗伯茨、理查德、凯特·索拉布吉、蒂姆西·吉等来自牛津的老友。外交部的同事们也会私人拜访，如来自布拉柴维尔的克莱夫和奥里奥尔·阿尔蒙德，以及如今身在伦敦的约翰·博伊德。而我们则成了专业导游，带他们参观奥赛美术馆、毕加索美术馆以及吉维尼的莫奈故居等景点，这些景点从那时起就一直对外开放。

尤为重要的是，这栋别墅还是查理假期里极好的居所。经过改装，车库能够为查理提供广阔平坦的空间，楼上有卧室供助手或朋友使用，室外的草坪郁郁青青，掩映在丁香树下。使馆的工人们还将一个隔间改造成了查理的卧室，修建了通向主厅的坡道，并且彻底装修了一番。1985 年查理来的时候，一切都准备妥当。他乘坐那辆红色货车穿过英吉利海峡，和我们一起过圣诞。从此以后，他旅游的兴致越来越高，而这里成了他假期的安全港湾。

查理开学起就充分利用在三一学院的每一天，十分用功。起初，这对他身体造成了损害，以至于他来巴黎后必须得卧床休息。但渐渐地，查理改善了作息规律，这样，他就有时间邀请朋友们游览巴黎，他们能在外面玩到深夜。他进行了第一阶段对盎格鲁撒克逊人、挪威人与凯尔特人课程的学习，参加了 1986 年、1987 年的考试。他在电脑上完成了考试论文，以"甲等良好"的成绩结业，这已经非常棒了，与"一等优秀"成绩相差不远。考官们对此大加赞赏，他被评为三一学院荣誉学者。在大学学习的第二阶段，查理决定修社会人类学，于是又在剑桥待了两年。

汤姆也邀请了很多朋友过来，特别是克莉丝汀。他在 1986 年新年前夕在这里向她求婚，婚礼定在 1987 年 9 月。他们都完成了会计考试；汤姆在西敏寺银行投资银行业务部门工作，克莉丝汀则加入了拉扎兹银行。我们为了参加婚礼，回特温住了一小段时间，但屋内水管漏水，导致客厅的房顶塌陷。克莉丝汀的父母，菲利普和吉塞拉，住在不远处的东霍斯利，菲利普是一位工程师，他在自家花园里设计了一个帐篷，作为婚礼的举办地点。回到巴黎数周后，我们得知一阵狂风摧毁了灌木丛园近一半的树。我们便邀请克莉丝汀的父母和祖母来我们家过圣诞。我们相处得很融洽、很愉快，克莱尔的食物也让我们大饱口福。

迪克在1986年夏离开了伊顿，在此之前，他已争取到在三一学院攻读法语和意大利语机会。他先是和他的朋友安格斯——驻塞内加尔的英国大使之子——一起去尼日尔旅游，随后来到巴黎暂居我家，并在一家银行工作。他之后想考驾照，虽然当时路面积着深雪，但还是通过了考试。后来，迪克对海伦产生了强烈的爱慕之情。海伦的父母都在使馆工作，她却执意要当演员，这一点让他们很头疼。时机成熟后，迪克和海伦回到了英国，一起住在芬斯伯里公园内的一栋房子里。之后的一段时间，迪克生活很不如意，负责卖灭火器，后来终于找到了一份不错的工作，当了园丁。之后，他去了三一学院，查理那边的楼梯通道旁备有他的房间；而海伦则进入了中央戏剧学院。他们忙于学业后关系渐渐疏远。海伦·麦克洛瑞学习非常投入，便很快成名。迪克也不错，在法语第一阶段得了"一等优秀"的佳绩。这样，我们在三一学院就有两位贝恩学者了。

我们在法国只有两次长途旅行：一次在暑期和查理一起去了欧勒龙岛，还有一次是经济合作与发展组织官方提供的图卢兹之旅。但我们在周末经常短途旅行。冬季中旬，我们去了卢瓦尔河谷，里杜城堡的护城河上冰雪覆盖，冬意浓浓；春天，我们来到里昂和索米尔，品丁香弥漫，赏紫藤之美。在勃艮第，我们寻找罗马式教堂的足迹，从维孜莱到丰特内修道院，再到克卢尼市，到处都能看到黄花九轮草和身穿罩衫的女士。我们北上鲁昂，西行拉罗谢尔，每次都带着当地的陶瓷品满载而归。我们总感觉以后再也没有这样好的旅游机会了。

我们在意大利的旅行更长一些，两次的行程都有新的发现。1987年春天，我在米兰参与发行了意大利语版的《国舟共济》。之后去了加尔达湖，发现了一座可爱的小城——拉孜兹（Lasize）：小城里涂了漆的漂亮房屋，小海港的水面上倒映着威尼斯的海关屋。艾弗·罗林森，英国驻佛罗伦萨领事，是我们的朋友，为人善良友好。我们和查理在8月来到意大利后，接受了他的邀请，住在他家。旅行本来很愉快，迪克过来看望我们并随后在佩鲁贾学习，汤姆也来到了意大利，这是他结婚前最后一次单身旅行。但后来由于担心当地一名恐怖分子太危险，我们不得不赶回巴黎，混乱中结束了旅行。但在 1988 年 5 月，我和迪伊还是兴致勃勃地又来到了这里。加布里埃莱·西美米在经济合作与发展组织环境理事会工作，他的妻子卓拉是迪伊的朋友。他们在帕多瓦有一套豪华住宅，加布里埃莱把自己备用的房子供我们暂住。帕多瓦有着让人叹为观止的艺术品和才华横溢的艺术家——乔托、多纳泰罗、蒙塔纳、提香——但却游人稀少。我们距威尼斯、维琴察以及威尼托的帕拉第奥别墅很近，这使得我们最后的旅行十分精彩，几周后，我们回到了伦敦。

由于经济局局长罗利克·布雷思韦特要去莫斯科担任大使，我便接替了他的职务。在经济合作与发展组织待了三年，对于新职务我已经做好了准备，但还是担心自己能否胜任。在对同事们发表的最后一次致辞中，我说，大多数外交官面临着各种狂拟的要求，逼迫他们仓促行动，而经济合作与发展组织却不同，它有着一种沉着、熟思的氛围，对此我不胜感激。我将经济合作与发展组织比作中世纪的修道院，而现在我不得不离开这里，去接受新的挑战。

第十五章　外交部负责经济事务的副部长

我重返外交部主楼工作，时隔多年，这里终于一改往日脏乱的环境，给人焕然一新的感觉，像洛迦诺套房和接待室之类的公共场所经过修缮都恢复了最初的富丽堂皇。虽然我个人认为建筑风格过于矫饰，也非常反感主楼梯道上的沙文主义壁画，但较之以往，总体环境还是大有改观。由于经济局局长办公室还处于修缮建设中，我搬到了不久前由内政部腾出的住处。我通常提早上班，尽量阅读大量材料，接着电话铃响起，就开始忙于各种会议，正式开始工作。但我很少晚上加班，更倾向于把材料带回家，在晚餐后或周末阅读。

我定期参加十点半开始的外交部高级别官员通气会，该会议由权威的副常务秘书长帕特里克·赖特主持，旨在审查当天需要采取行动的相关事宜。8位级别最高的官员坐在椭圆形桌旁，而其他副局长沿墙而坐。约翰·博伊德作为首席官员（人事部主任）与特里克·赖特相对而坐；政治局局长（约翰·弗雷特韦尔，之后由约翰·韦斯顿担任）坐一边；我坐在另一边的椅子上，这是唯一一把有椅背的椅子。桌上的8位职员也参与外交部管理委员会、副常务秘书规划委员会以及负责选任新大使的首席委员会，在处理以上委员会事宜时，我们也会聚集起来召开会议。此外，每月还会进行一次集体野餐。

担任负责经济事务的副部长是一项宽领域、开放式的工作。我负责英国政府及世界范围内所有与外交部相关的经济工作。我无法做到事必躬亲，必须选择性地处理一些事务。这对我来说不是个难事。我现在是西方七国首脑会议的副协调员。外交部要负责委任和协调所有与峰会筹备工作以及峰会本身相关报告。我把主要精力放在峰会方面，并得到经济关系司的大力协助。我之前的工作先后由汤姆·理查森和罗杰·博恩接管；尼古拉·布鲁尔和来自经济合作与发展组织的理查德·陶威尔接任了七国集团的相关工作。我积极参与峰会所涉及的所有议题：金融与债务、贸易政策、环境问题，以及东欧今后的经济发展。

　　我偶尔也会参与其他事宜：援助政策、毒品走私、能源问题、欧洲问题、出口信贷、金融诈骗、科学发展、贸易发展以及运输问题。但我尽量将这些事情交给三位副局长处理。我批准约翰·克尔以及后来的迈克尔·杰伊全权处理欧共体问题。他们表现十分出色，后来均晋升为副常务秘书长。而我只需关注欧盟借助贸易及统一市场对世界所产生的影响。罗杰·卡里克的职位仅次于我，他十分擅长贸易发展。迄今为止，外交部已从事过海外出口事务，而贸易和工业部的活动范围仅限于国内。我和罗杰就成立外交部与贸易和工业部联合局一事与贸易和工业部的戴维·德尔进行协商，这一理事会的成立为如今的英国贸易与投资部的建立奠定了基础（我本希望罗杰能成为该部门部长，但这一职位被他的继任者奥利弗·迈尔斯获得）。邓肯·斯莱特除了负责恐怖主义问题，也负责能源、科学和运输，但通常恐怖主义才是他工作的重中之重。此外，首席经济顾问西蒙·布罗德本特也是我在英国的得力助手，还是我理想的旅伴。

　　由于工作需要，我和白厅所有的部门都要打交道，其中，三个部门尤为重要。首先是财政部，奈杰尔·威克斯离开了唐宁街 10 号接任杰弗里·利特勒的工作，但仍然担任英国协调员一职。他冷静沉着，耐心细致，足智多谋，是个谈判高手，也深得首都的信任。蒂姆·兰克斯特是我的财政副协调员，他刚从华盛顿回国。后来他成为海外发展局常务秘书，财政副协调员的职位就由休·埃文斯接替。协调员小组的成员必须紧密合作，我发现这些同事工作都非常出色。我的办公室附近有一座桥，通过这座隐蔽的桥可以到达查尔斯王子大街对面的财政部。我拿到这座桥的钥匙后就每天往返于两地。我与贸易和工业部的联系也同样紧密，主要是在贸易政策方面。关贸总协定乌拉圭回合形势良好，成为峰会的主要议题。克里斯托弗·罗伯茨是我在牛津就认识的老朋友，他是英国贸易谈判的顶梁柱，我经常参与他的关贸总协定谈判小组活动。最后，随着环境问题在峰会中的重要性迅速上升，我对环境部门的成员也渐渐熟悉，包括德里克·奥斯本、戴维·菲斯克，以及菲奥纳·麦康奈尔。

　　除了外交部和白厅，我还积极建立国际联系，尤其是峰会参与国。在财政部帮助下，我将参加在华盛顿举行的国际货币基金组织会议，并在会后会见美国协调员迪克·麦考马克、副协调员蒂姆·迪尔等重要人物。我也会去巴黎参加经济合作与发展组织会议，与法国外交部同僚皮埃尔·布瓦西厄交谈。他擅长雄辩，做事果断，是法国外交界的主心骨。虽然我们相处得不错，但我总是担心他会把我绕进去，说服我做一些事情。德国方面，我们每年都会举办英德经济委员会，其他部门人员也会参加，这是十分必要的，否则我们难以制衡德方雄辩机智的外交官阿洛伊斯·耶罗奈克。外交大臣有一座别致的乡村别墅，我曾两次在此主持该委员会。

罗利克·布雷思韦特着手与日本政府定期举行磋商会议，因此，我每年秋天都会前往日本与其协调员及其他官员进行协商。1988年11月，我首次访问日本，这一经历最让人难忘。我在旅途中得了感冒，嗓子失声严重，因而交谈时只能用疼痛嘶哑的喉咙发出很小的声音，令人敬畏的日本官员道彦邦弘及其领导团队不得不费劲地听我说话；品尝传统的日本美食时我也只能沉默不语。后来，一位上了年纪的艺妓给我的嗓子进行了按摩，效果非常好，第二天居然就康复了。正式交谈结束后，使馆官员史蒂芬·高麦邵带我游览各省。我们先去了东京，在秋季的枫叶中欣赏佛教寺庙。在大阪，我们参观了工厂，并了解了新建的飞机场。之后取道伊势回到东京，这样就可以在伊势参观日本的农业，欣赏古代神教道神殿。神殿掩映在一片高大的红雪松林中，神殿本身也是用雪松木建造的。12个世纪以来，每25年都会新建一座一模一样的庙宇。这种过去与将来的有机联系对于我这样的考古学家来说十分具有吸引力。

我在访问期间不仅仅讨论峰会问题，也宣传欧洲共同市场，并将其与关贸总协定谈判联系起来。欧共体的目标是截至1992年能实现货物、服务、人员及资本的自由流通。有谣言称这会导致"欧洲堡垒"，即对欧共体以外的国家采取歧视政策。这种谣言的传播会产生严重后果，必须制止，因此，我通过阐释已经采用的政策来证明其虚假性。随着欧洲国家间的壁垒减少，欧共体以外的公司也可以像欧洲公司一样自由运作。而且一旦在欧共体的任何一个成员国内建立公司，他们就可以同其他成员国进行贸易往来。因此，欧共体欢迎区外公司进行贸易往来和投资，而英国的政策格外优惠。我们希望这种开放政策能为我们的经济合作国提供借鉴，并希望他们做出承诺，通过乌拉圭回合谈判消除贸易壁垒。起初我只在华盛顿和东京进行宣传，后来拓展到东亚及太平洋沿岸一些经济迅速发展的国家和地区，这也是对这些国家和地区日益增强的国际影响力的肯定。

从巴黎回国时，查理也即将完成在剑桥大学第三学年的学习。此前，他的朋友和志愿者用红色货车载着他，从西部的爱尔兰到北部的苏格兰，游遍了不列颠群岛。在迪克和一位名叫伯克哈特的德国志愿者的陪同下，他现在开始了一段更加雄心勃勃的旅途——游览斯堪的纳维亚半岛。我和迪伊不想放弃切特温德的房了，但我们得抬着查理走 6 个台阶到前门，再走 19 个台阶才能到卧室，这种费时费力的方式我们坚持不了多久，因此我们准备安装电梯。这是一栋入册建筑（在英国不可随意改造），得到里士满委员会的同意并不容易，但后来他们的态度温和了些，并最终慷慨地同意了。一切准备就绪，查理就可以坐着轮椅通过室外电梯来到地下室，进入厨房，接着乘坐室内的电梯到达一楼的书房和楼上的卧室。如果志愿者需要入住的话，可以把他们安顿在查理卧室上方顶楼的一个房间里。这一计划非常成功，而且迪克仍然可以拥有他的小屋，还可以空出一间备用房，供迪伊的父亲或其他客人使用。

查理在剑桥的最后一学年开始了，他决定申请到英国内政部工作，这完全是他自己做出的决定，我们从未干涉。虽然没有在办公室工作过，查理知道行政部门会给他提供所需的支持与特殊设施。通过志愿者的帮助和对电脑的熟练运用，他在 10 月份通过了笔试，并于 1989 年春参加面试。他给所有遇见的人都留下了很好的印象，出色地通过了考核，最终被环境部门录用，于年底开始工作。查理在社会人类学课程中以 2：1 的优异成绩结业，我们参加了他的毕业典礼，场面颇让人感动，接着他着手准备去东欧和美国的冒险之旅。同时，我和迪伊计划在我执行公务的间隙做一次怀旧的夏日旅行。我们从圣马洛出发到圣米歇尔山，后来因为要参加经济合作与发展组织部长理事会以及一个协调员会议暂时中止了旅行。接着在帕多瓦的西美米宫殿愉快地度过了两周，并顺便游览了拉齐塞。9 月份我们回到巴黎稍作休息，便得知我们的第一个孙子菲力克斯出生的喜讯。我们在卢瓦尔河畔相聚，共同为他的健康祝酒。之后回到巴黎，和迪克告别，他当时正在巴黎进行长达一年的学习，这是他剑桥大学课程的一部分。

法国于 1989 年主持西方七国集团峰会。第一次筹备会议在拉斯科附近的佩里戈尔举行。协调员们被带去参观真正的洞穴壁画，而副协调员们只能看复制品，但我觉得这个复制品同样能让人引起共鸣，不亚于原版。第二次会议是在加勒比海附近的小岛——圣马丁岛举办的。这是我唯一一次来到南美洲，旅程不怎么顺利，天亮前还在法属圭亚那的卡宴机场等了两个小时。会议地点在海边，深蓝色的海面上，鹈鹕从空中俯冲下来，抓捕小鱼。炽热的太阳炙烤着沙滩，使得这海景对我而言完全丧失了魅力。

第三次会议在日内瓦湖边的埃维昂小镇举办。

法国协调员雅克·阿塔利做事果断，足智多谋，但为人傲慢，处处得罪人。美国财政副协调员戴维·马尔福德为此经常发脾气，但是，让·克洛德·特里谢（后担任欧洲中央银行行长）总能让他冷静下来。他们共同促成了一场金融交易，终于结束了1982年我离开经济局时爆发的债务危机。此后，债权银行允许发展中国家延迟还贷日期，但必须履行经国际货币基金组织认可的改革。然而，银行最终还是希望债务国全额还款，拒绝了詹姆斯·贝克先前为结束危机而计划的新型债务方式。这就导致了债务国永远摆脱不了国际货币基金组织强加的紧缩政策，危机也无法消除。美国新任财政部长尼古拉斯·布雷迪认为，银行不可能得到全额还款，必须接受"债务削减"。布雷迪计划在峰会期间获得七国集团的支持，后来也得到国际货币基金组织全体成员的赞赏。银行已预料到这样的结果，只好默许。这样就解决了负有银行债务的中等收入国家的危机，但没有解决拖欠其他政府大量债务的贫困国家的危机。

阿塔利希望峰会能关注全球环境问题，该问题此前从未成为首要议题。玛格丽特·撒切尔的环境顾问克里斯宾·迪克能言善辩，成功地说服她将中心转移到环境问题上来，因此，英国方面很乐意支持阿塔利的观点。大家关注的焦点是国内政策的原则，而经济合作与发展组织在必要时都会大力支持。环境政策应该涉及政府的方方面面：它不应依靠行政管理，而应以稳固的经济为基础，以市场作用为辅导从而产生效果。与会者也提出了国际社会处理环境问题的相关主题，如环境变化、臭氧层、生物多样性、森林、沙漠和海洋，但没有给出具体的措施。这一方案毫无争议地通过了，协调员们为其准备了一段很长的宣言，几乎占了经济宣言的一半。七国集团决议使得环境政策得到了所有工业发达国家更加广泛的关注，并渗透到政府的宏观策略中。

在峰会筹备工作间隙，我和西蒙·布罗德本特首次访问了亚太地区。我们先去了澳大利亚，就双边经济问题进行了常规交谈。这是我第一次来到这个国家，不仅要游览堪培拉，悉尼和墨尔本也不容错过。在堪培拉，我高兴地看到克莱尔下厨招待高级专员约翰·科尔斯。澳大利亚作为由农产品出口国组成的凯恩斯集团的创建国，在关贸总协定谈判中扮演重要角色。关于欧共体对农民实行的保护政策，他们表示强烈不满，但我提醒他们英国是少有的提倡对其改革的成员国。澳大利亚也在发起一个新的区域经济组织——亚太经济合作组织，并向我们完整地说明了这项计划。

在回国途中，我们在吉隆坡和新加坡停留了一段时间，想目睹充满活力的亚洲经济体，并向其政府表明我们对他们的重视。与我所知道的 20 世纪 60 年代的菲律宾相比，马来西亚和新加坡经济进步都如此之大，让我颇为吃惊。我阐释了欧洲共同市场以及通过关贸总协定谈判促进贸易自由化等观点。我发现马来西亚人的思想比我预想的要开放得多。新加坡的经济本来就很开放，但他们不愿意劝导其他国家效仿本国。在访问期间，西蒙对这里的经济发展非常好奇，我们便从一些正式会谈中抽出身来参观工厂、市场以及购物中心，这让我受益匪浅。他和妻子玛格丽特对植物都很感兴趣，我们便腾出时间参观了四所大植物园。

最后一次筹备会议在朗布依埃举行，这也是 1975 年峰会的举办地。距离峰会正式召开只剩两周时间了，在这次会议上协调员们终于能了解在中欧及东欧发生的一些特别的变化。米哈伊尔·戈尔巴乔夫总统已经在苏联开始了开放化和结构重组的改革。会议召开前，我和西蒙·布罗德本特在 1 月份前往莫斯科，以了解改革对其经济的影响，而我们感受到的是混乱和摇摆不定。当地虽然有一些私营企业的迹象，比如一些餐馆开张了，但吉姆百货公司前还是有很多人排队，争夺那点少得可怜的存货。我们遇到的非政府部门人员中，很多都理解彻底的经济改革很重要。我们还顺便去了白俄罗斯（现为白俄罗斯民主共和国），认识了克比奇博士。他是一位开明的地区领导人，很渴望能实现更大范围的自由。但我们在莫斯科的官方联系人要么否认改革的重要性，要么和外贸银行的维克托·格拉申科一样，一心阻挠改革，抓住权力不放。

戈尔巴乔夫的发言人后来说没人会因为他的经济改革给他发一个诺贝尔奖。但通过允许苏联存在反共势力，他鼓励中欧其他国家进行政治经济改革。团结工会运动在波兰不断壮大。6 月，团结工联在选举中获胜，成立了新政府，而且并没有遭到莫斯科方面的任何反对。匈牙利也发生了同样的情况。英国已成立了"技能基金"，对这些摆脱社会主义的国家提供技术支持，其他七国集团成员国也采取了类似行动。协调员们认识到必须将帮助中欧事宜提上峰会议程。

首脑会议召开前正是法国大革命 200 周年纪念日。在 7 月 14 日的巴士底日，天空万里无云，七国集团代表与其他政府首脑一起参加了壮观的庆典活动。庆典一直持续到晚上，密特朗总统希望七国集团以及非七国集团领导人能共进晚餐，但这些领导人来自各种不同的国家，包括扎伊尔的蒙博托总统，成分混杂，因此布什总统坚持认为，七国集团领导人应该单独一起用餐。此时戈尔巴乔夫来信，希望加入七国集团。该提议被礼貌地拒绝了：后来我们发现是阿塔利鼓励戈尔巴乔夫写这封信，甚至还提供了草稿。

第二天首脑会议在新建的"新凯旋门"召开，该建筑位于现代化的拉德芳斯区，可以看出建筑设计是向凯旋门致敬。首脑们很快解决了财政和环境问题，将重点放在了中欧问题上。他们同意建立一种机制，从而与其他援助措施相配合，共同帮助波兰、匈牙利及其他推崇开放的民主制和市场经济国家。布什提议欧洲委员会应该负责这一新机构，雅克·德洛尔欣然接受，但这让玛格丽特·撒切尔颇为懊恼。由于经济合作与发展组织的 24 个成员国全部加入，该组织被称为"24 国集团"，并马上开始在布鲁塞尔执行计划。总体来说，这次首脑会议在债务减免、环境和中欧问题上做出了一系列决定，成为多年来最有成效的峰会。

会议召开之前，杰弗里·豪和奈杰尔·劳森劝说玛格丽特·撒切尔同意加入欧洲汇率机制。会议期间，她对此耿耿于怀，几乎不和他们交谈，并在 7 月就罢免了杰弗里·豪作为外交大臣的职位，在 11 月罢免了劳森财政大臣的职务。对于杰弗里·豪的罢免我非常遗憾。但之后他依然十分关注经济问题，并且在欧共体问题上采取越来越积极的措施。继任者道格拉斯·赫德在经济问题上虽然没有他那么活跃，但在谈判的时候总能独当一面。

我们访问了新西兰，主要是为参加在奥克兰举行的太平洋经济合作理事会。这次非正式的公共及私人集会是即将建立的亚太经济合作组织的一次演练。从加拿大顺时针方向到韩国，太平洋地区所有潜在参与国都在场，包括美国和日本。该组织新颖巧妙的准则使得中国大陆、中国香港以及中国台湾能够同时参与。作为观察员，我在一般性辩论中做最后发言，表达了作为一名欧洲人对太平洋地区促进经济一体化措施的欢迎。我尤其赞扬了"开放的地区主义"这一概念，即按照关贸总协定的规则，亚太经济合作与发展组织成员国之间所有的贸易自由化措施将会扩展到非成员国。尽管该组织并没有完全履行其早期做出的承诺，但自此该机构的发展经久不衰，除了举行部长级会议，随后还增设了一年一度的峰会。与此同时，奥克兰又新开了一家很棒的植物园。

我回国的时间很及时，刚好可以迎接查理回家。他和一位德国志愿者及好友安东尼·威尔逊在东欧进行了一次了不起的旅行。他们用船把红色货车运到赫尔辛基，在回国前先后游览了列宁格勒、爱沙尼亚、拉脱维亚、立陶宛、明斯克、波兰、捷克斯洛伐克以及匈牙利。他们常露营或住在青年旅社，靠着这些社会主义国家的劣质汽油行驶了很长的旅程。这些旅行者亲身经历了不断发酵的政治动乱。在塔林他们目睹了人们手拉手组成人链以争取波罗的海国家的独立，这条人链有 200 万人参与，长达 400 英里，从里加一直延伸到维尔纽斯。边境开放后，一大批民主德国人驾车从奥地利前往联邦德国，查理一行终于和这些车队一起离开了匈牙利。

这年秋季，苏维埃帝国瓦解速度加快。莱比锡城大规模的示威游行使在德当局十分恐慌，柏林墙被迫开放，不久后就被整体拆毁。捷克斯洛伐克通过"天鹅绒革命"废除了社会主义制度。最后罗马尼亚爆发革命，推翻了暴君尼古拉·齐奥塞斯库的统治。这些历史性的事件使整个欧洲为之振奋。

我现在负责带领英国代表团参加在布鲁塞尔举行的 24 国会议，该会议主席由该委员会和我勤勉的副协调员霍斯特·科文斯勒担任。每场会议我们似乎都会增加新的援助受益国。我们的目标是协调西方援助，避免出现某些方面援助过剩而其他方面援助不足的情况。我们建议，这些受益国走上市场经济的道路，但并没有强迫他们执行某个政策方案。我坚持认为，这些国家历尽艰辛终于摆脱了计划经济，他们必须享有自主选择的权力。波兰的表现十分突出，其财政部长莱斯里克·波斯豪维特斯实行"休克疗法"，波兰经济在短短三年内就恢复了增长，其他国家则花费了更长的时间才清除了社会主义经济的残留。

在此期间，阿塔利手中还备着最后一张王牌，这也是他提出的最后一个倡议。12 月，他在离开岗位前召集了协调员，提议建立欧洲重建开发银行，从而提供资金帮助一些国家摆脱社会主义，实现社会过渡。英美两国的财政部门消除了最初的疑虑，称只要能尽可能迅速地开始该机构的建设，他们愿意提供支持。这是唯一一个带有明确政治意图而建立起的发展银行，其宗旨就是促进民主发展与经济开放。

兴奋的氛围满布欧洲之时，我和西蒙·布罗德本特于 1989 年 11 月又抽出时间前往亚洲。在伦敦，巨大的压力压得我透不过气，这次终于可以借这些旅行缓一缓。我们回到香港，进一步稳定人心，接着去东京会见和蔼的新协调员渡边幸次，最后去了首尔。我谈了谈欧洲统一市场及关贸总协定相关事宜，本以为韩方的态度会非常苛刻，没想到他们欣然接受了我的说法。他们只加入了亚太经济合作与发展组织，认为该组织颇有价值。会谈过后，我们穿过韩朝间的无人区来到朝鲜边界的板门店。这一地区突然成为世界上唯一一个社会主义障碍。在事业初期，我的工作都围绕着欧洲的分裂现状展开，曾在信息调研部门工作，参与了柏林协议的谈判，如今，这些分裂因素都消失了。而在我一生的大部分时间里，"冷战"都闹得沸沸扬扬，现在却也"行将就木"。在笔者写此书时，"冷战"已过去20年了，成为一段遥远的回忆。

第十六章　峰会及苏联解体

1990 年，我将所有的注意力都集中在东欧经济前景上。我经常为 24 国相关事宜前往布鲁塞尔，也常去巴黎处理欧洲重建开发银行的相关工作。新银行的建设进展迅速，在 4 月前就在建造条例方面达成了协议。捐助国包括所有经济合作与发展组织成员国及一些非成员国，而受益范围覆盖包括民主德国和苏联在内的所有中东欧国家。接下来需要讨论银行选址等具体问题，我将这些事情留给了其他人处理。巴黎和伦敦是选址方面主要的竞争者。最终伦敦获胜，而密特朗总统更希望法国的雅克·阿塔利成为首任行长。但在我看来，阿塔利并不是行长的合适人选，事实上，他锋芒毕露和放纵的作风不久就导致了他的垮台。

年初政治讨论的重点是德国统一。我 4 月份去法兰克福参加英德经济委员会时，联邦德国的正式统一的事情早已定下来了。我和西蒙·布罗德本特以及财政部的休·埃文斯继续前往东柏林以及莱比锡，通过亲身体验寻找经济统一的可行方案。这是我自 1968 年以来第一次来到民主德国，但这里给我的印象却和当年无异，都让我有一种时光倒流的感觉。整片区域千疮百孔，破旧不堪，到处都是褐色的煤和煤烟。我们在东柏林遇到的大学教授们十分热衷于加入开放型经济，而莱比锡工厂的工人也对自己的精湛技艺颇为自豪。尽管如此，要提高民主德国经济的竞争力是困难重重。并且我们怀疑促进私有化和确定产权的新联邦德国政策是否能起到积极作用。从官方汇率来看，民主德国的一马克相当于联邦德国的一马克，但实际上，前者价值低一些，而且黑市交易十分猖獗。科尔总理决定，民主德国大部分的储蓄都可以按官方汇率兑换成联邦德国货币，这一举动虽然为他带来了政治优势，但却加剧了经济问题。

科尔没有征求联邦德国中央银行对此方案的意见。德国放宽了财政政策，从而能向民主德国供应大量的补助金。与此同时，联邦德国中央银行却采取紧缩的货币政策进行抵消，以此宣告其独立性。在白厅辩论中，西蒙·布罗德本特指出，除非联邦德国中央银行同意德国马克升值，否则其他欧洲汇率机制成员国的货币都将面临压力。不久后，英国也会成为该问题的受害者。财政大臣约翰·梅杰正逐步说服玛格丽特·撒切尔遵守承诺，加入欧洲汇率机制。1990 年 10 月，在他的努力下，英镑终于成为该机制的一员，同时利率也进行了下调。我本应一如既往地庆祝这样的措施，但实际上我有种非常不祥的预感。起初我的疑虑似乎是空穴来风，当时英镑形势乐观，通胀率平稳下降。然而，正是这虚假的良好开端，使得我们在 1992 年 9 月退出该机制时造成了更加灾难性的后果。

查理在远隔重洋的美国渡过了最后一段自由闲适的日子。他主要待在以前的一位志愿者查德的故乡——亚特兰大，接着做了个巡回游，从新奥尔良到得克萨斯、佛罗里达再到田纳西。1990 年 1 月，查理开始在环境部门工作。他所在的部门主要负责地区事宜，比如噪声和废弃物，由德里克·奥斯本和菲奥纳·麦康奈尔监管。部门为他制造了两张特别的桌子，一张放电脑，另一张供他阅读时使用。他的同事乔安妮·萨莱克，也是他上班时的兼职看护人。这个年代电脑尚未在办公室普及，因此查理的文字信息处理技术不可多得，他马上成了团队里的得力成员。除上班外，查理大部分时间是在家或货车上度过的，法裔阿尔及利亚人卡迪尔每天都会载着他去上班。有时我也很乐意"搭便车"，特别是当大风导致玻璃碎落、滑铁卢车站被迫关闭时。

1990 年，我来到本年度峰会的举办国——美国。前期筹备会议在美丽的圣弗朗西斯科和位于罗德岛的纽波特举行，但今年的筹备工作比去年更加坎坷。美国协调员迪克·麦考马克并没有像阿塔利那样咄咄逼人，但他无法调节美国政府内部各机构间的纠纷。而布什总统自己也是举棋不定。结果 7 月的休斯敦峰会日益逼近，大家却还是一头雾水，对峰会可能取得的成果毫无头绪。但我们已经确定了三个主题，峰会将探讨关贸总协定贸易谈判、未来对东欧的态度，并继续讨论去年巴黎会议所开启的环境问题。我乘坐首相专机前往美国，一路上，玛格丽特·撒切尔都比较沉默。在途中，我向约翰·梅杰简要地汇报了贸易问题。他曾担任外交大臣，但时间不长，我发现如今作为财政大臣的他比以往更有自信。休斯敦的天气闷热潮湿，会议在一所大学里召开。

峰会伊始，我们主要讨论国际贸易问题。按计划，12 月在布鲁塞尔举办的部长级会议将结束关贸总协定乌拉圭回合的谈判。长期议程中的很多问题已取得大幅进展，但农业问题使得会议止步不前，其主要障碍就是欧共体。欧共体农业贸易政策是由农业部长们决定的，英国也是如此。在由克里斯托弗·罗伯茨主持的关贸总协定谈判组中，我经常和自以为是的农业部长理查德·帕克争论不休（副部长理查德·卡登则更通情达理一些）。最关键的问题是该降低哪些方面的壁垒。粮食出口国，如澳大利亚领导的凯恩斯集团以及美国，坚持要求与会国做出承诺，分别减少粮食进口壁垒、出口补贴和国内支持力度。而欧共体只愿意减少最后一项，他们认为，这一举措自然而然地会导致进口的增加，并使得出口补贴毫无必要。这一分歧在经济合作与发展组织部长级会议期间已导致了公开的争执，现在休斯敦会议再一次提供了解决纷争的机会。

玛格丽特·撒切尔研究了她的报告并制订出一套方案，她相信这套方案能够重启谈判。让我们感到意外的是，她在峰会会议上介绍了这一方案，而通常情况下首脑不会参与宣言的起草。布什也大吃一惊，但还是同意协调员们随后准备宣言时应该参考她的发言。这一过程占据了整晚的会议，而我必须就贸易协议的具体内容进行谈判。我们在非农业领域进展顺利，都同意通过多边方式解决贸易争端，并加强关贸总协定争端解决机制。这就意味着美国不能再单方面地实行其贸易法案。作为一个机构，关贸总协定还比较弱小，因此我们达成共识，在乌拉圭回合谈判结束后，将其建设成更加强大的多边贸易机构。我努力维护首相在农业上的观点，并得到了欧洲委员会的大力支持，这的确比较幸运，因为贸易领域才是该委员会的职责所在。我们最终达成了一份协议，从表面上看，这份协议可以说是将欧盟的立场与美国的方法相结合。

下一议题是环境问题。巴黎峰会解决了国内政策方面的问题，休斯敦会议将重心转向了气候变化、生物多样性等全球性问题。苏联的解体减少了探讨这种全球参与性问题的阻力。然而，如今美国与所有其他与会国之间的分歧却凸显出来。欧洲的消费团体是其政策的主导者，他们对地球面临的种种威胁十分担忧，因而强烈要求采取措施避免威胁的发生。但是美国在生产能源和食品方面能够谋取巨大的利益，因此不愿承认环境问题的存在，更不愿采取正确的应对措施。尽管如此，布什总统仍极力支持科尔提出的巴西森林保护计划。奈杰尔·威克斯在会议桌上整晚都在解决环境协议文本问题。然而，该协议文本只是掩饰了美国与其他与会国之间的矛盾，而且由于森林保护的提议尚未同巴西方面商议，对此提议也只是轻描淡写，草草略过。

第二天，会议在中欧问题上取得显著进展，首脑们颇为欢欣鼓舞，布什总统称之为"新的世界秩序"。然而，随后谈及苏联问题时，大家又开始莫衷一是。苏联经济每况愈下，科尔、密特朗和撒切尔都希望向戈尔巴乔夫伸出援手。欧洲理事会在6月决定委员会应制订一份计划，对苏联实施集体经济救援。欧洲国家希望七国集团的其他成员国也加入其中。但是，美国筹备休斯敦会议时仅仅在中欧领域上做了准备，并未考虑苏联问题。布什认为，美国国会不会通过资金援助的提议，因此不愿提供援助。日本首相海部认为，只要领土争端一日未解决，就不会帮助苏联。但是，各方大致同意在委员会开展工作的同时，一些国际机构应针对苏联经济改革和西方援助标准上写出一份报告，这也是该领域达成的唯一共识。与去年峰会相比，休斯敦峰会效率低下，会议期间争论不休。这就使得明年峰会的东道主——英国筹备组压力巨大。

外交部的高官经常在圣诞节为部门员工及外部联系人举办派对，而我和罗杰·卡里克则喜欢在夏天峰会顺利结束后就举办，这次的休斯敦峰会也是如此。但在派对的前天早上，我肚子疼得难受，不得不回家躺在床上。这时弟弟戴维打来电话说，85岁高龄的母亲在开车前往切尔滕纳姆去看望他时出了车祸，经历了不小的震荡，所幸没有大碍。戴维已经接她出院并送回家。我们都希望她能像往常一样马上恢复过来，渡过难关。

第二天，我的病还是没有好转，便去看医生。帕里医生让我躺下，紧压我的肚脐，疼得我忍不住尖叫。他说："你患了急腹症。"接着打了一通电话。我感觉一眨眼的工夫就被送到了金斯顿的新维多利亚医院，以便外科医生贾勒特先生尽快开始手术。醒来后，他告诉我急性憩室炎导致结肠穿孔，还好及时做了手术，否则后果不堪设想。他检查了感染情况，我已经脱离了生命危险，但在未来几周内还得进行两场手术。医生没有告诉我发病原因，但我觉得应该是峰会期间操劳过度，压力太大，而且不适应德州的食物造成的。我的身体略有好转后，迪伊告诉了我母亲去世的噩耗。在戴维家休养时，她的身体已渐渐衰退，送往医院后因肾衰竭，不幸去世。我悲痛万分，独自一人在医院病床上缅怀。然而祸不单行，更大的灾难还在不远处等着我。

到了周末，查理过来看望我。到目前为止，他已经在环境部工作了6个多月，而且成绩显著，已成为噪声评估工作小组的秘书。该小组由专家组成，致力于减少社区的噪声污染。他工作勤奋，该部门在工作评估初步报告中对他的表现非常满意，因此收到环境变化部门的邀请，即将转入该部门。查理抓紧周末的空闲时间去了爱尔兰和根西岛，正准备在夏天休假时去巴尔干半岛，这一计划也得到了迪克的支持。最近和哥哥克里斯托弗一家的聚会中，查理和卡罗琳讨论在伦敦一起购置一间公寓，他的未来看起来一片光明。

距查理拜访我两天后，贾勒特医生告诉我马上就可以回国了。我打电话给迪伊想告诉她这个好消息。但她的语气听起来非常悲痛。"怎么了？"我问道。"查理出事了，"她说，"他不在了。"查理在中午左右下班回到家，感到非常不适，呼吸困难。迪伊帮他躺在床上，仍不见好转。她越来越担心，马上就给帕里医生打电话。医生很快赶到，并叫了救护车。但是在救护车到达之前，查理已躺在迪伊的怀中去世了。查理患的是病毒性肺炎，很有可能是在看望我的时候感染的。作为残疾人，他对这种病毫无抵抗力。

不久我终于出院了，可以和迪伊在家中互相安慰，一起准备查理和母亲的葬礼。我们先开车去了长康普顿，在教区教堂为母亲举行了仪式，很多世交故友都参加了葬礼。接着，我们兄弟三人将她的骨灰撒在了教堂附近的墓地里，我们的父亲也是这样安葬的。我们发现了缅怀二老的好方法。长康普顿最显著的地标就是茅草覆盖着的停枢门，门旁有个花园，那是我父亲一生的心血。我们在停枢门的墙上挂起了一块匾，记录着二老在村庄度过的漫长时光以及他们对教堂的支持。

哥哥克里斯托弗和嫂子安妮帮我们在彼得沙姆的教堂为查理举办了体面的葬礼，这一点让我们感激不尽。他们找来了一位牧师主持仪式，一位音乐家演奏风琴，还精心布置了花饰。小小的教堂挤满了查理忠诚的朋友，他们来自伊顿、剑桥等地。我在外交部的同事们也来了，而当天国际形势上发生了重大事件——伊拉克侵略科威特，他们却仍能抽出时间赶到这里，让我十分感动。迪克朗读了一首诗——《航海者》，这是查理最喜欢的盎格鲁—撒克逊诗歌之一，也正是这首诗强烈地激发了他四处旅行，游览未知远方的欲望。葬礼过后，我们邀请了他的朋友回到我们在切特温德的家，在阳光下，他们漫步在绿地和公园中，分享与查理有关的点点滴滴，为他的离去饮酒缅怀。

接下来的三个月，我去了两次医院，贾勒特医生为我切除了一英尺的结肠。我得度过几段康复期，也回部门工作了一小段时间。威廉·华莱士和他的妻子海伦非常慷慨，把他们在布拉德福特附近索尔太尔的家借给我们暂住一周，我们在长康普顿的麦芽坊也度过了一段时间。我们将查理的骨灰撒在灌木公园他最喜欢的几棵树下以及北德文郡的峭壁上。《噪声评估》已经出版并上交了议会；议会主席对查理坚韧的毅力和努力工作的精神明确地做出了高度评价。多亏议员托比·杰塞尔的帮助，我们能在众议院的走廊上听到查理的业绩得到托比、杰弗里·豪，还有戴维·特里皮尔这位负责的部长的肯定。

这段时间，我和迪伊终于慢慢地接受查理去世的事实。查理是我们心中的痛，却也是我们的骄傲，因为他是如此的优秀。他身残志坚，在剑桥大学度过了充实的光阴，取得了优异的成绩，也交到了许多朋友。尽管行政部门工作要求苛刻，他依然能完成任务，克服挑战。通过一次比一次更加冒险的远征，他收获了心灵的满足，他的红色货车在短短的不到 5 年的时间里就行驶了 7.4 万英里。他在身体活动方面要完全依赖那些志愿者，这对他们的要求很高，是个不小的挑战，但他们总是无私奉献，尽心尽力地帮助他，从未让他失望。的确，查理总能把身边的人内心最美好的一面挖掘出来，因此我们总会得到来自外交部、三一学院、环境部等其他很多方面的支持与帮助，他们的善良慷慨，我们永远铭感不忘。这么多年来，查理的内心并没有改变，还是当初的查理：幽默风趣，想象丰富，思想独立。

经过家里长时间的讨论，我们决定用两种方式纪念他。首先，我们将他写在电脑上的所有文字提取出来，为出书打下基础。我们不确定是否应该公开他一直保密的内容，但发现他其实没有什么不光彩的秘密。迪克开始从查理的日记、信件、诗歌等其他作品中挑选出部分，并进行编辑。整合完成后，一卷名叫《旅行者》的书终于问世了，这本书是私人印刷的，为了让查理表达自己的思想，我们加进去的过渡段落很少。其次，我们建立了一所慈善机构——"查理·贝恩旅行信托机构"，玛格丽塔·斯普福德给了我们很有价值的指导，他本人为剑桥残疾学生建造了一家旅馆，取名为"布丽奇特旅馆"，以纪念她的女儿。由于查理去世时是一位在职公务员，他所在的部门发放了 2.5 万英镑死亡抚恤金，我们将这笔钱用作信托机构的捐赠基金。这所机构将为剑桥的残疾学生在国内外的旅游提供资金。汤姆、迪克以及一些剑桥的朋友是受托人，哥哥克里斯托弗是财务主管。从 1992 年起，信托机构每年都帮助 6 名受益人，给他们每人提供 100—500 英镑不等的旅游基金。他们有的体验了英国各地的过山车，有的在埃塞俄比亚做调查，有的前往白俄罗斯做慈善工作。我们相信，查理会在天之灵支持着他们。

11 月初，我回到外交部工作。迈克尔·杰伊已接任约翰·克尔的欧洲事务副局长一职，为迎接我回来，杰伊还举办了一场酒会。酒会上，他告诉我他认为玛格丽特·撒切尔首相的位置撑不了多久了。我颇为震惊，但马上明白了他这样推测的依据。撒切尔施加的人头税已让她失去人心，而她对欧共体的批判也越来越尖锐。迈克尔·赫塞尔廷领导的一群保守党人士认为她已成为保守党竞选的累赘。杰弗里·豪也主动辞职，并在辞职演讲中大肆攻击她的领导能力。如果说赫塞尔廷的角色犹如反对凯撒大帝的卡西乌斯，那么杰弗里·豪就是反对势力中的领导者布鲁图。他迫使赫塞尔廷公然向撒切尔叫板。我听过环境部长彭定康的演讲，其结果正如人们从第一轮较量中就预测出的一样。所有观众，甚至演讲者自己，都对演讲内容心不在焉。接着人群出现骚动，大厅一片嘈杂，大家喊道：她虽在投票上领先，但也没领先多少。两周后玛格丽特·撒切尔果然下台了。对此我并不遗憾。她早期执政时的确对英国经济进行了改革，但现在却将矛头指向了外交部。"大家都知道，我不是外交官，"她曾说，"这个国家的外交官已经够多了！"她总是在寻找敌人，享受战胜的快感，而如今唯一可能的假想敌就是欧洲其他国家的领导人。我很高兴，约翰·梅杰能接替她，他解决问题更倾向于调节的方法。但撒切尔遗留下的好斗之风最终毁了他的政治生涯和所领导的政府。

关贸总协定贸易谈判在 11 月达到了高潮，这次举行的部长级会议计划为乌拉圭回合谈判画上句号。我和克里斯托弗·罗伯茨在本次会议中共同支持贸易和工业部长彼得·利雷。会议在布鲁塞尔的海瑟尔展览中心举行，旁边就是足球场，这是个不祥之兆，而这也的确是我参加过的最糟糕的国际会议。休斯敦会议制订出的农业方案没多久就以失败告终，因此这次会议的筹备工作让人担忧。欧共体还是只愿在国内农业支持方面做出让步，招来美国等粮食出口国的强烈不满。由于在农业上未达成一致，议程中的其他内容，包括服务业和争端解决机制也只能暂时搁置。在海瑟尔会场，欧洲代表和其他地区代表分开，单独坐在一起，讨论时言辞激烈，针锋相对。而且我们必须穿过走廊才能和澳大利亚或美国等代表联系，而走廊上挤满了媒体记者，一旦被认出来，就会被团团围住，动弹不得。

会议第一天出师不利，我和彼得·利雷还有克里斯托弗决定出去吃晚餐，放松一下。利雷的私人秘书也加入了我们，不料我们走回旅馆的时候，她的手提包突然被抢，部长利雷马上追了过去，但没有抓住劫匪。第二天，谈判仍然举步维艰，虽然欧共体终于愿意在农业进出口补贴方面采取措施，但这一让步幅度太小，并且为时过晚。拉丁美洲代表愤然离席，会议戛然而止。事实上，美国国会给予的谈判授权会在1991年3月失效，因此整个回合的谈判都可能功亏一篑。所幸欧共体最后终于有所领悟，承诺愿意将贸易壁垒与出口补贴放在与国内支持同等的位置进行谈判，并计划对共同农业政策实行根本性改革。另外，美国政府说服了国会将授权延期两年，谈判终于回到正轨。

1991年1月，英国负责召开西方七国首脑会议。我和奈杰尔·威克斯、休·埃文斯着手进行筹备工作，我负责经济宣言初稿，对我们希望达成的成果给出大致的框架。我们面临的最大困难就是要保持议程在掌控范围之内。海湾危机导致能源供应问题迭出，所幸这件事在会前已经稳妥解决；很多工业发达国家已进入经济衰退期，但其应对措施由其财政部长而不是峰会负责。海瑟尔会议并未解决贸易问题，因此贸易将成为本次会议的主要议题。另外，联合国环境与发展会议将于1992年6月在里约举行，因此环境议题也是一大重点。此外，约翰·梅杰将债务问题也纳入议程之列，从而促进实行他作为财政大臣时提出的一个倡议。中欧虽然在脱离苏联的初期情绪高涨，干劲十足，但现在经济上也是困难重重，需要更多的帮助。1990年8月，玛格丽特·撒切尔曾公开提议让苏联也参与会议，梅杰认可了这一做法，而且大部分官员认为这很有必要，只是就我个人而言还有些担忧。约翰·梅杰希望将这一过程简化，避免议程过于烦琐。但这是他作为政府首脑首次主持峰会，提出这样大胆的改革他也难免有些顾虑。

为人傲慢的阿塔利调任欧洲复兴开发银行工作后，奈杰尔·威克斯主持协调员会议就顺利多了。其中，许多协调员日后都大有作为：罗伯特·佐利克，这位颇有魄力的新任美国协调员，后来担任世界银行行长；帕斯卡尔·拉米，原来是欧共体委员会协调员，后来担任世界贸易组织总干事；霍斯特·克勒，先是国际货币基金组织的总裁，随后担任德国总统。我会负责一些副协调员，他们意气相投，我对他们也都非常了解。蒂姆·

迪尔、阿洛伊斯·耶洛内克、皮埃尔·布瓦西厄、霍斯特·卡伦斯勒，再加上两位非常能干的同事——弗朗西斯科·阿洛伊西（意大利人）以及路易丝·弗莱切特（加拿大人），他们一起组成了这个大家庭。首次筹备会议在伦敦附近一栋庄严的小别墅——布罗克特大厦举行。第二次会议，我们设在了香港，想让同事们感受一下香港正在取得的巨大进步。随后，西蒙·布罗德本特和我一同前往印度尼西亚、澳大利亚和新西兰。罗杰·卡里克当时正担任英国驻印尼达大使，对我们的到来盛情款待。尽管印度尼西亚人口众多，不易管理，但这个国家对加强国际联系却非常活跃。访问堪培拉和惠灵顿时，我提及欧共体在关贸总协定谈判中终于愿意在农业上做出让步。但澳大利亚方面仍斗志旺盛，想寻找机会羞辱欧洲国家，从而迫使他们采取行动；与之相比，新西兰更愿意接受调解，态度比较温和。

峰会于 7 月中旬在伦敦兰卡斯特宫举行。我们本想考虑其他省中心，但没有一个符合我们对会场、旅馆以及交通的要求。然而，峰会开幕的前一天晚上，发生了灾难性的意外。兰卡斯特宫外的一段输水管道爆裂，大量的水溢到前院，水已经到了小腿的高度。应急服务机构整夜开工，倒入速凝混凝土，第二天早上，一切终于收拾完毕，完全没有洪水的迹象。之后，事情进展都很顺利。首脑们第一天在伦敦塔上享用晚餐，最后观看了十点举行的伦敦塔锁闸仪式（可惜的是由于密特朗总统晚宴时迟到了 45 分钟，大家后来不得不匆忙用膳）。第二天晚上，他们受女王邀请来到白金汉宫，并观赏了绚烂的烟花表演。

正如休斯敦峰会一样，伦敦峰会第一天关注的是经济议题。在贸易方面，我们去年试图根据乌拉圭回合谈判草拟出具体的贸易条款，但后来证明这只是徒劳，因此今年我们决定放弃这一方案。我们专注于让在场的首脑们做出个人承诺，从而在年底之前结束这一回合。这一方案在随后出版的峰会宣言中体现出较好的效果。但在真正谈判中，密特朗和科尔都一言不发，只有他们的部长会插上几句话，这是一个不好的预兆，后来果然应验了。接近年底的时候，约翰·梅杰、雅克·德洛尔以及荷兰最高领导人吕德·吕贝尔斯都费尽周折，使欧洲采取更灵活的策略从而达成共识，唯独法国和德国避而远之。最终，乌拉圭回合谈判又拖了两年，直到 1993 年才结束。

环境方面，美国还是闪烁其词，但我们说服他们同意在即将举行的联合国会议上达成一份关于气候变化的框架公约，并通过世界银行的环境机构调动财政资源解决环境问题。在 1992 年里约的联合国大会上，我们都遵守了承诺。伦敦峰会期间，我们也一致认同：框架公约应服务于两个宗旨——保护森林以及维护生物多样性。不料，在联合国会议上发展中国家却反对第一条，而美国也不愿遵守第二条。

其他经济议题进展得顺利些。许多贫困国家依然没有解决七八十年代遗留下来的债务问题。1988 年多伦多峰会决定，如果这些国家能遵守国际货币基金组织的规划，他们可享有 1/3 的债务减免。这些"多伦多条款"包括援助贷款和政府担保的出口信贷，但并不是所有西方七国都愿意提供债务减免，该条款的局限性马上显现出来。1990 年，约翰·梅杰在特立尼达拉岛举办的英联邦财长会议中提议，贫困国家的债务减免应覆盖到一半甚至 2/3 的债务。"特立尼达条款"受到美国和日本的抵制，他们反感免除政府贷款的做法。但梅杰在伦敦峰会中还是促成了 50% 债务减免的协议，自伦敦会议后，以后的峰会还将多次回归到这个议题。最终 2005 年格伦伊格尔斯峰会决定，政府及国际货币基金组织、世界银行等机构应对重债穷国实行 100% 债务减免。

中欧在过去两年间得到了大量援助，其成果引人注目。24 国集团已调动 310 亿美元用于双边援助和财政支持，而新建的欧洲重建开发银行已开始提供贷款。但迄今为止，这些国家的大部分出口商品都销往苏联，苏联的一些问题也制约了他们开放性经济的发展。因此，峰会专注于帮助他们打开欧洲市场，这样也会反过来帮助他们吸引外资。欧共体随后在年内同波兰、匈牙利和捷克斯洛伐克均签署了联合协议，美国也启动了类似的项目。

第二天，西方七国首脑就苏联的情况进行磋商，后来邀请戈尔巴乔夫总统加入。这一邀请使得协调员们忧心忡忡，议论纷纷。戈尔巴乔夫在苏联的经济改革毫无成效，直到 4 月香港筹备会召开期间，大家都认为，让他加入峰会是不太可能的。之后，他发动了外交攻势，采取了一系列哈佛顾问团队推荐的措施。七国集团首脑进退两难：他们一方面想激励戈尔巴乔夫坚持改革；另一方面他们也了解戈尔巴乔夫的权力正在减少，而鲍里斯·叶利钦和苏联加盟共和国的其他领导人正逐步掌权。最后，他们决定邀请戈尔巴乔夫参加峰会并提供经济合作，但除非他拿出明确的措施促进经济改革，否则西方国家不会提供财政援助。我当时是支持这一决定的，如今想来实则是着错棋。首先，这对戈尔巴乔夫毫无益处；其次，建立了邀请苏联领导人的先例，这一不受欢迎的举措也削弱了峰会作为经济机构的职能。

我参加了在外交部举行的会后派对，我们也邀请了很多帮助举办峰会的朋友们。此外，我还参加了唐宁街 10 号的招待会。不久后，我和迪伊到法国蓝色海岸度假，住在芒通后面一座山上的房屋里。汤姆、克莉丝汀和快两岁的菲利克斯加入了我们，不久迪克也来了。他当时正和一些朋友在勃朗峰远足，然后走了两百多英里才来到我们的度假屋。几天后，我们到芒通买报纸，才吃惊地看到针对戈尔巴乔夫发动的政变。9 月，我回到英国工作不久，三个波罗的海国家就取得了独立，这距离查理加入他们的人链行动已经有两年了。苏联似乎就在我们眼前正土崩瓦解。我计划去一趟莫斯科了解情况，判断接下来形势的发展。但在此之前，我终于实现了拖延已久的访问中国的目标。

我和西蒙·布罗德本特先去了东京和香港。日本方面担心俄罗斯的局势，而香港对中国内地的信心有所增加。接着，我们去广东省省会广州，一路上都可看出香港的投资对该地区繁荣的贡献。我们了解到，广东经济的迅速发展使其享有很大的自主权，但当地政府谨言慎行，避免冒犯中央。在广州，新旧事物共存，形成了奇妙的景象：既有摩天大楼、豪华酒店、颇具异域风情的市场，又有古老的宝塔和英国商人曾住过的房子。我们品尝了当地的特色佳肴——蛇，不过只是喝了蛇汤。

我们乘飞机来到北京，当地官员的态度不冷不热，最后一次晚宴时我才遇到了外经贸部（对外贸易经济合作部）一位比较热情的高官，他向我解释了中国逐步实现开放型经济的计划。北京街上比较拥挤，人们都骑着自行车，偶尔有几辆载着卷心菜的货车驶过；这是唯一能储存到冬天的蔬菜了。周日早上参观完紫禁城后，驻华大使麦若彬带我们去郊外游览明十三陵。我们在明朝末代皇帝的墓旁野餐，这里杂草丛生，远离首都的喧嚣。离开北京前，我买了一顶裘皮帽，因为不久后我将在加拿大担任下一个职务。

我们能明显地感受到中国目标的明确性，但在苏联，我和西蒙却发现这个国家正游走在崩溃的边缘。莫斯科外交部的官员们向我保证苏联会挺过来，但我认为这只是自欺欺人。德里克·布雷思韦特与鲍里斯·叶利钦的亲信以及刚起步的私营部门的人员交情都比较好，我们从他们那里得到的信息更具合理性。我们动身去列宁格勒前抽空去了莫斯科大剧院观赏歌剧《黑桃皇后》。在列宁格勒，我们发现总领事芭芭拉·海在一家旅馆订了两个房间。一间供办公和居住，一间全是通信工具。列宁格勒是重工业中心，主要生产和供应军备，面对剧变后的俄罗斯，其适应过程将十分艰难。价格管制会导致一些畸形的经济现象：一位商人从塔吉克斯坦首都杜尚别乘飞机到市场上销售一袋柠檬，因为飞机票居然几乎是免费的。

在莫斯科，叶利钦的经济部长叶戈尔·盖达尔制定的俄罗斯经济策略让我们印象深刻。这比戈尔巴乔夫提出的所有策略都更有可行性。盖达尔提议，首先取消所有的管制价格，使物价达到市场正常水平。这一轮整改后，通过紧缩的货币政策控制通货膨胀，届时俄罗斯大部分工业已完成私有化改革。该策略成功的可能性很大，并随后被波兰的波塞洛维兹效仿。盖达尔在1992年1月正式提出这一策略，但维克多·格拉申科从中破坏，我们1989年见过他，如今他是中央银行行长。他并没有收紧货币政策，而是反其道而行之，导致通货膨胀持续恶化。俄罗斯的经济改革至今没有走出这次挫折的阴影。

苏联的衰退导致了一个更加直接而紧急的危机。随着政府丧失权威，经济体制渐渐停止运作。苏联债务缠身，止步不前，医院设备缺乏，农业大量减产，饥荒迫在眉睫。西方大国不愿看到欧洲人民在饥饿和疾病中结束社会主义。当时英国仍在主持峰会，我们便重启筹备体制以解决这些问题。奈杰尔·威克斯和休·埃文斯发起关于债务延期偿付的谈判。我召集了副协调员团队，结合美国、欧共体和加拿大提供的救助，协调紧急食物救援。截至年底，我们共调动了150亿美元帮助俄罗斯及其他苏联加盟共和国的成员国。

1992年1月是我作为经济局局长最为忙碌的一个月，我保存下来的工作日记足以证明。美国召开部长级会议，邀请了所有可能对苏联实行人道主义援助的国家。这也就意味着我得前往华盛顿两次，先是官员筹备会议，接着是部长级会议。我参与主持了粮食援助官方小组会议，并向各国部长做了报告。我们的研究结果表明，捐助国已保证了充足的粮食救助，并随时可以运往苏联国家。目前的难题就在于俄国和其他苏联国家如何分配这些物资。会议最后举办了部长新闻发布会，道格拉斯·赫德没能准时赶到，让我代他出席，这给了我难得的在电视新闻中露面机会。

这一年轮到德国主持峰会，德方组织了一个小组从法兰克福飞往白俄罗斯的明斯克,向援助受益国解释华盛顿会议成果。这是前加盟共和国脱离苏联以来,我们第一次有机会同其他国家官员会晤,尤其是亚洲相关国家,凯文·特比特是新任的经济关系部部长,在谈话中他熟练的土耳其语得到了充分发挥。我们告知他们粮食救助已准备就绪,如何分配完全由他们定,但其中很多新任官员不太明白,还好这并没有大碍。盖达尔的物价改革付诸实施后,农业生产迅速恢复,危机终于解除了。

　　德国在彼得堡酒店举行了首次筹备会议,希特勒和内维尔·张伯伦就曾在这个酒店会晤,这是我参加的最后一次筹备会。我离开经济合作与发展组织和24国集团时分别在巴黎和布鲁塞尔参加了告别会。我还抽出时间前往渥太华考察,判断自己是否适合加拿大的工作。终于我逐渐地放慢了脚步,并在1月将工作交给了继任者布赖恩·克罗。他经验丰富,曾在华盛顿工作,并在布鲁塞尔执行过欧共体任务,我相信他能在这个岗位干得很出色。在我担任经济局局长期间,世界形势发生了历史性的变化,欧洲社会主义体制土崩瓦解,这对于欧洲甚至世界范围内的经济体制都产生了深刻的影响。此后,经济外交将席卷全球,无一例外,并因此将涵盖新的主题,吸引大量新的参与者,并逐步渗透到各国国内政策中,产生前所未有的影响。

第十七章　出使加拿大

在任职经济主管的第三年，我开始思考下次极有可能也是最后一次出国任职的地点。经过最近的制度调整后，原先的直接委派任命改为自主申报。我在决定前往七国集团中的一个后，把各个成员国都仔细考虑了一遍：我的级别尚不够选择华盛顿，而且罗宾·伦威克已被任命前往那里；巴黎、柏林和东京的可能性较大，但因克里斯托弗·马拉比、奈杰·布鲁姆菲尔德和约翰·博伊德对这三处十分中意，我决定不与他们竞争。

相对而言，渥太华对我的吸引是多方面的：我十分欣赏曾经一起共事的加拿大协调员，我也从未在西半球工作过；在魁北克省我还能说说法语。并且相对的，我有较大的自主决定权，不会受到过多的干涉。在1992年4月，英国大选的前两天，在我被正式任命为驻加拿大高级专员后，这片热土向我敞开了怀抱。因为加拿大国家元首也是英国女王，我的任职国书并未由她签署，而是由时任英国首相约翰·梅杰向时任加拿大总理的布赖恩·马尔罗尼发出了一封推荐函。同为保守党人士的马尔罗尼在与我会面时说道，尽管与许多人意见相左，他依然坚信梅杰能获得（首相的）连任。事实证明，他是对的，然而，他对自己党派的预言却没有那么准确。本章将主要介绍在加拿大的政治活动，相关的经济活动在下一章节中涵盖。

我和迪伊在加拿大任职期间广交益友，确实十分愉快。我深感与加拿大的同事们志同道合：朴实沉毅、一心为公、默默奉献是他们的常态，一点点夸赞就足以使他们脸红。

加拿大地域十分辽阔，在面积上仅次于俄罗斯。以渥太华为中心，向东、向西辐射出的两省分别是安大略省和魁北克省。往东就是濒大西洋诸省，由南向北依次为说英法双语的新不伦斯威克省，有着苏格兰林克斯球场的新斯科舍省，较小的爱德华王子岛省和偏远的纽芬兰省。向西则是广袤的加拿大高地区，岩层坚硬，少有矿藏，几乎全被成片的森林和湖泊覆盖。西南部是加拿大的草原诸省，由东向西依次为马尼托巴省（Manito-ba）、萨斯喀彻温省、阿尔伯塔省和濒临太平洋的英属哥伦比亚省。尽管加拿大的国土向北远远超出了北极圈，国内主要的定居点大多分布在与美国国境相近的南部地区。这样一来，我四处旅行的机会唾手可得。有了迪伊这个长期旅伴，我们几乎把加拿大游览了一个遍。

渥太华是除乌兰巴托外全世界最寒冷的首都。我们对这种天寒地冻的天气颇为享受：大地银装素裹，河流冻结成冰。在此期间，我甚至还学会了越野滑雪。但鉴于这里冬季太长，我们打算 4 月前往温哥华，感受一下新春的草长莺飞，百花盛开。4 月以后，我们的旅行计划就要开始了。我强烈建议所有的省每年都至少要去一次，多伦多和蒙特利尔尤其要多去，偶尔还应该前往美国。值得一提的是，许多老友和故交前来看望了我们。汤姆带着全家到大西洋海滩边度假，包括他新得的小孙子罗兰和小孙女克劳迪娅；迪克带着他的女友娜塔莎和我们一起在充气小艇里待了整整一个星期，沿着丽都运河一路漂流直到安大略湖；最让我印象深刻的还是加拿大政府为代表团外交长官们安排的"北方之旅"。在仲夏时节的整整一周里，我们游历了加拿大西北地区和育空地区。向北行过林木线后，我们经历了三日的极昼。我们还飞过了北极的上空。北极最早的标定者是我的远方叔叔詹姆斯·克拉克·罗斯。当我拜访这片冰封的土地时，这位了不起的探险家经历的磨难让我感同身受。我也对目前北方面临的问题略有了解，包括高纬度采矿、皮毛偷猎以及因纽特人、德内印第安人所面临的问题等。

常有人说，"加拿大地域广博而历史稀缺"，我们却不能赞同。即使在加拿大最偏远的地区也有着历史遗迹。在纽芬兰最北部的朗索梅多大草原上，我们游览了维京人定居处的泥棚屋，以及矗立在新斯科舍省宏伟壮观的路易斯堡堡垒，在重新修整后焕然一新。1785 年这座堡垒被攻陷后，詹姆斯·渥夫把这里改成了攻打魁北克的司令部。来到马尼托巴省后，我们一路探索哈德逊湾公司的旧址。我们最先到达温尼伯，在那里我们参观了公司最早的档案室和市博物馆里陈列的该公司于 1670 年试航的第一艘船——"无双号"的复原船。接着我们乘机行北飞来到哈德逊湾，抵达冰封海岸线边的丘吉尔港。哈德逊公司巨大的石砌堡垒依然存留，一度威风的加农炮上覆盖着皑皑的白雪。威尔士王子堡的修建花了整整 20 年，然而在 1783 年，法军中队没费一兵一卒就将其纳入囊中。这些反映了加拿大与英国历史渊源的遗迹比比皆是，我们这些人，也将变成这种渊源的一部分。

我们在渥太华的住处厄恩斯奇利夫公馆，曾是约翰·亚历山大·麦克唐纳爵士的别墅。这位加拿大现代建筑师在 1867 年 7 月 1 日（今加拿大国庆日）宣布了加拿大东部诸省联邦的成立。20 年以后，他又通过加拿大太平洋铁路把英属哥伦比亚与东部联邦相连，同时开辟了曾为哈德逊湾公司所有的大片中部土地。时至今日，约翰爵士的图书馆、餐厅，甚至他去世的那间卧室都仍供人们使用。加拿大民俗村由圣劳伦斯河岸一排房屋组成，这些 19 世纪的建筑在开挖海上通道引发的洪水中幸免于难。民俗村里有农场、锯木厂、面包厂和奶酪工场，甚至还有一座旅馆，向游客供应 19 世纪风味独特的食物。在伊丽莎白女王诞辰（至今仍是加拿大法定假日）那天，我和迪伊参加了拜访总督和总督夫人的历史纪念活动。

两次世界大战中，加拿大都为保卫英国国土做出了杰出贡献。1994年，女王与加拿大首相让·克雷蒂安在伦敦会晤时我也在场，他们提出，要在绿园设立一座加拿大纪念碑。一年之后，英国国防部长尼古拉斯·索米斯（温斯顿·丘吉尔的外孙）在渥太华的战争纪念馆立起一块石碑。尽管第二次世界大战已经结束了 50 年，这宝贵的历史遗产依然象征着英国人民对加拿大人民的无尽谢意，也成为英加两国良好外交关系的开端。现今许多人都拥有加拿大和英国的双重国籍，渥太华也成为除堪培拉外签署英国护照最多的地方。

在加拿大，苏格兰人大多居住在大西洋沿岸，爱尔兰人集中在多伦多，而英属哥伦比亚的英格兰人又属全加最多。在渥太华总督和各省副总督都对英国皇室表现出了实实在在的尊敬。我提醒自己注意，不要成为他们与皇室间沟通的障碍；在有皇室成员前来拜访我时也保持低调。有一次，我与新斯科舍省副总督一起参加加拿大国庆庆典活动时，我也向哈利法克斯军乐团敬礼。加拿大议会，不论是联邦级的还是省级的，都对英国的体制进行了相当多的仿效，与英国议会的交流也十分频繁。许多加拿大的省会模仿渥太华修建了圆形议会大楼。只要来到议会，我就会访问当地的议会首脑、发言人以及反对党领袖，与他们会面。

在几次令人激动的参观后，我发现军队和情报机构之间的联系十分紧密。在阿尔伯塔省的萨菲尔德（汤姆曾在那里工作过几年），我参观了英军装甲部队的实弹演习。天还没亮我就起来了，在壮观绚丽的北极光下，观看成列的坦克成功俘获最后的目标。远处没有落弹打扰的地方，叉角羚在静谧的草原上奔跑。在我参观拉布拉多的古斯贝时，皇家空军的龙卷风战斗轰炸机正在进行低空飞行训练。机翼掠过一望无尽的沼泽和森林，除了北美驯鹿外杳无声迹。我搭乘上了一架 C30 大力神运输机，由坐落于格陵兰岛冰川间的图勒空军基地飞往位于阿勒特的加拿大空军基地。这个纬度高达 82 度的军事基地，屹立于冰川之上，鸟瞰终年冰封的北冰洋，是全球最北的定居点。我曾在那里见过一匹狼——冰川上的常客，那时似乎还没有任何全球变暖的迹象。

加拿大在文化艺术方面的卓越成就常源于英国文化的启迪。比如，我们常去两个全北美最值得欣赏的戏剧节：一个主要展演莎士比亚戏剧，在安大略省的斯特拉特福举办；另一个展演乔治·萧伯纳的所有剧目在滨湖尼亚加拉（瀑布下游）地区举行。在音乐方面，加拿大管弦乐团也常常演奏英国作曲家的作品。在文学方面也是如此，加拿大作者的小说在英国甚至比本土更为热销。英国文化委员会在渥太华展出安尼施·卡普尔的雕塑作品后，加拿大国家美术馆购买了一尊收入馆藏；后来该馆又展出了一系列女王的肖像，这还是皇家珍藏首次在国外进行展出。

在我出使加拿大之前，英联邦国家间关系的广泛是我前所未见的。不论是参观设立在温哥华的英联邦学习联盟，还是参与在班夫召开的联邦议会协会的一次会议，都让我深有感触。最引人入胜的还要算 1994 年在英属哥伦比亚举办的英联邦运动会。在那段时间，我和迪伊在维多利亚市老式的女皇酒店住了两个星期，时不时地为来自英格兰、苏格兰、威尔士、北爱尔兰、泽西、根西岛和地曼岛的各支代表队加油鼓劲。这是我有史以来最美妙的外交经历，在确定 2002 年的英联邦运动会将在曼彻斯特举行后，我心情更是妙不可言。

为了处理好庞杂而又瞬息万变的外交事务，我建立了一个高效的团队，成员分散在加拿大各地。我在渥太华的助理名叫布鲁斯·丁威迪，在我外出访问时，他承担了大部分工作；第一、第二任经济参赞分别是理查德·费尔和博伊德·麦卡利；政治官员先后由道格·斯科拉夫顿和帕特里克·霍迪克担任，在我进行省级访问时，通常需要他们陪同；贸易投资促进的相关工作通常交由经验丰富的驻多伦多总领事彼得·戴维斯处理。我们的老友艾弗·罗林森随同驻蒙特利尔总领事艾伦·克拉克处理各项事务，后来艾弗对魁北克的政局深表欣赏。先后驻温哥华的总领事托尼·乔伊和布莱恩·奥斯汀尽管没有外援，也都能独当一面；我们的团队还包括三名名誉领事：弗兰克·史密斯、莱斯·斯特劳恩和杰克·西格涅，他们三人分别在约翰爵士公馆、哈利法克斯和温尼伯常驻。他们忠心的协助赢得了我们长久的友谊。正是为如此，我才得以申请为后两位授予帝国勋章。

瓦内萨·海因斯，一位加拿大外交官的妻子，一直担任我们在厄恩斯奇利夫公馆的社交秘书。在她升任高级专员公署的信息官员后，这一职务才由帕特·罗宾森接手。为我们提供家政服务的员工来自世界各地。男管家乔治来自苏格兰，主厨亨里克来自丹麦，副厨德瓦雷来自印度的马德拉斯，两名女佣玛利亚和希米耶，分别来自马德拉群岛和土耳其。这座房子就像一座特大的苏格兰牧师住宅，设计恰到好处，用起来得心应手。楼下有许多供我们娱乐的房间，有的甚至能办上一场室内音乐会；楼上则是客房，却依然有一股家庭的温暖。窗外就是流淌的渥太华河，在严冬里会结上厚厚的冰；屋后有一个宽敞的花园，经过园丁帕特·邓恩的悉心照料，成为举办夏日宴会的绝佳选择。

英国高级专员公署要向许多政府部门提供帮助。正因为英加两国处理公共事务的方法非常相似，两国一直希望增进交流，互相吸取经验。如此一来，我们的访客便络绎不绝，有着各种各样的拜访目的，常令我们目不暇接。从大法官到英格兰银行的行长，从外交部长韩达德到戴维·亨特，从一组与监狱工作相关的内政部官员到来进行贸易洽谈的克里斯托弗·罗伯茨，香港总督彭定康，以及我的朋友，现在的香港布政司陈方安生也来拜访过。

很多访客前来拜访，希望就北爱尔兰问题与我们进行交流，包括北爱尔兰的国务大臣帕特里克·梅休。来自北爱尔兰的人，不论信奉新教还是天主教，他们的民意在加拿大都得到很好的代表。他们在社区里相处融洽，热忱地希望能推进北爱尔兰（那时）刚刚破冰的和平进程。我有幸向他们引荐了性格开朗的加拿大国防参谋长约翰·德查斯德林，担任退役军团的领导人。曾经有一次，来自都柏林和贝尔法斯特的两位市长来渥太华访问，作为他们北美之行的终点。在正式晚宴后，这两位市长与当地一位爱尔兰裔的市长一起开怀痛饮，直到深夜。来自贝尔法斯特的市长要在厄恩斯奇利夫公馆留宿，直到后半夜才蹑手蹑脚地回来。第二天早饭时，他告知我们，遗失了护照，然而今天必须返程回国。我宽慰他道："市长大人，您真是选对了住处。"接着我让他们打开办公室（那天是周六），重新为他办理了护照。

1992 年的加拿大正陷入身份危机之中。在整个 20 世纪，以法语为母语的魁北克省与其余以英语为母语的各省间矛盾时有爆发，反反复复，未能彻底解决。20 世纪 70 年代，自由党首相皮埃尔·特鲁多，曾试图用修改宪章的方法解决这一矛盾，然而魁北克拒绝了这一方案，甚至引发了一场魁北克独立的政治运动。1984 年，布莱恩·马尔罗尼执政后，试图在魁北克的合作之下调解双方的冲突。1990 年，他进行了首次调解，发布米奇湖协议以承认魁北克的独特性。尽管魁北克接受了这份协议，却因其他两省拒绝签署而以失败告终。马尔罗尼坚持不懈地推进这个计划，尽管此时局势已经越来越复杂。西部省份要求对加拿大参议院进行改革，以平衡政府在补给上对魁北克的特别优惠。同时，原住民也要求政府更加切实地保护他们的利益。我 4 月到任后，渥太华与其他九省的部长级会议局势错综复杂。尽管没有到会，魁北克在幕后积极地推波助澜。我把局势琢磨清楚以后，在道格·斯科拉夫顿的准备下，火速向伦敦发出了对加拿大局势的评估报告。

1992 年，是英联邦成立 125 周年纪念日，女王陛下亲临 7 月 1 日的加拿大国庆日庆典。女王在演说中呼吁各党派尽快达成一致，对整体局势产生了十分积极的影响。谈判级别也由原先的省部长级升至了省长级。不仅魁北克省省长罗伯特·布拉萨加入谈判，布莱恩·马尔罗尼本人也出席了各次会议。到本年 8 月，各方终于在爱德华王子岛省的夏洛特敦达成了共识，出台了一系列复杂的新政策。魁北克将被宣布为"特区"；联邦政府将下放更多权力到各个省政府；参议院将通过选举产生以使代表权更为平等；原住民有权成立自治政府。这些决议赢得了联邦政府、所有省级政府（包括魁北克）、各主要政党、原住民主要领袖以及舆论的广泛支持。我向伦敦报告说，如果这些改革能在全国范围内推行，定能卓有成效。紧接着，马尔罗尼在 10 月 26 日宣布进行全国公民投票，以决定是否将这些改革内容写入宪法。

尽管受到了政界和舆论的普遍支持，大多数加拿大人依然拒绝接受《夏洛特敦协定》。在这些反对者中，有人认为，魁北克得到了太多特权，有人却认为特权还不够，还有人对有关原住民的条款表示担忧。但绝大多数人投反对票仅仅是出于对马尔罗尼及其政府的不满。在各派为修改宪法争吵不休的一年里，加拿大经济陷入了衰退。为了修正不断扩大的预算赤字，政府提高了税收，这更是让不乐观的经济情势雪上加霜。人们批评马尔罗尼花费大量精力改革宪法，却忽略了经济上的麻烦。尽管反对这项协定的加拿大人并不希望看到国家分裂，第二次改革的失败却助长了魁北克省某些分裂分子的气焰。

民意调查显示，布莱恩·马尔罗尼成为该项调查设立 50 年以来最不得人心的首相。他独特的爱尔兰式魅力似乎起了反作用，无法为他赢得民众的信任。保守党不得不决定在第二年 10 月，再次选举首相，然而马尔罗尼一直对再次参选犹豫不决。直到 1993 年 2 月，他才明确表示退出选举，同年 6 月正式离任。正因为如此，保守党下一候选人金·坎贝尔准备竞选的时间仓促，故而未能给民众留下较深的印象。在金任职司法部长时，她极强的理解力和善于倾听的特点让我记忆犹新，但在接下来的竞选中，她却常常傲慢地夸夸其谈，提到具体的政策却又含糊不清，成功的机会渺茫。与之相对的，在领袖让·克雷蒂安带领下，自由党的竞选准备井井有条，细致入微。比起竞选的热情来，他们信誓旦旦的竞选诺言更为打动人心。尽管我（和大多数人一样）几乎肯定自由党将会获得胜利，然而保守党的惨败还是令我大跌眼镜——保守党仅获得了两个席位。自由党的内部又分为了三派：支持魁北克独立的魁人政团、右翼改革派和中左翼新民主党派。最终让·克雷蒂安赢得了选举，在接下来的十年里，一直担任加拿大首相。

我在渥太华任职期间，加拿大的防御政策一直是我的关注重点，其在波斯尼亚的维和力量也一直予以关注。加拿大是北约组织创始国之一，对联合国的维和行动（最早由莱斯特·皮尔逊提出）也一直大力支持。保守党政府确定了几个重要的装备项目，其中就包括十艘正在新不伦瑞克的圣约翰港建造的护卫巡航舰。每艘舰艇都将配备一架 EH101 阿古斯特·维斯特兰直升机以便巡查和搜救。

我刚刚到任时，出于预算压力，马尔罗尼不得不削减国防支出。他相继撤回了驻扎在德国的所有加拿大北约部队和长期驻扎塞浦路斯的加拿大联合国维和部队。除此之外，其他的加拿大驻外维和部队一直坚守岗位，为维和做出了巨大贡献。南斯拉夫就有加拿大两个营的部队。一个在克罗地亚；另一个与新的联合国维和部队一起驻扎在波斯尼亚，整支维和部队都由加拿大将军刘易斯·麦肯齐指挥。女王陛下 1992 年在加拿大国庆日发表演说时，对麦肯齐将军成功指挥军队进入萨拉热窝给予了褒奖，台下的观众报以了热烈的掌声，因加拿大的和平贡献而深深自豪。

自由党对国防的态度较为保守，在竞选期间，让·克雷蒂安就许诺将取消向英国购买 EH101 阿古斯特·维斯特兰直升机的计划（对英国的国防销售是一笔不小的损失），在他上任的第一天就兑现了这个承诺。后来又将计划改为了购买这种飞机的经济型用于海上搜救，还向皇家海军购买了 4 艘不再需要的支持者级潜艇。曾有一段时间，外界曾对加拿大在南斯拉夫的贡献表示质疑。1994 年 1 月，克雷蒂安进行了第一次外出访问，经由伦敦前往布鲁塞尔参加北约峰会。由于塞尔维亚人的阻挠，驻扎在斯雷布雷尼察的加拿大军队无法与刚调派的德国军队换防。在约翰·梅杰支持下，比尔·克林顿在会上提出对塞尔维亚人进行轰炸。克雷蒂安对此表示强烈反对，担保说能通过交涉完成换防，伦敦因而十分担心新政府的决心。然而，在克雷蒂安慰问了两个换防的加拿大军营后，他在 6 月的诺曼底登陆纪念日上表现出了相当强硬的态度。他告诉约翰·梅杰，他决心完成换防，在 1994 年 8 月能使军队各就各位。

那个时候，由美国、俄罗斯、英国、法国、德国五国组成的联络组在波斯尼亚正式成立。尽管加拿大派遣了 2000 名战士，也未能加入这个联络小组，他们多多少少有些不乐意。我不得不向外交部里经常帮助我的两位联络人——盖坦·拉维图（Gaetan Lavertu）和迈克尔·科尔金（Michael Kergin）解释说，设立这个联络小组主要是为了规划波斯尼亚的政治蓝图，因而以上其欧洲邻国的利益更为密切相关。然而，这种不乐意最后演变为强烈的不满。以至于到了 9 月，韩达德从联合国大会归来访问渥太华时，听到了克雷蒂安强烈的抱怨。于是，我只得煞费苦心地定期做简报，向外交部和国防部报告近期联络小组的动向。尽管内阁中反对激烈，在国防部长戴维·高伦尼特的努力下，加拿大派出的两个营仍然坚守岗位，直到 1995 年年末《道森场协定》签署完成后才撤离。在特别行动执行部队取代联合国维和部队后，这两个营也由一支规模更小，主要由非战斗部队组成的分遣队取代。

1995 年，魁北克明确地威胁要国内分裂，加拿大再次陷入身份危机。魁北克的分裂势力由来已久，1967 年法国总统夏尔·戴高乐的到访实属推波助澜。当戴高乐在魁北克进行正式访问时，他用法语大声疾呼："让魁北克重获自由！"成为其势力壮大的标志性事件。1970 年，分裂势力中的暴力分子在蒙特利尔的一所住宅（现在的总督住处）绑架了英国贸易专员詹姆斯·克罗斯，尽管他被毫发无损地释放了，另一位省级部长却惨遭谋杀。因而首相皮埃尔·特鲁多制定了一套极其严格的体系以打击恐怖分子，终结了分裂势力的暴力手段。然而寻求独立的政治运动声势却越发浩大，以致在1976—1985年的10年间，整个魁北克都被雷恩·勒维斯克所领导的分裂势力魁北克人党统治。到了1980年，一次全民投票显示，只有40%的公民支持魁北克从加拿大分裂出去。

在马尔罗尼的宪法改革失败后，分裂势力迅速卷土重来。在1993年的联邦选举中，吕西安·布沙尔领导的魁人政团几乎夺得魁北克省的全部席位；1994年，魁北克人党又重新掌权。他们拥有伦敦政治经济学院博士学位的领袖，又矮又胖，老谋深算的雅克·帕里佐向魁北克人民保证，一年之内就将在魁北克的"领土"上进行全民公决（即宣布独立）。让·克雷蒂安显得气定神闲，他无法相信他的魁北克同胞真心希望离开加拿大的怀抱。

在接下来的很长一段时间里，克雷蒂安的气定神闲似乎合情合理。魁北克政府通过了立法以便进行全民公决，然而在其时间和问题的措辞上却莫衷一是，迟迟不能统一。最终全民公决的日子定在1995年10月30日，需要表决的问题是"在向加拿大提出建立全新的经济和政治合作关系后，你是否同意魁北克成为一个独立国家？"帕里佐在一次私人午宴中对欧洲的大使们说，一旦投了"是"，就意味着承认魁北克的独立。他用英语形容说，魁北克人就好比进了捕龙虾的笼子，一旦钻进去就难以逃脱。一家法语媒体得知他的这番言论后，认为魁北克人民正在被推入火坑。帕里佐未能成功地鼓动魁北克人民，因而这件事也几乎没有改变这场运动的导向。一直持续的民意调查显示，直到10月初，支持魁北克独立的人数也从未超过总人口的45%。但是，艾弗·罗林森在蒙特利尔警告说，这场运动随时可能星火燎原，尤其是在擅长演说的吕西安·布沙尔接替帕里佐担任领袖之后。

10月中旬，我和迪伊回到伦敦协助一家英加合资企业——巴金瑞奇发电站的成立。我回加拿大的时候，距离全民公决只有一周的时间了，我发现局势急转直下。布沙尔慷慨激昂的华丽辞藻似乎让魁北克人民为之一震，民调中分裂势力首次占据了上风。我紧急向伦敦报告，分裂势力胜出可能带来的严重后果。

　　尽管加拿大政府可以设置法律和经济障碍来阻止分裂，可如此一来，魁北克人民只会更加坚定独立的决心。魁北克的经济状况不容乐观，一旦独立，其资本将会大量流失。美国大使已经明确表示，独立后的魁北克不能以加元为流通货币，也不能自动成为北美自由贸易协定的成员国。在负债和公共财产方面，魁北克将面临许多艰难的谈判。损失并不是单方面的，加拿大也需要提高利率来保障货币正常流通，这将更难以削减财政赤字和保持经济增长。

　　在没有应急计划的情况下，联邦政府甚至可能陷入恐慌。让·克雷蒂安在发表了一次沉重的电视讲话后，反分裂势力终于在蒙特利尔发起了一场大规模的集会，称其他省希望国家统一，与魁北克共进退。尽管我也想说说我的心声，在伦敦的默许下，我认为最英明的做法还是保持缄默。在与克雷蒂安的通话中，我向他转达了约翰·梅杰的支持，他也表示了感激。我的法国同事也保持了沉默，让我十分钦佩。而法国总统雅克·希拉克希望分裂势力取胜，立即就会承认独立的魁北克。

　　在进行全民公决的那日，约翰·科尔斯（后来成为英国外交部副常务秘书）正按照计划在渥太华和戈登·史密斯会晤。在加拿大国家美术馆，他被弗兰德画家汉斯·梅姆林的画作吸引。我们一起欣赏了《圣母与圣安东尼修道院院长》，画幅里绘有一只猪，是全画的点睛之笔。晚饭后，我们一起在电视机前坐定，等待着全民公决的结果。投票的出席率十分之高，经统计发现，达到了 93%。只说法语的乡村地区的结果首先公布，支持分裂的票数一路攀升。随着这个夜晚的缓慢流逝，在以英语为母语和反对分裂势力占优势的蒙特利尔选区结果公布以后，两边的差距又逐渐缩小。最终以反分裂势力 50.6%∶49.4% 的微弱优势击败了分裂势力，魁北克将不会独立。在安顿好约翰·科尔斯以后，我前往高级专员公署，与帕特里克·霍迪克一起拟写了一封电报，在渥太华当地时间凌晨时分发往了伦敦，让全英国在清晨第一时间就能得到这个消息。

　　我得知结果后，下意识地感觉事态并不会就此平息。更加详细的统计显示，60% 以法语为母语的魁北克人支持独立。以英语为母语的人们多年来不断离开魁北克，这一过程注定还会继续。新近移民到魁北克的人大多是反对分裂的；雅克·帕里佐愤怒地将他的失败归结于"财力和种族投票"，但他们很快又会卷土重来。我认为，他们只需要再等上几年，就能发现最终的解决方案了。在我 1996 年年初离开加拿大时，事态似乎出现了转机。克雷蒂安终于采取了一系列措施，让魁北克的分离更加难以进行。在被打上种族主义者的烙印后，帕里佐辞去了领袖的职务，由吕西安·布沙尔接任。布沙尔执政后，政策更为保守，决心以重振经济为第一要务。尽管以前人们认为，魁北克终有一天难逃独立的命运，我却认为这些看法已经不再正确。事实证明，我的慎重不无道理，魁北克分裂的力量已经倒台，独立话题也已经淡出人们的视线，加拿大成功地挺过了 20 世纪 90 年代的身份危机，仍是一个完整的国家。

第十八章　在加拿大的经济外交

1992 年 7 月 1 日，加拿大国庆节这天，英国开始担任为期 6 个月的欧盟轮值主席国。如此一来，在同年 9 月的渥太华热气球节上，迪伊和我得以搭乘欧盟前来参加庆祝的热气球。在接下来的一小时里，热气球十分平稳。我们飞越了整个（渥太华）城市和丽都河，鸟瞰下去，景色壮观恢弘。令人遗憾的是，其时欧盟与加拿大的双边关系远不如这趟旅途般一帆风顺。双方常常就一些贸易摩擦争论得精疲力竭，矛盾几乎一触即发。欧盟成了公众眼中的祸首。在整个任期里，对加拿大的政治局势，我常常持观望态度；然而，在经济外交方面，我进行了更多的干预，竭力改善欧盟与加拿大的关系。

同年 11 月，约翰·梅杰偕夫人诺玛和欧委会主席雅克·德洛尔同时来加拿大参加欧盟—加拿大例行峰会，我们负责接待，然而，他们出发伊始就遇上了麻烦。刚准备去接机时，我们得到消息，渥太华机场由于大雾关闭，专机转飞到蒙特利尔机场。整个迎接车队只能全部掉头向蒙特利尔机场进发，在皑皑白雪中驶上 100 英里，继续迎接任务。出于慎重考虑，我们留在厄恩斯克里夫公馆待命。由于公路已经结冰，车队不得不小心翼翼地行驶。4 个多小时后，他们终于有惊无险地抵达。诺玛·梅杰风尘仆仆，体力透支，早早地回房休息了，直到第二日早晨才露面。欧盟—加拿大峰会的会议持续了不到一个小时就休会了，紧接着是一个盛大的欢迎晚宴。次日上午，布莱恩·马尔罗尼向厄恩斯克里夫公馆致电，向约翰·梅杰夫妇表示欢送，因为后者要在周末赶往美国，与即将离任的美国总统乔治·布什会面。他们停留在公馆期间，一共有 7 人来访，全部来自执政党。尽管这次峰会十分简短，却推动了南斯拉夫问题的解决以及关贸总协定乌拉圭回合谈判的进程。它还表明，在英国管辖期间，欧盟与加拿大的关系有所缓和，发展卓见成效。

密切关注加拿大的经济局势后，我深感惋惜，马尔罗尼政府不善管理，致使经济发展陷入了困境：到 1996 年为止，预算赤字已经升至 GDP 的 6%，国债净值已超过 GDP 的 70%，债息成为政府财政支出的最大项目，占税收总额的 1/3。有谣言称加拿大或将向国际货币基金组织寻求帮助。经济衰退是保守党选举惨败的首要原因，也成为新一届自由党政府的当务之急。

让·克雷蒂安组建内阁后，我发现，早在自由党作为反对党时期，我已结识了他的主要经济阁僚。贸易部长罗伊·麦克拉伦是我们的好友，他对与苏格兰和剑桥紧密的关系十分骄傲。他的办公室就在厄恩斯克里夫公馆对面的外交部，有时会过来与我们共进晚餐。工业部长约翰·曼雷曾是渥太华的国会议员，环境部长戴维·安德森曾与我同为圣巴塞洛缪教堂的教民。我对环境部长保罗·马丁了解不多，但我曾与他的常务秘书戴维·道奇（在他担任财政副秘书期间）共事，此后我们一直保持着密切联系。

在自由党选举前的"竞选宣言"中，他们曾许诺在三年之内将预算赤字减半，即降至 GDP 的 3%。不论计划听起来多么豪情万丈，切实的行动才是扭转局面的关键。保罗·马丁这样对国会说："我们的债务都堆到眼睛那么高了。"马丁的确达成了初期目标，在逐步达成预算平衡后，甚至实现了预算盈余。但在实现过程中，每一级政府的支出都进行了大幅度削减。

财政总支出最终削减了 22%，联邦公共服务部门一共撤去了 4.5 万个岗位，占总数的 14%。对所有人而言，整个过程都是痛苦的，然而选民接受了削减的必要性。这次削减的范围非常广泛，由上及下无一例外。随之而来的稳健的经济复苏，有效地缓解了大削减带来的负面影响。到 1996 年我即将离任时，这个项目已经初现硕果，政府计划在来年将预算赤字减至 GDP 的 2%，根据预测，负债水平也开始下降。经过五年的不懈努力，马丁实现了预算盈余，并且偿还了 360 亿加元的公共债务。时至今日，特别是在金融危机席卷过后，西方国家着手复苏经济，普遍负债累累的情况下，这一卓越成就仍值得所有西方国家借鉴。

与此相比，加拿大与欧盟的双边关系却没有多大进展。欧盟威胁要禁止从加拿大进口通过陷阱诱捕的动物皮毛。加拿大则回应称，用陷阱诱捕动物以获取皮毛是加拿大原住民维持生计的最重要手段，这一点北方之行中我已亲眼所见。在欧盟再三强调任何进口软木材中不得携带松木线虫（一种危害极大的寄生虫）后，加拿大和英国之间的木材贸易总额迅速缩水为原来的 30%。在我首次拜访能源部长、自由党人士安·麦克莱伦时，她向我表达了对英国林业委员会官员的不满，指责这位官员在主持欧盟专家委员会期间，推行一系列限令时态度强硬。她还说道，由于加拿大和英国均属气候寒冷地区，在加拿大无害的松木线虫在英国理应也无害。欧盟为支持斯堪的纳维亚半岛而进行了贸易歧视。我向她指出，此举旨在保护整个欧洲，包括气候更为温暖的地中海地区的森林资源。众所周知，荷兰榆树病就是由加拿大传入欧洲的，谁也无法担保，松木线虫是否引发又一场灾难。

　　尽管这些争端十分激烈，也只对加拿大和欧盟之间的贸易、投资交流的一小部分产生了影响。由于加拿大与英国之间紧密的政治联系（上一章已述），其经济纽带也十分牢固。位于蒙特利尔的劳斯莱斯工厂生产的陆用燃油涡轮机（用于管道）全球第一；汇丰银行支行、香港加拿大银行是加拿大最成功的外资银行；在北方之旅中，我了解到，力拓集团正准备开采一座新勘测到的钻石矿。

　　不仅如此，加拿大企业也与英国展开了紧密的商业合作。总部设在蒙特利尔的庞巴迪公司业务领域十分广泛。在获批涉足贝尔法斯特的航空供应制造后，该公司与英国还有进一步的合作，正在设计生产供英法海底隧道使用的牵引火车车厢；多伦多的奥林匹亚—约克公司首次在伦敦金丝雀码头开辟了新金融区（尽管中途该公司破产）。还有位于卡尔加里的加拿大公共事业建设公司援助建设了巴金—里奇发电站。每年 9 月，该公司总裁罗恩·萨瑟恩和夫人都会在云杉牧场举办国际性的骑马越障大赛，我和迪伊每年都受邀参加，经常有来自英国的参赛者取得胜利。这项赛事极具魅力，每年都有许多人慕名而来，包括加拿大政坛的领袖和各界精英，整个赛场热闹非凡。

　　正因为如此，我才竭尽全力推进欧盟与加拿大的关系。凭借任财政大臣时归纳出的一套经济理念，我成功地拓宽了双方的合作领域。在欧洲单一市场全面实现后，欧盟成员国之间某些方面的贸易壁垒甚至比加拿大各省之间还要少。这无异于向许多加拿大公司敞开了向欧洲投资的大门。到目前为止，英国吸收了其对整个欧盟投资的 60%，从而被视为欧洲与加拿大贸易往来的门户。反过来看，这对英国也是绝佳的机会。在《北美自由贸易协定》框架下，英国可以把加拿大作为基地，借助加拿大与美国、墨西哥的贸易伙伴关系，逐步打入整个北美市场。这也是"今日北美"运动的主要理念：英国向美国和加拿大注入更多的投资，进一步发展与北美的贸易关系。

在我频繁受邀到加拿大各地演讲或讲学时，我常常向听众阐释我的经济理念。我的这些想法与罗伊·麦克拉伦的一份倡议书不谋而合。在这份说服力极强的倡议中，他积极呼吁开放市场，建立一个跨大西洋的自由贸易区，将欧盟、美国、加拿大，甚至墨西哥囊括其中。尽管美国缺乏兴致，但这一构想得到了英国外交大臣韩达德和其继任者马尔科姆·里夫金德，以及其他欧洲外交部长的一致赞誉。相较外交部长们的信心满满，一些官员则十分犹疑，认为这一构想面临不少技术难关。他们的担心不无道理，然而，我在更大范围的讨论中更多地听到了支持的声音。

在渔业危机爆发后，这种需要变得尤为迫切。几百年来，纽芬兰大浅滩以丰富的渔业资源享誉全球。然而，随着新捕捞技术的引进，鱼类遭到过度捕捞，总量不断下降。不论是大量出口鱼类的加拿大，还是大量进口的其他国家，都应为此次危机负责。在加拿大将捕捞范围放宽为离岸20英里后，情况依然没有好转，鱼类总量并未回升。1992年，马尔罗尼政府不得不对鳕鱼捕捞紧急叫停，1993年又将鲑鱼和比目鱼列入禁捕名单，纽芬兰等地的渔业严重受挫，陷入困境之中。由于大浅滩在某些地方与公海紧密相接，而公海上欧洲捕鱼船活动频繁，欧盟隶属的东北大西洋渔业组织接受了加拿大的数个捕鱼禁令。英国在欧盟时期，1992年11月，欧盟和加拿大联合颁布了一份渔业协定，进一步明确相关捕捞条例。尽管如此，违规捕捞仍时常发生，其中西班牙拖网渔船违规尤其频繁。

让·克雷蒂安任命了布莱恩·托宾为新渔业部长，这位闯劲十足、直言不讳的纽芬兰人上任伊始就表态，他决心采取雷霆手段保护渔业资源。1994年1月，克雷蒂安与约翰·梅杰首次会晤时，克雷蒂安反复强调了渔业问题必须解决。尽管梅杰表示希望通过共同协定解决问题，会后克雷蒂安告诉我，在必要的情况下，他可能采取单方面措施，以保护渔业。在接下来的一年中，危机似乎在逐步升级。加拿大拒绝追认与欧盟的渔业协定，暂停接受国际法庭管辖，此举意味着加拿大可能紧接着采取一些违反国际法的行为。加拿大议会通过了一项法令，批准加拿大实行单方面强制措施。在焦灼的局势下，托宾仍试图与欧委会渔业委员会斡旋，试图将其他主要鱼类，包括加拿大的大比目鱼和欧洲的大比目鱼列入禁捕名单。然而，西班牙和葡萄牙坚决抵制任何捕鱼限令，托宾的耐心最终消耗殆尽。

1995 年 3 月 3 日，加拿大宣布，离岸 200 英里内均不得捕捞大比目鱼，欧盟拒绝承认这一禁令。布莱恩·托宾于是下令扣留了一艘正在公海作业的西班牙籍拖网渔船埃斯泰号，强烈谴责埃斯泰号的"海盗行为"。埃斯泰号获释后，其渔网被证实网眼过小，有捕捞大比目鱼幼鱼的嫌疑。欧盟代表大使艾玛·伯尼诺谴责加拿大非法扣留他国船只，滥用相关法律。此言如一石激起千层浪，加拿大人群情激奋，另外两艘西班牙渔船的渔网被切断，局面进一步失控。西班牙希望其他欧盟成员能与自己建立统一战线，抗争加拿大。而事实是，包括英国在内的几个欧盟成员国早已对西班牙掠夺式的捕捞颇有微词。我建议伦敦方面不要与西班牙发生正面冲突，而是在幕后与欧盟商议如何更好地规范欧洲的渔业制度，以支持加拿大的渔业保护。

我了解到，最让克雷蒂安的外交顾问吉姆·巴特曼担心的是，如果事态进一步恶化，加拿大在欧洲各国心中的地位将一落千丈。于是加拿大和欧盟双方重启谈判，重新商议捕捞限额的分配和保护措施的制定。在谈判中，加拿大十分明智地选择在捕鱼配额上做出让步，以换得更加严格的保护制度。由于西班牙拒绝任何让步，会议时间不断延长，一直拖到了复活节前一周，欧盟总部的约翰·科尔认为，欧盟将迫使西班牙做出让步。谈判过程中，我一直与吉姆·巴特曼保持紧密联系，我常常听取他富有战略性的建议，然而托宾则有些沉不住气。耶稣受难日那天，巴特曼把我叫出教堂，提前警告我说，周六加拿大可能还会发起一次公海逮捕。如果消息属实的话，加拿大和西班牙的战舰之间很可能发生交火。（克雷蒂安是了解这一情况的，他曾告诉其妻子艾琳要对西班牙发动战争。）

万幸的是，欧盟的决议已经指日可待。我强烈要求巴特曼尽力将公海逮捕行动推迟一日，克雷蒂安点头同意。就在周六这一天，包括西班牙在内的欧盟成员国终于在布鲁塞尔达成一致。一夜无眠后，我在复活节清晨五点致电约翰·科尔询问最新进展（他那里已是上午十点）。在上午早些时候的紧急会议中，各成员国达成一致，同意接受加拿大提出的条款。整场渔业危机至此告一段落，我在前往圣巴塞洛缪教堂的时候长长地舒了一口气，我们成功地阻止了一场战争的爆发。

由于整场危机中英国渔民和主流公共舆论一直大力支持加拿大，我们在加拿大的声望有所提高。我并未十分欣慰，因为渔业危机损害加拿大和欧盟双方的国际形象。7 月，欧盟辖权移交西班牙后，在接下来的半年中，加拿大不可避免地受到了刁难。

在马德里达成的欧盟—美国行动计划把加拿大排斥在外，直到1996年年末才有一个类似于欧盟—加拿大行动计划成形。我的西班牙同事们尽管至今表现十分友好，却几乎不与我交谈。渔业危机是1995年第一件让我头疼的大事，第二件则发生在6月于哈利法克斯举行的七国集团峰会上。1994年那不勒斯七国峰会总结回顾了现今的国际制度，探讨这些制度是否适合后"冷战"时代。让·克雷蒂安第一次参加七国峰会是1978年，他那时还是加拿大的财政部长。他认为，本次哈利法克斯峰会的重点应该放在金融机构上，尤其是国际货币基金组织和世界银行，以达到稳定汇率的目的。

刚开始，七国集团的其他成员拒绝接受他的想法，然而，1994年年末爆发的墨西哥经济危机从根本上改变了局面走向。美国制订的援助计划遭到国会否决，经过美方努力，国际货币基金组织常务董事同意签署一份180亿美元的特大贷款协议，这还是一系列总值达到400亿美元贷款的首批。签署完成后，其他国际货币基金组织成员才收到临时通知，称这笔贷款已经是"既定事实"。此后不久，英国财政大臣肯尼斯·克拉克、英格兰银行行长埃迪·乔治和奈杰尔·威克斯一起赴多伦多参加1月初举行的七国集团财长会议。我与他们一道乘车前往冰天雪地的尼亚加拉大瀑布区，在交谈中我发现，他们对墨西哥事件的先斩后奏大为光火。因而保罗·马丁认为，本次峰会应该寻求对国际货币基金组织进行改革，以防止类似危机的发生，或是在危机爆发后更加高效地处理。

我很高兴能再次参与七国峰会的筹备，这将是我最后一次以外交官身份参加峰会了。峰会的关键人物，不论是来自伦敦或是渥太华，都与我交情匪浅。而且由于会议前期我的积极参与，他们也乐于和我共享一些机要信息。七国峰会第一次筹备会议在渥太华举行后，现任英国最高协调员亚历克斯艾伦向我简要地报告了会议情况；现任英国外交部经济处主任迈克尔·杰伊时时向我传达最新信息；在波斯尼亚事件和渔业危机中，我赢得了加拿大最高协调员格尔登·史密斯的信任，他还曾在鲍勃·普特南前来拜访时与我们同进早餐；路易斯·弗雷谢特与我同为最高外交副协调员时曾一起共事，现在他已调任为最高财政副协调员。在伦敦的厚望下，我欣然接受了准学者身份，为戴尔豪斯大学（位于哈利法克斯）出版的一系列会前文章写引言。峰会结束后，我为《政府与反对派》期刊撰文，评价了哈利法克斯峰会。"冷战"后，我在伦敦政经学院就经济关系发表过一次演说，这篇文章就是在此基础上写成的。

在整个筹备过程中，英国和加拿大的筹备意见十分相近。在其他国家尚未明确会议目标或是未能决断时，英加两国的目标清晰而坚定。伦敦方面对克雷蒂安提出对国际货币基金组织和世界银行的改革十分支持，而作为回报，克雷蒂安决心支持英国提出的改革联合国的提议，以呼应主题——回顾国际制度。两位首脑达成共识，本次峰会应当是朴素的、非正式的，不应当影响正常的工作。哈利法克斯会议树立了一个良好的榜样：会议低调地在海滨的律师事务所内举行，各国代表从下榻的宾馆步行就可到达会场，各国领导人走在欢呼庆祝的人群中，令人备感亲切。博伊德·麦克利里和他的副手杰基·巴尔森与我同来，协助我的工作。梅杰下榻的宾馆外有一家吵吵嚷嚷的酒吧，令他无法入睡；不知杰基用了什么法子，竟奇迹般地让闹哄哄的人群安静了下来。会议期间，我们唯一的娱乐就是在一顶大帐篷里观看太阳马戏团的晚间表演，领导人在前排坐下欣赏节目。这个时候，鲍里斯·叶利钦来了，很明显，他晚餐时喝多了。当全剧团最后出来鞠躬谢幕时，叶利钦踉踉跄跄地站起来，把全剧团最年轻的演员搂在怀里，给了她一个大大的熊抱。小姑娘大概只有 9 岁，叶利钦摇摇晃晃地把她举着时，她的脸从他的肩膀上露出来，完全吓坏了。不过最后，叶利钦还是让她安全着陆了。

按照预先设计，七国首脑首次晚宴的主题应该是经济问题。然而新上任的法国总统雅克·希拉克在访问波斯尼亚后激动难抑，强行控制了整个晚宴的议程。晚宴的外长们不得不中断宴会，为这次突发事件起草了一份波斯尼亚事件声明。然而第二天早晨，在克雷蒂安的主持下，会议重回正轨，在接下来的一整天里完成了所有的经济议题。外长和财长会议也在同时进行。叶利钦只出席了当晚的宴会。按照前一年那不勒斯峰会上达成的协议，俄罗斯可全权参加政治议题的讨论，但不能涉及经济领域。叶利钦欣然接受，但拒绝任何峰会相关文件提及车臣问题。尽管如此，克雷蒂安在接受媒体采访时仍表示，有一些国家首脑指责叶利钦行事风格粗暴。

一夜之间，各国最高协调员们以超乎想象的速度达成了一致，完成了经济宣言的起草（后来格尔登透露说，低咖啡因是他们高效的秘诀）。次日早晨讨论中，约翰·梅杰就联合国经济体制、社会活动改革的必要性慷慨陈词，获得全体成员的一致支持。七国集团首脑联合签署了一份计划书，为1996年的里昂峰会做准备。本次七国集团峰会的最后一次记者招待会在一个冰球馆举行（我曾在这里参加过检阅活动，当时肯尼斯克拉克未能出席）。由于外长们提前完成了任务，英国财政大臣便与博伊德·麦克利里一同去观赏鸟类。他及时赶了回来，却没有干净的衣服可以换了——所有衣物都已经被打包运上了飞机。韩达德跟我说道，本次哈利法克斯峰会比他参加过的任何一次都要好，他还准备将这次经历作为素材，写入他的小说《冰山形状》中。

哈利法克斯峰会最具影响力的决策还属国际金融机构的改革计划。这一决策得到了国际货币基金组织和世界银行全体成员国的支持。改革计划主要包括四个方面：第一，国际货币基金组织要增强对成员国经济态势的监督，在更详尽数据的支持下，提早给出经济危机爆发的预警。第二，国际货币基金组织将建立一种新的应急机制，以尽快帮助危机国家、主要债权国筹措最高180亿美元进行援助。第三，类似于公司经营中的机制，财长将有权观察哪些国家不具备偿还能力。第四，财政监管部门，财长应通力合作，共同监管经济体系和市场，就如何降低风险达成确定共识。

遗憾的是，这四条举措中，只有第一条得到了全面而及时的贯彻。美国国会推迟三年才为新应急机制的设立投了赞成票；而财长们认为，偿还能力观察机制不切实际，难以操作；由于美国和英国不愿在本国金融市场上实行国际规则，财政监管部门间的合作也收效甚微。两年后亚洲金融危机爆发，所有决议都毁于一旦，这埋下了2007年世界金融危机的祸根。如果哈利法克斯的所有决议都得到了有力执行，两次金融危机也许都能得到避免。

峰会结束后便是沸沸扬扬的魁北克全民公投，为1995年画上了一个句号。这是如此崎岖坎坷而又硕果累累的一年，很难想象，1996年会更加精彩。尽管我的离任时间是1997年1月，我决定早些离开。我非常享受在加拿大工作的日子，然而作为英国外交官的35年已经让我心满意足。加拿大的保守党政府明显气数已尽，任何访问渥太华的人都能向媒体证实内阁中分歧巨大，在欧洲政治的问题上尤为壁垒分明。直到我正式退休的时候，加拿大依然没有重新选举的迹象。我知道，我在巴黎的老同事安东尼·古迪纳夫十分希望接手我的工作，我也坚信，他能胜任这份工作。所以我最终决定，将和迪伊于1996年3月离开加拿大。

法国同事阿尔弗雷德·西弗－盖拉尔丹为我举行的饯别晚宴格外令人

难以忘。在晚宴上,我引用了塔列朗在他最后的演讲中说的一段话,他这样描述他心目中理想的外交:

　　我一定要向人们指出一个根深蒂固的偏见:外交从来不是玩弄权术,口蜜腹剑。若世间的任何人与事都需要我们真挚以待,那么真挚就高于一切政治活动。正是因为真挚,这一切才能长长久久,生生不息。

　　在我的整个外交生涯中,我一直追求着塔列朗所说的真挚以待。在告别我们忠诚的员工后,迪伊和我离开了厄恩斯克里夫公馆,前往墨西哥度假。假期结束后,我们又飞回白雪皑皑的蒙特利尔,与热情好客的罗林森一家度过了难忘的一天。然而,在我们的航班离开加拿大前,还有最后一个惊喜在等着我们。所有离任和上任的大使,都能享受头等舱待遇,在蒙特利尔飞往伦敦的航班上,英国航空公司体贴地为头等舱乘客准备了床。于是我们舒展开来,沉入了梦乡,向着全新的生活飞去。

第十九章　企业经理：在英国
隐形联盟的工作

退休后，我的人生目标变得很简单。外交官生涯中那些让我乐在其中的事儿，比如写写文章、做做演讲什么的事儿，我还愿意继续去做；然而，那些我不那么热衷的事儿，比如调配人员、制订预算之类的事儿，我就尽量少做些。早在 15 年前，我就有志于国际经济问题的研究，所以退休后，我希望能找一份专司研究的职务，继续我未完成的事业。在离开渥太华之前，我向查塔姆研究所递交了一份申请，希望我卸任回国后能在那里谋得一份职务（之前我曾很受欢迎），继续之前的事业。然而遗憾的是，这一次研究所里并没有适合我的岗位了。

这个结果出乎我的意料，在我黯然神伤之时，我的老友、老同事德瑞克·托马斯邀请我共进午餐。他现在为罗斯柴尔德商业银行工作，还在英国无形联盟任职。英国无形联盟联合了诸多企业和组织，共同推进伦敦金融城的发展。那时托马斯已经担任了该联盟服务业贸易自由化委员会主席（他的前任是迈克尔·帕里泽，曾在经济合作与发展组织拜访过我）。德瑞克那时正在积极寻找他的继任者，而此时的我寻求研究职位的计划未果，去向悬而未决，我决定接受他的嘱托，担任主席。多亏服务业贸易自由化委员会，我在经济外交的舞台上又活跃了四年。在我任职的四年中，我大展了自己的外交风采，弥补了在外交部未能充分发挥的遗憾。

1993 年，关贸总协定乌拉圭回合谈判终于落下了帷幕。这个贸易谈判占据了我在经济合作与发展组织以及伦敦工作时的大部分精力。尽管逾期三年，这次回合谈判的成果大大超出了预期。但美中不足的是，那时的关贸总协定主要涵盖的是制造业，现在已经追加了农业和服务业方面的协定，可以说，这个多边体制已经覆盖了民间贸易的方方面面。体制薄弱的关贸总协定，也已被制度更为健全的世界贸易组织所取代。世界贸易组织在 1995 年 1 月 1 日正式开始运转，为农业吹来了一阵体制改革的春风。

在绝大多数国家，服务业所占的经济比重比农业和制造业都大。但是，由于各国政策的限制，在服务业方面的国际交流往往十分匮乏。吸取了我在经济合作与发展组织提出的想法并加以发展后，服务贸易总协定首次创立了一个多边体制，囊括所有可进行交易的服务业，所有形式的国际服务业贸易也被纳入协定范围。通过跨境运输实现的国际贸易，由外来游客在本国实现的服务输出，或是借助设立外资企业（比如银行和律师事务所）实现的国际贸易均属协定范畴。然而，服务业贸易总协定也有巨大的局限性：该协定只要求世界贸易组织成员国开放自己的服务业市场，并且限定在它们具体做出的承诺的领域里。服务业体制较为开放的工业发达国家同意保持现行政策，大多数发展中国家还不愿意开放自己的服务业市场。回合谈判结束后，各国在某些关键产业做出的承诺仍不够充分，尤其是金融服务业中的银行业和保险业，而这些产业又恰恰是英国无形联盟和服务业贸易自由化委员会关注的重中之重。金融服务业相关的谈判一直持续到 1995 年。由于美国拒绝接受相关条款，从而谈判陷入僵局。受到本国私营经济成分的影响，美国当局宣称，其他世界贸易组织成员还不够开诚布公。这样一来，当他国外资银行和外资保险公司能在美国宝贵的本土市场大展拳脚时，美国企业却无法很好地打入他国市场。欧盟的态度与美国截然相反，尽管许多欧洲公司认为，欧盟还应该向世界贸易组织施加更多的压力，欧盟当局已经准备签署协议草案了。

安德鲁·巴克斯顿是巴克莱银行行长。此人说话和风细雨，做起决定来却可谓雷厉风行。他表示，十分希望各方达成一致，尽早签署协定。他认为，欧美的私营经济携手合作，向各自提出一系列共同要求，形成良好的沟通局面，才是顺利签署协定的关键。1996 年 7 月，我参加了巴克斯顿和美国服务业行业联盟主席鲍勃·瓦斯庭的会谈。在这次会议中，双方决定设立一个跨大西洋的金融领袖集团。该集团将由来自不同服务业企业的领袖组成，致力于在世界贸易组织签署一份成功的协定。另外，还将设立一个低级别的金融领袖工作组，对领袖集团的工作进行支持。巴克斯顿和肯·惠普尔将共挑主席的大梁，而我与瓦斯廷一同担任工作组的主席工作。

同年 10 月，领袖集团成员在华盛顿齐聚一堂。恰逢国际货币基金组织一年一度的经济外交家会议。除来自美国和欧盟 25 名创始成员，还包括来自日本、加拿大、瑞士和中国香港的金融家。伦敦代表团由韩达德领头，他那时还是西敏寺银行（汤姆就在那里工作）副行长，不久之后就成为英国无形联盟主席。我和瓦斯廷一起调遣工作组，每月定期召开工作会议，成员间通过传真和电子邮件保持联络。我在服务业贸易自由化委员会的同事在英国也参与了相关工作。来自高盛国际的乔希·博尔滕（他后来成为小布什总统非常信任的助手）和来自英国保险业联盟的约翰·库克（曾在贸易工业部供职）都发挥了关键作用。欧盟派出的代表中，来自欧洲保险业委员会的雅克勒格鲁和来自欧洲银行业联合会的巴斯卡尔·科尔内也十分积极，成就卓越。

我们的首要任务便是就政府的立场问题达成一致，以便谈判顺利进行。贸易壁垒问题也就随之摆上了桌面。美国服务业行业联盟以及许多欧洲机构都对主要市场的贸易障碍信息有所收集并各自列出了清单。举个例子来说，银行和保险公司想在目的市场建立公司加以发展时，常常遇到政府的诸多限制。有些国家完全将外国供应商拒之门外；有的只允许外资企业持有少量股权；另一些国家允许外资企业持有大量的股权，但是，无法获得完全的经营权。我担起了对比和整理各份贸易障碍清单的重任，最终整理出一份金融服务业贸易壁垒的总清单，称之为壁垒清单。这份清单以统一的格式列出了 20 个重要市场的现行壁垒，除三个中欧国家和土耳其外，其余均为发展中国家。

我们希望，所有参与谈判的人员都致力于消除这些贸易壁垒。1997年 4 月，服务业谈判再度重启。在其他工作组组员协助下，我和瓦斯廷首度访问日内瓦，为今后的多次来访迈出了重要的第一步。我们在那里参加了一次联席会议，与来自美国、欧盟、加拿大和瑞士的谈判代表进行了磋商会，我将在会议上分发整理出的壁垒清单，向谈判代表阐释了整理这份清单的原因。另一个难题则是壁垒清单上列出的世界贸易组织成员国。我们挨个拜访了这些国家派出的谈判代表，说服他们开放本国的金融服务业市场。我曾以为我们的游说会招致他们的不满甚至愤恨，然而出乎意料的是，当他们发现美国、欧盟等国的私营经济对他们的市场表现出浓厚兴趣时，几乎喜不自胜。在世界贸易组织举行的农业和制造业谈判一贯是建立在利益互换的基础上的，成员国同意开放本国市场的同时，作为回报，也能更好地向他国出口产品。然而，涉及金融服务业时，大多数发展中国家对在全球运营金融服务业兴致缺乏，利益交换无法令他们心动，我们就只能空口白牙，用语言说服他们，让他们明白开放本国银行和保险市场对他们有利无害，任何一个国家都需要强有力的金融业，如此才能更好地支持本国经济的发展。我们还向他们解释道，外资企业的进驻有助于提高国内金融行业的水准，也有利于吸引外商直接投资。

　　幸运的是，我们没有白费唇舌。一番游说之后，许多国家意识到了金融业的重要性，渴望建立更加有力、更加具备竞争力的金融行业，在世界贸易组织做出承诺无疑是让他们朝着强大的金融迈出了一大步。在日内瓦的游说对象并不局限于壁垒清单上的 20 个国家，我们还对一些发达国家做了工作，特别是加拿大。另外，我们还劝说了欧盟委员会，希望欧盟在与日本谈判时采取更为强硬的态度。让我感到万幸的是，欧盟委员会中的两名关键人物都是英国人：欧盟内部市场局局长约翰·莫格和欧盟贸易理事会的罗伯特·玛德林，玛德林在贸易和工业部任职时就与我相熟，之后一直保持着联系，戴维·哈特里奇在世界贸易组织秘书处工作，他是秘书处里英国服务业事务的负责人，与我关系也十分密切。杰里米·赛登、尼尔·贾格斯和整个服务业贸易自由化委员会都是我在伦敦的坚强后盾，在工作上给予了我莫大的支持。我与英国财政部及贸易和工业部（托尼·哈顿刚刚接任克里斯托弗·罗伯茨成为首席贸易谈判代表）负责服务业的谈判代表也定期沟通，保持联络。由于日内瓦的谈判进程十分缓慢，我抽出时间回了一趟沙夫豪森，那里是我的祖先图尔恩家族的故乡。

　　1997 年 11 月，谈判已经接近尾声时，我们游说过的国家陆续表态，愿意开放本国金融市场，加入世界贸易组织的金融服务业协定。金融服务业工作组在日内瓦集会，成立事务委员会对这些国家加入时提供的条件进行评估。谈判进入最后一周，星期四那天，全体成员召开了一次会议，对协议的全部内容进行了整体评估。由于肯·惠普尔的航班延误，这次决定性的会议由韩达德主持（会后我向惠普尔做了详尽的会议报告）。欧盟的全体成员一直认为，各方已经足够坦诚，具备了签署协定的条件，然而，美国国内的意见仍无法统一，分为两派。代表小型企业的企业联盟希望抓住时机，尽早拍板签署协定；而大型企业（在瓦斯庭的支持下）则希望再拖一些时间以获得更多的利益。韩达德总结道，各方私营经济的代表认为，签署协定已经指日可待，各方只需做出最后一点努力。他将这一喜讯转达给欧盟委员会专员、欧盟首席谈判代表利昂·布里顿以及美国的谈判代表杰夫·朗和蒂姆·盖特纳后，这些谈判代表都很受鼓舞。星期五清晨，巴克斯顿到达时，局面峰回路转，在日内瓦的美国私营经济代表表示支持协定的签署，但仍需美国总部的负责人拍板。巴克斯顿一整天都忙于最高级别的会谈，进行斡旋。到星期六一点，所有的美国金融领袖都表示同意签署协定。与此同时，世界贸易组织的谈判者加班加点，通宵奋战，终于在凌晨四点最后敲定了协定的内容。那晚我没有跟进谈判的进程，早早地上床睡觉，得知协定最终签署后，却又兴奋得整晚都没有睡着。

世界贸易组织金融服务业协定营造了一个良好的开端，100个国家签署了协定，包含世界贸易组织成员国中大大小小的市场，其贸易总量占全球国际金融贸易往来的95%。相较谈判早期，许多国家最终给出了更为开放、更为优惠的政策。在大多数情况下，各国更愿意保持现行的体制，而非进行改革，开放本国市场。这种做法也并非一无是处，至少这些国家一直在国内进行改革，有效地防止了金融业的滑坡。然而，金融服务业还面临着许多难题，各国间差异很大，一些关键区域（如印度的保险业市场）仍然无法渗透。鉴于一场声势浩大的金融风暴正在席卷亚洲，这项协定的签署依然是一个巨大的成就。据我了解，这项协定广泛地得到了私营企业和政府拥护。一封来自财政大臣戈登·布朗的信更是让我喜出望外。戈登在信中向我表达了谢意，感谢我领导服务业贸易自由化委员会做出的杰出贡献。

从加拿大回国后，我和迪伊回到汉普顿宫定居，过上了更为清闲惬意的日子，我常常去公园走走，时不时地去汉普顿宫里逛逛，去皇家礼拜堂祷告时，我有时还会为大家读一段《圣经》。迪伊没有回到她曾工作过的公民咨询局，而是加入了本地的慈善机构撒马利坦会，做起了志愿工作。我们的住宅切特温德2号破破烂烂，实在是叫人难受，我们就着手计划，想大规模地修缮一番。我们翻修了屋顶，重新走了线路，装上了新的中央供暖系统，再彻彻底底地把室内装修了一遍。在一番口干舌燥的交涉后，皇家公园的管理部门终于同意我们进一步的改造计划——扩大了客厅的窗户面积，整个灌木公园的美景都可尽收眼底。我们还扩大了餐厅，在里面新造了一个壁炉，更换了老旧不堪的楼梯，供我们上上下下的新楼梯只靠摩擦力，但十分牢固可靠。我回国后第一年，全花在房子的修修补补上了，直到圣诞前夕，这座房子才变得温馨舒适起来。

我的岳丈汤姆·王尔德，如今已是耄耋之年，那时还在比尔福德独居。我们在加拿大工作时，迪伊隔几天就会给他打电话，每三个月左右回去看看他。现在我们回国了，去探望他的机会就更多了，有时也把他接回来，在我们这儿住上几天。我们回国后不久，我的儿子汤姆和儿媳克里斯汀就给我们添了第四个孙辈，取名马克思。他们一家住在哈默史密斯的房子里，开车去要不了多久。经他们改造的阁楼和地下室发挥了妙用，给新出生的小家伙腾出了地方。汤姆在西敏寺银行理财的工作收入不错，挣下了一点家底后，他在法国南部买下了一幢度假屋。这座房子在夏纳附近的蒙托鲁岛上，带有一个游泳池和一个橄榄园。他们全家每年夏天都去那里度假，有时圣诞也在那里度过。房子旁边就是一个峡谷，景色巍然壮观，依稀可以分辨出古罗马时期排水槽的痕迹，不远处就是景色怡人的大海。

我们还在加拿大时，迪克开始在另类旅行社（总部设在伦敦）工作。另类旅行社为游客提供为期一周左右的全程步行旅游。旅游路线主要在意大利，比如从托斯卡纳区的沃尔泰拉到锡耶那，或是从翁布里亚的诺尔恰到斯波莱托。另类旅行社的领队负责给游客带路，另有一名经理负责游客行李的运输，并每天给他们提供一顿新鲜美味的野餐。刚开始的时候，迪克在西西里岛上带队，在带领过意大利境内所有路线后，旅行社指派他专门负责其中最长的路线"大路通罗马"。他带领着游客从锡耶那出发，历时三周，一直走到罗马的圣彼得广场。由于他对步行的执着和热情，旅行社指派他修订步行游的指导手册，专供不需导游的自由行游客使用。他在带领英国本土线路时，我们第一次和他一起步行出游，从牛津出发，走到了埃文河畔的斯特拉特福。

我们俩对这种旅行方式十分着迷，后来，我们定期步行出游，不再需要导游。我们一共走完了十一条路线，其中十条都在意大利，还有一条在法国的凯尔西。我最喜欢的路线有两条：一条从意大利阿尔玛菲出发，一直沿着海岸走，抵达波西塔诺，沿途海边的风光让人心醉；另一条是由迪克自行开发的，从波涛菲诺出发，沿着利古里亚海滨到达卡莫利。另类旅行社的创建人是克里斯托弗·惠尼，现在仍执掌旅行社。迪克与惠尼最大的女儿劳拉一起在托斯卡纳工作时相识，日久生情，两人在锡耶那南部的埃尔塞谷口村共度了一个冬天。我们回国后不久，他们俩也回到了英国。劳拉加入了乐趣旅游集团，在伯福德工作。于是她和迪克搬进了小巴林顿村的一幢小屋，就在温德拉什河边。在继续另类旅行社工作的同时，迪克开始试着写小说。早年他的短篇小说曾经获过奖，但如今没有出版商愿意出版他写的惊悚小说。为了更加稳定的收入，迪克放弃了写小说，转而投入翻译作品。1999 年 7 月的一天，晴空万里，迪克和劳拉在郎利特庄园完婚，婚礼仪式在柑橘园里举行，之后的招待会移到了玫瑰园中，晚餐时分，湖边搭起了帐篷，我们就在帐篷里就餐，湖的对面就是一个野生动物园。我们用餐的时候，有好几只河马从湖里冒出头来，仔细地瞧着我们，好像被欢乐的气氛感染了，出来凑凑热闹。

1998 年，世界贸易组织金融服务业协定正式执行，我却无法为这一成就沾沾自喜，因为 2000 年服务贸易总协定的商谈即将在 2000 年 1 月启动，这意味着更多涉及服务业的谈判将随之而来。在贾格斯帮助下，我制作了一本《英国无形联盟：世界贸易组织金融服务业协定指南》的小册子，我在其中阐释了协定带来的各种益处，以及还有哪些方面仍需努力。鉴于服务贸易总协定将覆盖所有的服务行业，我尝试着在服务业贸易自由化委员会拓展委员们的视野，希望他们把重心向运输业、通信业、会计行业和法律事务行业转移，不再拘泥于银行和保险业。我起草了一份文件，称为《2000 年服务贸易总协定及世界贸易组织的共同目标》，1999 年 2 月，这份文件通过服务业贸易自由化委员会的审批，递交到贸易和工业部及欧盟委员会。这份文件赞同欧盟的观点，认为在贸易谈判中应该单独辟出一个回合用于服务业的综合谈判。这种新的服务业谈判环节将在 11 月在西雅图举行的世界贸易组织部长级会议上首度应用。另外，这份文件中倡导的是一种"促进竞争的监管机制"，这就意味对偿付能力和金融稳定性监管监察将十分严格，但是，会杜绝对外国供应商进行贸易歧视。

安德鲁·巴克斯顿那头的事儿，也让我忙得不可开交。他希望整个欧洲的私营经济流动起来，形成你中有我、我中有你的局面。借助他强大的人脉，巴克斯顿成功地拉来了一群商业领袖，组成了欧洲服务业论坛。这些商业领袖很少亲自会面，每人可以指派一人成为欧洲服务业论坛政策委员会的成员，而某些代表欧洲特定服务行业（航空业、会计行业等）的相关协会也可以派代表加入政策委员会。这一构想得到了欧盟贸易专员利昂·布里顿的大力支持。1999 年年初，欧洲服务业联盟在布鲁塞尔正式成立，一年之后，成员公司达到 46 个，另有 25 个服务行业联盟加入，涵盖了 20 个不同的服务领域，覆盖了除葡萄牙以外的 15 个欧盟国家。

1999 年一整年中，作为巴克斯顿的代表，我加入了总部设在布鲁塞尔欧洲服务业论坛政委会。我们与欧盟委员会讨论过《2000 年服务业贸易总协定》的相关问题后，我们把相关意见整理成文件，以供各私营部门参考，再由它们向各自的政府转达。巴斯卡尔·科尔内自告奋勇，离开了欧洲银行联盟，来到欧洲服务业论坛的秘书处主持大局，将秘书处打理得井井有条。并非所有的行业联盟都赞成本行业的开放。比如电影行业就希望得到保护，音乐行业会在与其的竞争中获得更大的优势，因而会对电影业产生冲击。因此，随着世界贸易组织回合谈判的迫近，欧洲各国政府听取了各方的汇报后，对私营服务行业的诉求和目标有了全面深入的了解。同时，金融领袖工作小组继续跨越大西洋保持联系，我还带着迪伊参加了鲍勃·瓦斯廷在美国德奇雷庄园举办的一次会议。无论怎么说，服务业都得到了前所未有的发展。

　　随着西雅图部长级会议的筹备，世界贸易组织的气氛日益紧张。欧委会提出了一个"新千年回合"的谈判构想，希望大展拳脚。这一构想包括投资、竞争策略及其他常见领域的诸多议题。而美国当局由于克林顿即将卸任，则不希望议程涉及面太广，但是认为，劳工标准的严格化应该包含其中。发展中国家则认为，乌拉圭回合谈判给他们带来了过重的负担，希望本次会议更加关注发展中国家面临的问题。各方莫衷一是，日内瓦方面基本未能解决这些分歧，只能留到部长会议上再进行商讨。世界贸易组织的麻烦还不止这些，一些民间团体和无政府组织开始把矛头对准了世界贸易组织，指责其威胁生态环境，阻碍了发展。这些组织表示，将在西雅图大规模游行示威。即便如此，我仍希望新一轮谈判能顺利启动。那时已是我在服务业贸易自由化委员会工作的第四年了，我决定不再跟进整轮的谈判。我向克里斯托弗·罗伯茨（他那时在柏灵律师事务所工作）表达了我的意愿后，他同意在 2000 年接手我的工作，担任服务业贸易自由化委员会的主席。

　　世界贸易组织部长级会议定在了 1999 年 11 月 29 日召开，为期五天。由于 11 月 29 日是星期一，我在前一周的周末抵达了西雅图，恰好碰上了一场反世界贸易组织的示威活动，我匆匆忙忙离开，后来才得知那只不过是西雅图的马拉松比赛。星期一，来自 766 个已注册非政府组织的 2000 余名代表参加了一场会议，我也是其中一员。在这场会议里，代表们可以向一个世界贸易组织的审查小组递交他们的意见。与会的非政府组织中，有 80% 对世界贸易组织怀有反感，他们指责世界贸易组织是一个不民主的组织，为跨国企业的金钱所操控。有少数政府发言人对他们的言辞进行了反驳。部长会议本要在星期二正式开始，然而计划未能实现。一群示威者手拉着手形成一条"人链"，把会议地点——西雅图会展中心团团围住。我到得很早，一个壮实的示威者牢牢挡住了我的去路。我只好退下来，绕着会展中心转圈，直到我发现了"人链"很薄弱的地方，一举冲进了会展中心。但是，我发现里面只有寥寥数人，几乎所有的部长都被"人链"挡在了大门外。

示威者涌上了整条街，西雅图的警察只在路边旁观。出于策略考虑，华盛顿突然改变了计划，克林顿总统星期三前都不会来西雅图。警方释放催泪瓦斯和橡胶子弹后，示威人群终于退散了，警方还拘留了500多个示威者。警方发布了宵禁令，白天也只有佩戴官方分发的徽章的人能出门上街。示威活动没把西雅图中心城区变成战场，反而变成了一座"鬼城"。克林顿适时地跟大会进行了沟通，之后又对媒体发表讲话，他呼吁无政府组织更多地参与世界贸易组织的工作，呼吁尽快制定劳工标准，必要时可采取制裁手段。这两点意见均遭到了发展中国家的痛批。他们认为，世界贸易组织是一个政府间的组织，不应让无政府组织介入；还认为劳工标准的出台会对本国的商品出口产生不利影响。

一系列开放式工作组正致力于解决各方巨大的分歧，然而，当时主持会议的美国贸易代表查伦·巴尔舍夫斯基表现十分不得当，他对非洲、拉美以及加勒比海地区的小国态度十分冷淡疏远。星期四晚间时，这些国家的代表深感被排除在外，表示拒绝接受这种强势下达成的任何共识。星期五早晨，一小群部长试图达成最终协定，然而，在农业议题上漫长的辩论后，会议时间明显不足以达成协定。大会没有达成任何共识或协议，巴尔舍夫斯基宣布休会。尽管无政府组织使这次大会惊心动魄，却并非大会失败的原因，真正导致失败的是与会国政府不当的态度。

美国固执己见，欧盟骄傲自满，双方都没有意识到，只有发展中国家愿意参与回合谈判，才能达成各自的愿望。克里斯托弗·罗伯茨适时地从我手中接去了服务业贸易自由化委员会的工作，今后我的主要工作就是学术研究了。然而这四年的工作令我受益匪浅，也乐在其中。此前，我并没有直接与美国人谈判过，亲身体验后，我发现这项任务十分具有挑战性，也很有启发性。我也亲眼了解了私营部门是如何运作的。我还发现，那些希望推进服务业自由化的人士，通常曾在政府工作过，并且就在那时萌发了这一想法，韩达德和彼得·萨瑟兰都是如此，他们都是在担任欧盟专员或关贸总协定总理事后才进入高盛国际工作的。服务贸易自由化委员会中其实有许多与我同一级别的政治难民，据我了解，与我平级的美国同僚也不乏这种情况。安德鲁·巴克斯顿是一个少有的人物，尽管他一直为巴克莱银行工作，却对国际经济体系表现出了实实在在的关心。我十分感激服务业贸易自由化委员会给予我的自由，让我得以体验所未体验，成就之未成就之事。金融服务业谈判的成功让我十分自豪。另外，作为唯一一个未在西雅图会议上引起争议的行业，服务业的良好发展让我深感欣慰。我不得不说，世界贸易组织正在经历一场混乱，我在此时隐退是十分明智的。

直到 2001 年 11 月，世界贸易组织才重启贸易回合谈判，也就是多哈发展议程。直到 9 年之后的今天，这一回合谈判仍在艰难地进行。服务业的谈判如期开始，但由于其他领域各方分歧过大，进程也十分缓慢。在十余年时间中，金融服务业协定成为最后一个签署的实体协议。

第二十章　新的峰会丛书

尽管在服务贸易自由化委员会（LOTIS）的工作十分繁忙，我仍然在寻找一个固定的学术基地。与此同时，我还参加了很多与加拿大相关的活动，这使得我与外交部以及加拿大高级专员公署保持着密切的联系。罗伊·麦克拉伦是那里的高级专员。我在彼得舍姆教堂举行的纪念乔治·温哥华的仪式上发表演说，乔治·温哥华正是埋葬于此。我为外交部写了一本小册子，名为《英国与加拿大关系——回眸 500 年》来纪念 1497 年乔瓦尼·卡博托发现纽芬兰的航行。我成为加拿大—英国座谈会英方的荣誉主席，该座谈会每年会就两国重要的公共政策问题举行。我还加入了英国加拿大研究基金会，该基金会为研究加拿大文学、地理或政治的英国大学提供资助。所有这些工作都使我可以定期回加拿大，并促使我去接触一些对英国不熟悉的领域。在经历了一段时间的跨国工作生活之后，我开始希望可以有机会多待在自己的祖国。

彼得·莱昂是我在座谈会的一位同事，同时也是《圆桌会议》杂志的编辑，该杂志历史悠久，主要关注英联邦事务。在他的建议下，我加入了该杂志的编委会，撰写关于英联邦与世界经济的文章。我在担任经济主管时结识了《政府与反对派》的创办人吉塔·伊奥奈斯库，他是一位充满着求知热情的人，我也一直在为这本政治科学季刊撰写文章。后来，在我从加拿大回国之后，我加入了该杂志的编委会。不幸的是，在那之后不久，伊奥奈斯库就去世了。即使有了上述经历，我在学术领域仍然处于边缘地带。

事情的转机多亏了威廉姆·华莱士，他是我在英国皇家国际事务研究所的前资助人，目前他在伦敦政治经济学院创建了国际关系。他又一次改变了我的人生，而这一次是把我介绍给了他的同事迈克尔·霍奇斯。迈克尔是一个迷人又外向的人，他不仅爱骑摩托，还钟爱赛马。尽管并不是一位保守的学者，他在同行中深受敬重，是他介绍我进入伦敦政经学院教授经济外交学——这是下一章的主题。很快，他就鼓励我回到经济峰会的研究中，而这就是本章的主题。

在此之前，我已经接触了多伦多大学的七国集团研究小组，这个小组是由另一位有开创精神的学者约翰·柯顿创办的。他开设的基于七国集团峰会的课程由庞大的网络数据库作支撑，而他在每届峰会时举办的学术会议引起了迈克尔·霍奇斯的注意。约翰·柯顿带着他的几组学生和其他志同道合的学者，每年都获得媒体资格认证参与峰会。他邀请了迈克尔·霍奇斯和我一起参加 1997 年 6 月举行的丹佛峰会，我们作为《伦敦政治经济学院杂志》官方记者去了丹佛，这本杂志旨在服务伦敦政治经济学院的校友。那是我第一次以记者身份从外部跟踪峰会的进展，而不是作为一名官员参与其中。我很享受这个过程，还整理了我的"丹佛峰会印象"放在七国集团研究小组的网站上。事实上，丹佛并不是一届富有成效的峰会，而我更寄希望于下一届——由托尼·布莱尔主办的伯明翰峰会。

迈克尔·霍奇斯、约翰·柯顿和我都埋头于 1998 年峰会前期准备工作中，这次峰会聚焦的是就业、犯罪和财政问题。迈克尔说服了他在伦敦政经学院的同事理查德·拉亚德举办了一场关于就业问题的高层会议。我作为会议主持，相关内阁大臣戴维·布伦基特在会上发言，雅克·德洛尔斯也在会上做了演讲。在高伟绅律师事务所的协助下，我还在伦敦商业区组织了一次以峰会议程为主题的公共会议。我还曾与该律师事务所一起为英国隐形联盟办过类似的活动。约翰还召开了一场学术研讨会，我为这个研讨会贡献了一篇论文。这篇文章也出现在会议的合订本中，该合订本以峰会为主题，包含一系列相关丛书，由学术出版公司阿什盖特发行。

峰会举办地伯明翰沐浴在地中海式气候的阳光中。记者们抛弃了媒体中心，在运河两岸闲逛，而我年轻时还十分破败的仓库如今被别致地装饰一新。我们有幸目睹了在酒吧阳台上透气的比尔·克林顿与两位退休人员同坐一桌的场景，而后者并没有认出他。第二天，呼吁为贫穷国家减免债务的抗议者在会场外围了一道人墙，尽管如此，一切都还很平静，不像我之后在西雅图见到的那样。

布莱尔期待着能在免除债务和亚洲金融危机之后的国际金融体系改革上取得重大突破，但实际上，这两个问题都没能完全解决。一年之后的科隆峰会要完成改组国际货币基金组织和世界银行的任务，该工程被称为"新国际金融架构"，而且还要为这两个机构争取更多债务的减免，以免除贫困国家的债务。正如我在我的"伯明翰峰会印象"中解释的那样，1998 年，峰会有了重大进展。俄罗斯成为正式会员，七国集团变成了八国集团，领导人会晤也不需要部长从旁协助。只有 9—10 个人的会晤，使得领导人可以省去繁文缛节，实现真正的交流。

　　会后一个月，迈克尔·霍奇斯倒在了伦敦霍尔本的地铁站里，死于心脏病。他的死对我来说是个重大的损失。没有了他的引导，我没能参与 1999 年的科隆峰会。不过，我出席了在伯恩举行的峰会前会议，会上约翰·柯顿催我写一本新的关于峰会的书。阿什盖特出版社希望下一卷峰会系列可以收录更多内容。而我已经发表的文章已足够出《同舟共济》的续集了。于是我答应并着手准备我的第一本作为唯一作者的书。经由鲍勃·帕特南的同意，我把这本书定名为《保持信心：成熟与重振中的七国与八国集团》，并决定把它献给查理、迈克尔·霍奇斯和伊奥塞斯库以纪念他们。

　　《保持信心》的原始材料是我在几年间写的十篇文章，其中包括发表在《政府与反对派》和《圆桌会议》上的文章。我发现，这些文章组合起来讲了一个连贯的故事。鲍勃·帕特南和我在七国集团峰会的低谷阶段完成了《同舟共济》，那时"冷战"的结束刺激了复兴。峰会的主题转向"全球化"的影响——这个词是用来形容开放经济政策在全球的传播。但是，新议题加重了峰会的议程负担，领导人要求简化议程的压力迫使伯明翰峰会必须做出改革。

　　这本书围绕自《同舟共济》出版后举行的十二次峰会展开故事。材料都是取自我的经历，因为我作为时任外交官出席了其中的四次峰会，在退休之后又参与了两次。在叙述中，我还穿插了一些章节来解释峰会与国际经济组织之间是如何合作的：与经济合作与发展组织合作宏观经济和能源政策问题；在乌拉圭谈判回合进行贸易协商；与国际货币基金组织和世界银行就财政改革和减免债务进行合作。我调查了"冷战"结束对世界经济的影响。随着欧洲社会主义的垮台，开放经济体系逐渐风靡全球，国际组织机构也可以在全球范围内吸收会员。如果没有安全问题的约束，大国们就倾向于任由经济纠纷一拖再拖不肯解决。尽管机构组织越来越具有代表性，政府还是没有给予它们更大的权力，只是利用它们来解决国内问题。

　　运用政治领导力、协调国内外压力和提供集体管理这三个是《同舟共济》定下的目标，现在依然可靠。但是，峰会却逐渐地偏离了最初的简单构想，其下设的部门机关和官方小组越来越多，而俄罗斯的加入又提出了关于是否可以接纳其他国家的新问题。创始人希望，当领导人提出一个问题之后，他们能够得到彻底解决。但事实上，峰会常常需要多次尝试才能达成令人满意的结果。这个迭代过程尽管对峰会本身来说至关重要，却很可能使得议程上排满了悬而未决的问题。领导人会晤能否扭转这一趋势，我也不能确定。不过，尽管如此，峰会的表现还是逐渐扭转了里根时期的糟糕情况，尤其是最近两次卓有成效的峰会。

《保持信心》于2000年年初出版，那时我正逐步脱离服务贸易自由化委员会。我作为一名经济外交竞技场上的积极选手的时期结束了。此后十年，我将转型成为一名观众和解说员。而八国集团峰会成为我最好的观察对象。因此，我成为约翰·柯顿团队的忠实成员，参与了从2000—2005年的所有峰会。这六次峰会依次是由日本、意大利、加拿大、法国、美国和英国主办的。每年都会有两个层次的活动。学术领域集中在学术会议上，该学术会议靠近峰会会场，在峰会开始前举行。发言者通常来自约翰·柯顿的学术赞助者和主办国的撰稿人。会上发表的论文会组成章节，编入一本或者几本峰会文集中，由阿什盖特出版。在开朗活泼又效率极高的玛德琳·科赫的帮助下，这个过程得以不断推进。在我写完这一系列整整十二章书的几年间，我和她之间有无数封电子邮件往来。

第二个层面则聚焦于峰会本身。我每年都会作为《伦敦政经学院杂志》记者赴会。在媒体中心，我会和约翰·柯顿、玛德琳·科赫、其他学界专家和一群热情的学生一起工作。我们全方位追踪峰会文件和所有媒体推介会，尤其是峰会闭幕时的领导人记者招待会。我紧跟英国的位置，聆听了托尼·布莱尔的每次发言。我还和我之前在外交部的同事保持联系，他们对我十分坦诚。我还定期出席雅克·希拉克的情况介绍会，他表现得很活跃，也相当轻率。从这些材料里，我着手编写我对每一届峰会的"印象"。

约翰·柯顿的八国集团研究小组，也就是我现在参与的这个小组，并不只是峰会进程的消费者。我们也通过向媒体介绍峰会情况为峰会贡献自己的力量。我们会出现在电视和广播，接受报社记者的采访，向他们传递我们所掌握的峰会信息。同时，我们还与更加负责的非政府组织保持联系，比如乐施会，这个组织现在把更多的关注投向了峰会。事实上，八国集团研究小组所提供的服务是峰会主办方政府所做不到的。每年峰会的举办权都交由一个新的国家，而相应的，其发布的公共材料中也会带有本国的倾向性。因此，八国集团峰会并没有集体记忆或者是综合信息服务。对于那些希望得到峰会的公正数据和评判的人——不论是记者、学者、非八国集团成员国政府还是一般公众，他们都会求助于八国集团研究小组，而八国集团政府也很乐意看到这一点。

　　1998 年和 1999 年举行的伯明翰峰会和科隆峰会主要关注国际金融和债务减免问题，但也涉及国内问题诸如就业、犯罪、教育和社会政策等。而接下来在日本、意大利和加拿大举行的三届峰会则抛弃了国内问题，把目光集中在国际发展上。在以信息技术促发展、应对传染性疾病和开始新一轮世界贸易组织谈判等方面，出现了一些很有价值的提案。然而，峰会渐渐失去了动力，直到让·克雷蒂安在 2002 年的峰会上提出关注非洲复兴问题，情况才有了转变。八国集团通过了一部详细的"非洲行动计划"，该计划涵盖了和平与安全、完善政治标准和经济发展等方面。这个计划也符合非洲发展新规划的内容，后者是由一群非洲领导人发起的，他们受邀与八国集团领导人以平等地位会晤。我对于八国集团首脑和非洲领导人协同工作的方式十分着迷。在我的印象中，我把他们的联合行动和第二次世界大战后复兴欧洲的马歇尔计划做了比较。

　　2001 年，我在热那亚遇到的示威者重视了我在西雅图那次的经历。峰会会场选在了港口地区，被双层防线和重重警卫隔开。而当约翰·玛德琳和我晚上开车穿过强烈的雷暴到那里时，路上堵满了从热那亚逃出来的车辆。第二天早上，整个城市都被包围起来，我只能到安置在一辆特别大巴上的媒体中心，这辆大巴还被一队武装护卫保护着。电视屏幕里播放着警察与闹事的抗议者之间的血腥斗争，在这场斗争中，有一名示威者不幸死亡。久久不散的催泪瓦斯的味道弥漫在整个海港。为了避免类似的情况，2002 年加拿大就把主办地放在了卡那那斯基斯——一个偏远的滑雪胜地，这也是"9·11"事件之后出于防止恐怖袭击的考虑。媒体对于只能待在距会场 60 英里外的卡尔加里满腹牢骚，而我则抓住这个机会和迪伊一起在加拿大享受假期。接下来，法国政府把会址选在了埃维昂，也很好地隔绝了示威者。而附近的洛桑和日内瓦却出现了骚乱，这对于瑞士政府来说是场闹心的惊吓，尽管后来法国也为瑞士的损失做了赔偿。

　　伊拉克战争使得八国集团内部分成了两个派别，乔治·布什和雅克·

希拉克之间的不和持续了几个月。在外界看来，布什即使出席 2003 年的峰会，也不会踏上法国的土地。幸运的是，双方之间的紧张气氛逐渐缓解，埃维昂峰会也帮助双方开始和解，而这种情况也延续到第二年在美国佐治亚州海岛举行的峰会上。不过，尽管每年峰会发布的会议文件数量持续增长，八国集团却没做出多少重要决定。而创新的关键在于对非八国集团成员国的扩展服务上。2003 年，希拉克邀请了几大新兴力量与会，包括巴西、中国、印度和非洲国家。2004 年，布什试图拉拢中东国家领导人参与一个改革当地政治经济的项目，但核心人物缺席。媒体被困在距峰会会场 80 英里外的萨凡纳，唯一的慰藉是布什自己召开了新闻发布会。他周围的安保非常严密，这一点和希拉克形成了鲜明对比——后者坚持同房间内的人一一握手，包括我在内。布什竭力为自己的观点辩护的样子让我印象深刻——如果说不是对观点本身的话。在去萨凡纳的路上，我参加了由鲍勃和露丝玛丽·帕特南举行的晚宴。其他的宾客都是民主党人，他们坚信约翰·克里将会在下一届总统竞选中击败布什获胜。鲍勃对此并不感冒，他更寄希望于一个冉冉升起的政治新星——巴拉克·奥巴马。

至此，八国集团每个成员国都举办过峰会（除了俄罗斯到 2006 年才第一次举办），接下来又该托尼·布莱尔当东道主了。在约翰·柯顿和阿什盖特的克斯汀·豪盖特的鼓励下，我开始着手撰写我的第三本也是最后一本关于峰会的书，名为《并肩作战：面向 21 世纪的八国集团峰会》。这本书定于 2005 年 7 月格伦伊格尔斯峰会之前出版。至此，我的孙子孙女都入学了。菲利克斯在圣保罗中学，克劳迪娅在圣保罗女子学校。奥利在克莱宫廷学校，也在为进入圣保罗做准备，而最小的马克思则刚刚要开始他在克莱宫廷学校的生活。汤姆和克莉丝汀决定给奥利和马克思在蒙托鲁的小学报一个暑期班，他们在那里有自己的度假小屋。迪伊和我在法国，代他们的父母照顾他们。正是在那里，我在一片兰花和橄榄树中开始了《并肩作战》的写作。

《并肩作战》和前两本书的结构一致。我会依据自己当时记录下的"印象"来叙述峰会，每届峰会写一章。在这些章节之间，我会穿插我的评价，主要基于以下热点主题：首先是财政和债务减免；然后是贸易与发展问题；最后是非洲复兴和其他非经济主题，包括"9·11"事件之后日益猖獗的恐怖主义。我思考每届峰会是否遵循最初的目标：政治领导力、协调内外部压力，以及对国际体系的集体管理。我同样也审视着峰会的决议是否得以贯彻落实，是否能为别国所接受，是否能在政策领域上保持一致性。

我得出的结论是，到 2002 年，改革后的八国集团连续五年表现不错。但是，近两届峰会的质量显著下降：最初的改革失去效力，会议文件冗长含糊。八国集团峰会在政治领导方面产生了广泛的影响力，主要表现在它的创新能力和达成协议方面，有时在不同问题上也能如此。经济、政治措施的一体化是八国集团的新尝试，这一尝试在某种程度上和非洲有关。集体领导也同样运转良好且灵活，八国集团对其他国家的扩展服务逐步增加。非洲领导人定期与会，核心的新兴力量被邀请参加埃维昂峰会以及中东国家海岛参会，都体现了这一点。其潜在观念是：八国集团不会增加新成员，但是每年会依据当年会议主题邀请其他国家与会。

然而，八国集团峰会在调和制定政策的内外部压力上并不成功。领导人们渐渐地避免把国内敏感的经济问题列入会议议程。他们太容易对国内阻力让步，有时甚至强化了这一点。他们在履行峰会决议这一点上也表现欠佳，对此媒体十分不满。我仍然相信，八国集团峰会是有价值的，但它需要利用新的方式来解读其目标。在我的书付梓时，布莱尔显然想用格伦伊格尔斯峰会来证明这一点。

由于联合美国攻打伊拉克，托尼·布莱尔现在面临着各界的反对。对于他的这一决定，我也持反对态度。尽管如此，他还是给格伦伊格尔斯峰会制定了远大的目标。他选择的议程只有两项议题：非洲和气候变化。为了重振八国集团的非洲计划，他希望在债务减免、援助量和贸易途径方面取得重大进展。这些将会通过一个新的发展方式得以完善——这个发展方式是由他的非洲委员会起草的，该委员会的成员来自八国集团、非洲甚至还有中国，包括商界人士、非政府组织人员，还有政府工作人员。而环境变化这一议题一直被之前的峰会所回避，因为美洲国家和其他国家之间隔着宽广的大西洋。但是，克莱尔相信，是架起桥梁的时候，把美洲国家拉回谈判桌。上述两个议题都涉及前几届峰会一直回避的国内政策问题。

我得以近距离的跟踪各种会前准备工作。迈克尔·杰现在是英国的协调员。我还和下面几位保持着紧密的联系：马丁·唐纳利，他现在正做着我之前在外交部的工作；查尔斯·海，领导着他的八国集团峰会小队；以及迈尔斯·维克斯蒂，掌管非洲委员会秘书处。英国协调员团队在扩展服务这一块比之前任何一届都要走得更远。他们提前就发展问题和非洲交换了意见，就环境变化问题和巴西、中国、印度、墨西哥以及南非交换了看法，以便于这两部分国家都能够支持峰会的决议。他们成功地赢得了发展性非政府组织的支持，其中包括发起"让贫穷成为历史"的大规模群众运动的乐施会。同时，约翰·柯顿和我也帮助格拉斯哥大学组织了峰会前发布会，在会上，唐纳利、维克斯蒂还有苏格兰首席部长杰克·麦克康纳都做了发言。

峰会媒体中心距首脑们下榻和开会的鹰谷酒店只有几步之遥。我参加了密集的发布会，从布莱尔、希拉克等领导人的，到乔治·克鲁尼、鲍勃·吉尔多夫等名流的都有。由于反对者封锁了道路，从爱丁堡或是格拉斯哥过来的路都非常难走，幸运的是，我住的地方很靠北，所以并无大碍。伦敦赢得了2012年奥运会举办权之后，情况对托尼·布莱尔来说十分有利。可是，峰会第一天新闻就全变成了恐怖分子袭击伦敦造成多人死伤的消息。其他领导人敦促布莱尔尽快飞回伦敦处理，留下迈克尔·杰主持会议。等到布莱尔回到峰会时，他在各国领导人的陪同下，发表了一篇慷慨激昂的演讲，谴责恐怖分子。尽管他缺席会议，峰会还是完成了环境变化方面的工作，并在第二天提前处理了非洲问题。每个八国集团领导人都在非洲和环境变化的主要文件上郑重签字，以强调他们遵守承诺的决心。

格伦伊格尔斯的成果十分重大。领导人确认了之前由各国财长签署的100%减免非洲及其他贫困国家债务的决议。峰会承诺，到2010年，向非洲国家提供的援助将增加一倍，从目前的每年250亿美元增加到每年500亿美元。并不是所有八国集团成员都实现了这个目标，尽管如此，给非洲的援助还是得到了显著提高。而非洲委员会的提议虽然打了折扣，但还是在峰会决议上得以体现。不过，在贸易问题上，八国集团却没能令人满意，领导人并没有如约激活世界贸易组织协商。除非洲国家自身努力外，随着格伦伊格尔斯决议的效力渐增，非洲大部分国家的经济都有了稳步提升。在环境变化方面，布什首次承认全球变暖是由人类活动引起的。峰会同意发展新技术来降低温室气体排放，并在所有温室气体排放大国之间发起对话，包括美国和像中国这样的新兴力量。这保证了在联合国背景下重启环保进程，甚至在布什下台之前就开始了。

2005年之后，我不再追踪峰会了。我觉得格伦伊格尔斯是八国集团峰会成就的巅峰而事实也的确如此。2006年在俄罗斯举行的第一次峰会成功地提升弗拉基米尔·普京的声望，但也仅止于此了。2007年在德国举行的峰会尚有些有价值的成果，但是，随后在日本和意大利举行的2008年和2009年峰会十分令人失望。八国集团仍然对艰难的国内问题避而不谈，也没能发展出一套与新兴力量对话的方式，而这些力量将会逐渐证明它们在世界体系中的分量。结果，当2008年国际金融危机爆发时，做出积极回应的是二十国集团峰会而不是八国集团。迄今，二十国集团已经成了财长们的俱乐部，不过，它还包括巴西、中国、印度等其他关键力量，这是八国集团所没有的。很快二十国集团就宣称自己是"经济合作第一论坛"。可能因此，八国集团作为经济外交推动器的日子也屈指可数了。如果真的是这样，那我会很遗憾，毕竟曾与它共事那么久。不过，我已经写完了三本峰会丛书，我想说的都在里面了。

第二十一章　在伦敦政治经济学院教经济外交学

尽管我一直在这本书里自由地使用着"经济外交"这个词，但事实上在我的职业生涯中这个术语并不流行。这个词是我从迈克尔·霍奇斯那儿听到的，当时他提议以此作为我俩在伦敦政治经济学院开设的课程的名字，意即政府在经济领域决定国内政策以及进行国际协商的过程。他认为这个过程值得学术界对其进行更为细致的研究，而最为理想的研究方式是联合学者和实际决策者一起进行。我很乐意加入这项事业，它给了我寻觅已久的学术基地。

1997年6月的丹佛峰会结束后，在我们的回国途中，麦克帮助我成为LSE国际关系学系的客座研究员。系里的大多数教职工，例如威廉·华莱士，都专注于国际关系领域中的政治问题。而迈克尔·霍奇斯研究的是世界经济中的政治，这一领域的老师在系里属于少数派，带着一批硕士研究生。学生的核心课程是由讲座、研讨会组成，还需要修两门有考试的选修课。他们要在一年内完成一篇学位论文。迈克尔是国际商务这门选修课的老师，其他的选修课涵盖贸易、财政和能源。一开始，我和迈克尔计划于1998年10月开设一门经济外交学选修课，但是，1月时他告诉我他无法在这么短的时间内推出一门新课。作为替代，我们可以先组织一系列共10次的研讨会，每次邀请一名学者和一名相关领域决策者发言。到1999年再推出完整的课程，我俩还可以合写一本书来作为配套教材。

迈克尔得到了系里许可开始组织研讨会。我们列出了主题清单，之后不得不中断去为伯明翰峰会组织发布会。当迈克尔6月突然离世时，我以为我们的工作只能到此为止了。但同事们不希望迈克尔的心血付诸东流，系主管希拉里·帕克问我是否能独立组织这些研讨会。我回复说我需要一名伦敦政治经济学院教工做搭档，并推荐了最近加入系里的讲师斯蒂芬·伍尔科克。他是一位贸易专家，最近致力于研究金融服务自由化。他在皇家国际事务研究所和英国工业联合会工作时我们就认识。斯蒂芬·沃尔科克同意加入这个项目，从此开启了我们成果丰硕的合作关系，这段关系一直延续至今。开始时，他给我以严肃而谦逊的印象，但后来发现我们共事十分默契。事实证明，研讨会十分成功，史蒂夫的自信也逐渐增强。研讨会发展成一门正式的经济外交选修课，到今天已经是开设的第 12 年。

斯蒂芬和我立刻着手为研讨会邀请发言的学者和决策者，这一过程从 1998 年 11 月持续到 1999 年 2 月。我们不仅得到了伦敦政治经济学院首席专家的支持，我还争取到了我之前在政府中的同事们。来自外交部、财政部、贸易和工业部还有环境部门的高级官员们似乎都非常乐意来到伦敦政治经济学院就武器交易、债务减免、对内投资以及环境变化发表演说。斯蒂芬讨论了大西洋两岸国家的经济关系而我讲解了服务贸易。研讨会全凭学生自愿参加，没有考试，但是，每次上座率都很高。同时我还向伦敦政治界和金融界广泛传播研讨会的细节，为我们争取外界拥护，克里斯托弗·罗伯茨和约翰·库克都是研讨会的忠实参与者。

迈克尔·霍奇斯研讨会进展良好，于是我们决定于 1999 年 10 月开设一门选修课，斯蒂芬作为"课程所有者"。我们同系里的教授们进行了一次令人胆战心惊的会晤，他们中有些人并不情愿接受经济外交学作为一门学术学科。不过，我们承诺增加更多理论性内容——在这方面，之前我和鲍勃·帕特南的合作给他们留下了不错的印象，最终我们获得了他们的认可。斯蒂芬和我列出了一个讲座与研讨会框架，并拟订了阅读清单。第一年只有 20 个学生报名选修完整课程，不过，由决策者作为主讲人的讲座吸引了更多的听众。经济外交学逐渐为大家接受，并成为"世界经济中的政治学"理学硕士课程中的一部分。伦敦政治经济学院与我签约成为其客座教授，并支付给我相应的工资。

很快，20 场讲座和相关研讨会形成了一套标准体系。史蒂夫和我共同承担早期的讲座任务，在对这门课进行综合介绍之后，他讲解经济外交理论，而我负责剖析这些理论在实践中的应用、这些理论如何适应"冷战"结束后的世界以及全球化的先进之处。我们还对关贸总协定的创立以及早期七国集团峰会进行了案例研究。秋季学期结束时会举办三场决策者讲座，分别代表政府、商界和非政府组织。接替我在外交部担任经济主管的人员会做第一类讲座，由科林·巴德先开始。

到了春季学期，斯蒂芬和我介绍了进行经济外交的不同方式——双边的、地区性的还有通过更多机构实现的——第三种方式由一系列相关决策者来解释。来自高盛投资公司的马修·古德曼是我在服务贸易自由化委员会的同事，他将根据自己在东京担任财政专员的经历为大家讲解美国对日来的经济外交政策。财政部的高级官员会就国际货币基金组织和世界银行发表演说，由我的协调员同事休·埃文斯和奈杰尔·威克斯先开始。英国首席贸易谈判代表——先是托尼·赫顿，之后是理查德·卡顿，负责世界贸易组织。委员会专家展示欧盟如何进行环境问题协商；英联邦秘书处成员解释经济外交对于贫困国家的意义；非政府组织人员介绍债务减免。最后，由我和斯蒂芬作总结。

在小型研讨小组中，学生们要独立完成作业。他们轮流向全班展示短篇论文，对伦敦政治经济学院的视听资源进行了创造性使用，每学期还要交论文让我打分。尽管一开始我比较紧张，但是，在教他们的过程中我受益良多。即使伦敦政治经济学院每年都有许多让人分心的事，他们还是勤奋而积极地学习着。这些小组的组成十分国际化，但无论是同我交流还是组内协调都没有障碍。我教的第一个班有十名学生，除了三位加拿大学生，剩下七位分别来自印度、意大利、韩国、墨西哥、泰国、美国和越南。这些年来，班上来自欧洲、南北美洲和亚洲（包括中国）的学生都不少。而非洲和中东的学生十分稀少，不过，英国本土的学生也只占5%。夏季学期并无教学任务，斯蒂芬和我只需要负责课后温习班和批改试卷——后者开始得很早，但却最让我头疼。在其他事情上，斯蒂芬和我很容易达成共识，但在打分这件事上我俩却常常意见相左。尽管打分是依据学生在考试中的表现，但很多情况下还是要靠我俩的决定。为避免同八国集团峰会的时间相冲突，改卷子也总是要争分夺秒。2002 年，我曾在卡尔加里通宵熬夜阅卷，然后再通过不靠谱的传真与远在布鲁塞尔的斯蒂芬协商。但我也没什么可抱怨的，因为除此之外，夏天就没什么其他事了。

人生中第一次——我整整十年定居在同一个地方做着同一件工作。迪伊和我也因此得以见证了家族的发展轨迹。汤姆仍然从事公司理财工作。就在苏格兰皇家银行接管之前，他的团队脱离了国民西敏寺银行，加入了鹰点律师事务所——道格拉斯·赫德也在里面。一段时间过后，为了获得经营公司的第一手经验，汤姆离职进入了一家建筑公司的董事会。一开始他发现这个职位可以增进他的阅历，不过，长远来看却不令人满意。于是他回到了公司理财，和几个关系亲密的同事一起创立了诺温特斯律师事务所，旨在服务那些被大银行忽略的小企业。

汤姆开始喜欢跑马拉松，刚开始的时候在伦敦跑，后来扩展到欧洲的其他城市。克莉丝汀活跃在诺丁山的一家慈善机构中。我们的孙辈们依他们自己的个性自由成长。我非常欣慰的是，菲利克斯成为一位热情的古典文学学者，将牛津大学看作心中的理想学府。有一次校园开放日，我带他去基督教堂学院，但他更倾向于基督圣体学院——全校古典文学最好的学院。在开始大学生活之前，他去印度的一个佛寺教英语。热心的克劳迪娅最擅长运动，尤其是曲棍球、无挡板篮球和掷铁饼。多才多艺的罗利则热衷于辩论和橄榄球。马克思醉心于历史和园艺。

我们没有忘记查理。在他去世十周年纪念时，我有感写下了最后一首诗：

给我的爱妻：铭记查理

常常，我想念查理，当我坐着
像他一样，在电脑旁，靠近我
我看到他在他喜欢敲打的键盘上
用他的口含棒在一个个键上舞蹈
而他不只在这里：在西班牙
在瑞士、在波兰，当地的人们还看到他在公路上
他的鲜红色面包车驶过，像再次炫耀
对旅行的热爱是如何解放了他的灵魂
然而他的旅行也让他回归了你的怀抱
我的爱人，你给了他坚实的生命
你给了他洞悉世事的勇气
还有希望，无论他曾面临何种挫折
因为你无私奉献的爱，他找到了力量
去把自己的一生过得漂亮

接下来的十年间，迪伊和汤姆继续在剑桥残障中心的支持下运营着塔维尔基金会。我的哥哥克里斯托弗掌管基金会的财务，据他估算，截至

2009 年，基金会总共拨款 3 万英镑——大大超过了原定捐款，共帮助 100 多名残疾学生实现了旅行的梦想。在 2010 年查理去世 20 周年的纪念日，我和迪伊为基金会注满资金，给所有还和我们有联系的他的朋友送去了他的纪念品。我们发现，在伊顿、剑桥还有其他地方，有那么多人知道他，还记得他，这使我们深受感动。

迪克和劳拉在伊斯特里奇买了一套房子，那里被西蒙·詹金斯称为"放逐梦想的科次沃尔德"。2002 年，迪克实现了自己渴望已久的目标——他和劳拉 4 月从卡拉布利亚的尖角出发，环意大利步行一周。他们主要走山区，不过，中途来那不勒斯南部的帕埃斯图姆和我们共度了几周，后来我们在劳拉父亲位于锡耶纳附近的家中又见了一次面。他们继续南下，到地中海沿着利古里亚海岸行走，最终于 10 月穿越法国国境。在他们的旅行中，他们被罗马东部马耶拉地块（Majella massif，位于意大利马耶拉国家公园境内）的风光深深吸引，决定返回那里寻觅一处度假别墅。后来，他们在迪康特拉找到了理想居所，这个充满乡村风情的小村庄坐落在大山深处，俯瞰奥尔芬托峡谷。迪伊和我前去帮助他们整理房子，抽空还去远处的山谷中漫步，探访那些中世纪的修道院。

迪康特拉给了迪克和劳拉灵感，他们和艾德·格兰维尔一起启动了一项雄心勃勃的经营项目——山地逍遥。艾德和劳拉曾在世界著名豪华旅游公司东趣旅游集团一起共事。山地逍遥的总部设在他们位于伊斯特里奇的房子的客厅里，旨在为游客提供与迪康特拉类似的欧洲山区乡村徒步旅行体验。迪克主要负责探索徒步的路线、撰写手册以及挑选各地负责的山区向导，而劳拉和艾德则负责运营事务。迪伊和我成了热情的山地逍遥客。在迪克带领下，我们先去了尼斯后面的法国阿尔卑斯山区，他的加入也给我们增添了很多乐趣。第二年，我们来到了迪康特拉，这次克里斯托弗·罗伯茨成了我们的旅伴。后来，我们又跟着山地逍遥领略了法国比利牛斯山的河谷、大加那利岛的火山景观以及哈莱克后面遍野是绵羊和巨石坟墓的威尔士山区。

戴安娜阿姨是我母亲的姐妹，于 1999 年去世，享年 92 岁。克里斯托弗、戴维和我三人从她那里继承了我们外曾祖父弗里施曼的财产。我们把其中的大部分直接留给了我们的孩子，他们是第五代受益者了。分拣她的物品使得我们兄弟三人重聚在了一起，从那之后，我们决定每半年聚会一次，以保持联系。戴安娜阿姨是我的家族里上一辈中的最后一位去世的，而我的妻子迪伊的父亲汤姆·王尔德还健在。他一个人生活在比迪福德尽管已经 90 岁高龄了，但依旧精神闪烁。当一个人住太不方便之后，他来到汉普顿宫和我们同住。他依然思维敏捷，是个极好的伙伴。2009 年 8 月 2 日，他在子孙的环绕中庆祝了自己的 100 岁寿辰。

我没有忘记迈克尔·霍奇斯的初衷：我们应该有一本立足于课程本身的、经济外交领域的书。我说服了史蒂芬让他相信这本书并不难写，因为每一次讲座都可以构成一个章节。阿什盖特出版社同意出版《新经济外交：国际经济关系中的决策与协商》，而且所有在讲座中发言的决策者也都着手整理他们的讲座文稿。不过，事实上准备这本书用的时间比我预计的要长得多，直到 2003 年年初《新经济外交》才上架。不过，这本书销量不错，比我之前出的两本关于峰会的书要好得多。很快阿什盖特就推出了平装本，这样学生们就能买得起了。

通过这本书，我得以向更广大的读者而并不仅仅是我在伦敦政治经济学院的学生阐述我对于经济外交的解读。我的目标是以一种适合于学术教科书的形式对我的职业生涯经历和之后的观察所得进行科学分析和解释。我的主题是必须协调以下三种冲突：政治与经济之间的冲突、内部压力与外部压力之间的冲突以及政府与其他力量之间的冲突。以第一种冲突为例，经济发展要求单方面消除贸易壁垒，但是，从政治角度说，与对方进行互利协商则会使消除贸易壁垒容易得多。第二种冲突是各国经济互相依存的结果——在世界范围内被称之为全球化，在经济合作与发展组织国家内盛行已久。第三种冲突则体现在私有企业和非政府组织对政府和相关机构施加的压力正逐渐增强。

我认为，全球化的拓展提高了对政府的要求。经济外交不会止步于国界线，反而会渗透进国内政策中。它会覆盖越来越多的领域，并使得越来越多的国家参与其中。当政府看到自身对于重大事件的影响力正日益减弱，他们探索出了四项新的策略：把部长大臣和官僚们拉入进来，增加了政治筹码；让非政府部门——商界和非政府组织承担更多责任；提高透明度，也即信息更透明、给公众的解释更及时；利用国际机构巩固国内政策目标。

我整理出政府决策制定的内部顺序。首先，选择负责的部门，该部门会咨询外界团体（包括企业、非政府组织和学界专家）和内部的其他部门以得出一个统一的国内立场。这样，就从部长手中取得了政治权利，从国会获得了民主合法性，增加了透明度。该国谈判代表也从这个过程中获得授权，当他坐在国际谈判桌前，他面对的对手也和他经历了相似过程。当谈判双方无法通过交易达成共识时，他们就会转而谋求获得影响对方的国内情况。而一旦在国际层面达成协议，需要得到国内正式批准时，往往又无果而终。

在比较经济外交的两种不同的应用方式中，我解释了双边主义是如何有利于更强势的一方也因而更受到美国的青睐。因为可以团结起来对抗更强大的对手，地区主义对中等规模国家更有吸引力，欧洲就是最好的例子。而相比最初成立时，国际组织逐渐有了更多的政治内涵，正逐步深入影响各国的国内政策。多边主义的代表——世界贸易组织，可以制定有法律效力的正式规则使协议生效，而排外的团体经济合作与发展组织和八国集团只能依靠成员自愿合作和来自成员的压力。

在最后一章，斯蒂芬和我发现"冷战"的结束对于第一种和第二种冲突有着积极的影响。一批新的、立足于规则的国际机构被建立起来，比如，世界贸易组织、联合国应对气候变化和保护生物多样性公约大会。亚洲金融危机带来了国际货币基金组织和世界银行的改革；八国集团给予贫困国家尤其是非洲更多的关注。但是，在各个方面都有旧的协议成为阻碍，而新的承诺又遭遇国内的阻力；发展中国家认为，发达国家依然试图主导国际体系。我们相信，立足于规则的经济外交可以取得进步，但是，过程将比预期的艰难得多。至于第三种冲突，政府在利用企业或者非政府组织做事时，常常想掌握主动。他们经常利用独立机构甚至是私有部门约束经济活动，但并非一帆风顺，因为私有部门和政府一样，也会犯错。总之，经济外交就像烹饪，同样的原料可能会做出完全不一样的菜肴。

在撰写这本书期间，我得到在加拿大任教的机会。加拿大英国座谈会的加方负责人是鲍勃·沃尔夫和吉斯·班廷，前者是一位外交官，而后者在安大略省金斯顿的皇后大学任教。他们邀请我于2001—2003年在一所研究生暑期学校任教。我要把经济外交（他们称之为全球管理）这门课压缩到三周上完。班上的许多学生都是利用空闲时间来学习的专业人士，他们很乐于从自己的专业角度来解读课堂上讨论的问题。我请大家来模拟八国集团峰会，每个人都乐在其中。课程之余，我还抽空联系了加拿大的朋友——渥太华和多伦多都离我很近。有一年，我在伦敦政治经济学院最开始教的三位加拿大学生在金斯顿请我共进晚餐，他们中，一位在国际货币基金组织任职，一位在银行任职，而第三位在为贵格会非政府组织工作。

现在，斯蒂芬和我在课程上就有了更大的自由度。最初的讲座内容在书中找得到，无须重复。另一位热心的同事马西亚斯·科尼格－阿奇布吉也加入到我们当中，教授理论部分。我们请到了更多来自新兴国家的发言人，第一位是时任巴西驻英国大使塞尔索·阿莫林，后成为总统卢拉的外交部长。印度方面，我们找到了一位绝佳的发言人——基尚·那拉，他曾是一位大使，在比较外交学方面有著述。不过，我们一直没能找到一位具备同样资历的中国发言人。所幸有马修·古德曼，他当时就美国同东亚各国（包括中国）的经济关系在讲座上发言，而这一主题正是他在小布什的第一个任期时在白宫负责的事务。之前的两个学生以发言人身份回到了伦敦政治经济学院：一位是瑞典驻欧盟的外交官，另一位是巴西驻世界贸易组织谈判代表。

选修这门课的人数稳步增长。其着眼于实践和邀请实际决策者授课的特点吸引了很多学生，甚至有些人将这门课作为自己申请伦敦政治经济学院的原因之一。一开始，斯蒂芬和我不得不每人带两个研讨班，然后再引入其他老师协助我们。在 2005—2006 学年，有将近 100 位学生，需要分成 6 个研讨小组，这极大地考验了斯蒂芬的组织能力。之后，他就把选课人数限定在了 75 人，这样就只用分成 5 个小组。2004 年年初，在一次心脏病发作之后，我负责的部分渐渐减少，斯蒂芬的担子就更重了。我不再负责带研讨会，最让我宽慰的是，我也不用再为试卷判分。作为替代，我开始组织模拟八国集团峰会，从格伦伊格尔斯峰会开始。学生们在这样的角色扮演练习中表现出了极高的天分。我常常觉得他们所取得的成果比实际峰会还要好。

2006 年年初，阿什盖特提议我们应推出《新经济外交》修订本，同时发行精装本和平装本。这次不需要同行的评论，要是我们能在 2007 年 4 月底之前把稿子交上去，新学年开始时书就能印出来了。史蒂夫和我带着些许不祥的预感开始了新书的工作，不过，这次倒是顺利得多。我们简化了学术性分析，加入了新的决策者发言人的文章。来自外交部的马丁·唐纳利着眼于格伦伊格尔斯峰会及其后果；罗德里克·艾伯特是欧盟和世界贸易组织秘书处的资深官员，他解释了世界贸易体系；曾任国际原子能机构理事会主席的琼·麦克诺顿贡献了一章关于有关该机构的文稿。我们的书稿及时交给阿什盖特，他们也如约在 2007 年 9 月推出了这本书。

　　尽管在新一版中我反思了像巴西、中国和印度这样的新兴国家的崛起以及布什政府的特别政策，但分析性章节的内容还需要稍作改动。然而，我们得出的结论更加不容乐观。在过去的四年中，经济外交的前景并没有得到改善，具体的表现就是世界贸易组织谈判原地踏步以及美国在应对气候变化时故意拖延。全球财政体系风平浪静，但是，新体制尚未经受近期强劲的经济增长势头的考验。在协调政治与经济方面，出现了一些举措来帮助新兴力量更加全面地融入体制中，但这些举措既不正式也不系统。在协调外部压力与内部压力方面，规则约束让位于自愿合作，而做出的承诺却常常不予履行——这些在峰会上表现得尤为突出。当双边协议甚至是单边决定逐渐倾向于靠有关机构来解决，经济外交便濒临破裂。在协调政府与其他力量方面，既能进行内部游说，又能发动公共运动的非政府组织正发挥着越来越大的影响力。然而，尽管在工业发达国家中这已经被广泛接受，但发展中国家依然对此心存抵制。商界更喜欢在幕后操作，希望说服政府留出更多的让市场自由运作空间。简而言之，经济外交需要在国际事务上有更广泛的影响力，在克服国内阻力上更有效率。若还用烹饪打比方，现在的情况是新口味的外国菜已经开始流行，但是标准却还是老一套。

　　2007 年 8 月初，我把修改好的文稿校样交给了出版社。短短几天之内，欧洲中央银行下拨了 1280 亿欧元以维持银行体系，而下个月北岩银行就崩溃了。信贷危机开始了，毫无疑问，这是我们没有预料到的。我对于经济外交在这场危机中的应用十分感兴趣。在接下来的整整一年中，中央银行独自苦苦支撑，政府在极不情愿的情况下才出手帮忙并且还不肯调动国际货币基金组织来改善情况。即使那时雷曼兄弟尚未破产，我已经预感到将发生历史性剧变，而这次危机的影响力在我过去 35 年的经济外交官生涯中将是前所未有的。金融危机引发了严重的经济衰退，而这对于工业发达国家的破坏远甚于新兴国家。看来又需要新一版的《新经济外交》了。等我完成了这本回忆录，那就是我的下一个任务。

第二十二章　一个经济外交官的思索

看待外交有两种方式。第一种是将其视为行使权力的工具。国家谋求发展或者是维护本国利益以应对别国的攻势。在国际事务中，以牺牲对手利益为己方争取有利条件，或是从交易中比对手争取到更多利益。在上述情况下，常应用这种外交方式。人们常用体育竞技来比喻这种外交形式，用"博弈、设置和比赛"来描述英国在马斯特里赫特协商中的表现。我将这种方式称为"竞争性外交"，学术界称之为"价值索取"。

第二种方式则把外交视为达成有利于各方协议的手段。通过这种方式，参与各方可以收获比自己单独行动更多的利益。理想的结果是各方在协议的每个部分都收获同等的利益，不过，这常常很难实现。为了在其他方面获得更大的利益，有时必须接受一些损失。如果能使大家都获利，那么其中部分人获利较多是可以接受的。我将这种方式称之为"合作型外交"，学术界称之为"价值创造"。

两种外交方式都是必要的。当出于维护本国安全的考虑对抗敌人时——不管是敌国还是恐怖分子，政治外交必须是竞争性的。我在外交部的职业生涯中，大半的时间都是在"冷战"的阴影下度过的。在此期间，西方国家的目标就是从社会主义国家阵营中捞得好处。不过，尽管在这种情况下，还是可以实现合作外交——我认为，柏林四方协定就是最好的证明（西方盟国希望加强联邦德国在柏林的活动，而苏联想抑制其活跃度的愿望更加强烈；但通过协商，苏联可以给予其更多的活动授权，这样一来，我们如愿以偿，而他们的利益也毫发无损），苏联限制联邦德国的念头更甚于其他盟国激活德国的需要；他们可以用很少的代价获得的通道提升是我们渴望已久的。每个人得到的都比付出的多。

在一些方面，经济外交也是竞争性的。尽管我很少涉足这个领域，但我知道，促进贸易有时需要同其他出价者竞争以保证赢得更多出口订单。而我一直实践的经济外交是很有可能发展成合作外交的，因为这种外交旨在扩大有利于各方的和平成果。我发现这是最令我满意的一种活动，它能使我的天分得到最好的发挥。尽管要实现不容易，但是，它激励每一个参与其中的人来实现自己的承诺。竞争外交对强国有利，合作外交则给了弱小国家机会。如果一份合作性的协议没能考虑周全，它必将损害参与者的利益（但如果一个强国让弱国为自己的错误买单，竞争性外交也同样可以产生同样的破坏性后果）。但在竞争性外交也同样可以产生这样的破坏性后果——当一个强国让弱国为自己的失误买单时。最好的合作外交能建立起持久的、基于规则约束的体制。但是，如果人人都怀抱着竞争的态度，那么这些体制就岌岌可危了。

在我的职业生涯中，随着市场开放，经济外交稳步深入，逐渐对政府的国内决策产生了深刻影响。这能产生经济收益，但是，却让合作外交更加难以施行。当政府集体运作时，尤其是在联合政府中，国内政治是对立的，这在英国和美国尤为突出。而媒体也偏爱竞争外交，因为对抗比共识更有激烈的画面感。政府总是想操控国内决策。在讨价还价过程中，它们可能会为了对方提供的有利条件而做出改变，但是他们不喜欢迫于外部压力而接受某种政策。

合作型外交在某种程度上依靠讨价还价但是更多的是靠说服。秘诀是说服你的外国对手主动采取有利于你方的政策，而不是让对方听取你的建议。因为如果这是他们自己的想法，那么他们会更加坚定的来捍卫它——不过，你可能就不能把这个功劳据为己有了。采取这种策略需要对你的对手遇到的国内压力有透彻的了解，并且还能积极调动起和你目的一致的内部力量。理解并影响对方的国内形势是帮助你在国际谈判中取得有利地位的最保险的方式。在互信的情况下，这种策略收效最好。竞争外交常常要对方不停地猜测对方的情况，而合作外交则依靠开放、自信和谨慎。这就鼓励其中一方提出非正式的提议以期得到对方积极有益的反提议。最终的协议总是会被公之于众，不过，这个谈判的协商过程可能就是秘密完成的。

下面让我用这个分析过程来解释我在过去40年中一直实践和观察到的经济外交。我参与经济外交始于20世纪70年代，当时第二次世界大战后建立的稳固体系在混乱中面临瓦解。国际货币基金组织、世界银行和关贸总协定在合作外交方面取得了举世瞩目的成就，但是，战后最让我印象深刻的则是马歇尔计划。这一计划的成功很大程度上不在于美国提供的慷慨财政支持，而在于欧洲集体制定自己的经济政策的责任。因为它们可以自由选择自己的经济政策，欧洲对此尽心尽力，不将其视为外界强加的任务。后来的经济合作与发展组织和欧盟都是马歇尔计划的继承者。

随着时间的流逝，合作的动力渐渐减弱。根据我在职业生涯早期的观察，新兴独立国家为了寻求利益而牺牲那些曾经占领它们的国家的利益，把联合国变成竞争外交的大舞台。西欧国家如美国所愿团结起来，但它们又在法国的影响下站到了美国的对立面，而美国人又单方面破坏了货币体系。最后，阿拉伯的石油输出国引发了第一次石油危机以报复美国对以色列的支持。

石油危机使合作外交重新焕发活力。我在巴黎和财政部的经历极大地改变了我的观念。当时，我见证了新的经济峰会的诞生，这一过程联合了经济合作与发展组织、国际货币基金组织和关贸总协定集体的力量。法国和美国也放弃敌对，联合建立起一个新的、以浮动汇率为基础的持久的货币体系。美国总统卡特积极推广统一决策，这样，像英国这样的西方强国在刺激自身增长的同时也能帮助弱国经济复苏。德国一开始持怀疑态度，但是，后来施密特总理认为，采取财政刺激是合理的，并利用国际舆论来克服国内阻力。而尽管面临着保护主义的压力，关贸总协定在东京回合谈判中也达成了协议，减少贸易壁垒。国际货币基金组织鼓励银行把石油输出国组织存入的盈利借给中等收入的石油进口国，以维持它们的经济增长。同时，西方国家也通过援助贷款和出口信贷支持贫困国家。这是一场空前的国际大合作。

到 20 世纪 80 年代，随着这种策略显露出其致命的缺陷，情况逐渐发生了变化。以抑制通胀为代价单纯追求增长，使得工业发达国家在第二次油价飞涨时十分脆弱。通过紧缩财政政策降低通胀成了首要目标，而其代价却是经济的进一步衰退。每个国家都是孤军奋战，使得所有人都卷入了一场"看谁利率更高"的竞争中。当时，我已是经济关系部门的负责人，而玛格丽特·撒切尔成为英国首相。我支持她的反通胀目标，并提出把英镑纳入新的外币兑换体制会迫使我们保持低物价。但是，结束了在法国的工作之后，对于她坚信私营部门总是比政府更高效的看法，我不再认同。她也是竞争型外交的支持者，她认为，合作只会产生一堆无意义的承诺。这样的态度也点燃了白厅周围其他好战的斗士。在国际锡协定问题上，我不得不压制伊妮德·琼斯，虽然我原本是倾向于达成协议的。

即使对于所谓的里根经济政策的国际影响，我也持批评态度，因为这使得其他国家难以摆脱经济衰退。但是，美国无视欧洲国家的抱怨，甚至意图替我们决定对东欧国家的经济政策。强势的美元使得美国出口产品竞争力下降，保护主义再次抬头，而慷慨的减税则带来了巨大的财政预算赤字。美国从最大的债权国变为了世界上最大的债务国。由于长期深陷经济衰退之中，发展中国家无力偿还债务。但是，当拉美国家以债务违约相威胁时，美国的主要应对措施是保护自己的商业银行并对债务方施行强硬的纠正政策。这个时期的经济外交没有什么发展。

在里根的第二个任期里，美国财务部长詹姆斯·贝克重振了合作的风气。五国财长签署的《广场协议》帮助美元贬值并中和了对保护主义的压力。关贸总协定展开的新一轮乌拉圭谈判，制订了雄心勃勃的议程。但是，贝克的其他计划就没那么顺利了——因为他试图把他的意愿强加给别人。他提议进行宏观经济政策合作，催生了《卢浮宫协议》，但是却没能说服德国和日本。因为银行拒绝在他的施压下发放新贷款，贝克解决债务危机的计划泡汤了。而贝克的继任者尼古拉斯·布雷迪则说服银行接受了他们可能永远无法得到全额还款这一事实，从而解决了这个问题。我当时在经济合作与发展组织工作，从而得以跟踪观察这些事件。这个组织还为贸易协商贡献了一些至关重要的建议。我十分钦佩经济合作与发展组织秘书处把好的建议传递给成员国的技巧，这些成员国随后可以宣称是自己的主意。这就是经济合作与发展组织推进合作外交的方法，不过，他们永远也不能把功劳归到自己身上。

迄今，我的经济外交官生涯一直被坏消息所主宰：两次油价飞涨导致了经济瘫痪，还有一次主权债务危机。但是，作为外交部经济局局长，我有幸见证了"冷战"的结束，这是个充满了好消息的历史性阶段。公众为此非常兴奋，充满了乐观情绪。但是，从中央计划转向市场经济的过程比预期的要难得多。而变化来如此之快是西方社会未料想到的，因此也没有做好充分准备，有时不能在正确的策略上达成一致。我们对情况做出的反应常常是即时的，对于其可能产生的长远影响，并没有清楚的概念。

帮助中欧国家的计划运转良好。二十四国集团决定同舟共济，对中欧国家进行慷慨的财政支持和技术援助。欧洲复兴开发银行以惊人的速度建立起来，以帮助建设中欧国家被忽视的私有部门。当苏联的问题威胁到最初的复兴时，欧盟和美国为它们的出口产品提供了新市场。而加入欧盟的光辉前景则给了它们一个长期的目标，美国在这件事上也乐意由欧洲国家带头。

苏联是个要难得多的问题，而且其对抗态度也是达成共识的阻碍。由德国领衔的欧盟想利用财政支援激励戈尔巴乔夫，促使苏联加入国际体系。然而，美国和日本却不愿意在没有更强烈的改革迹象的情况下给予苏联任何资助。就这样，事情一直悬了两年没有结果。整个1990年除了进行了一项研究外，没有达成其他成果。1991年，戈尔巴乔夫被邀参加伦敦峰会，但只是个形式，没有任何实质性的合作。那时，苏联经济已经濒临崩溃，我们只能着眼于短期的食物援助和债务减免，却不能帮助它进行根本改革。从长远利益出发，其实，本该采取更为果断的方式帮助俄罗斯转变成市场经济。

德国的统一也带来了经济压力。我一直相信英镑应当纳入欧盟汇率机制。当开始争论是否创建新的欧洲货币时，我认为，英国也应该成为其中的一分子。但是，玛格丽特·撒切尔却不愿意听取这个意见，我就这样看着悲剧渐渐发生。杰弗里·豪和奈杰尔·劳森支持加入欧盟汇率机制，他们为此丢掉了工作。当约翰·梅杰最终说服她加入时，又是在错误的时机。联邦德国国中央银行正在收缩财政政策，以弥补向民主德国规模汇划引起的财政政策松弛。德国人优先考虑国内情况，无视跟德国马克相关的货币问题。如果英镑一开始就成为欧洲汇率机制的坚定成员，那么它或许可以幸免于难。然而，随着新成员加入，一旦这一机制面临压力，英镑就首当其冲。

英国脱离了欧洲汇率机制，这使得从英国开始加入欧洲共同市场时就十分激烈的争议更加甚嚣尘上。支持者认为，欧盟践行合作外交，是为所有人谋福利。反对者认为，欧盟委员会以及成员国是以牺牲他人为自己谋利益，英国肯定会吃亏。当许多英国媒体宣称欧盟对英国持敌对态度时，玛格丽特·撒切尔开始视其他欧洲领导人为对手。许多英国官员渐渐精于欧洲外交，并为他们的同事所信任。但他们经常不得不就"退出条款"和免责条款而不是就如何构建主流欧盟架构进行谈判。如果我们参与了欧元的创建，那么欧元体系本可以更稳固。或者，我们如果始终置身事外，也可以避免这些财政政策错误。但现在机会已逝，无法挽回了。

"冷战"的结束对于整个国际体系有着深远的影响。20世纪90年代，在经济合作与发展组织成员国中流行的经济相互依存演变成风靡世界的

"全球化"。合作外交在贸易、环境和金融方面都大有可为——如果能够让广大发展中国家,特别是亚洲的新兴力量参与进来。

完成欧洲单一市场的建立是少有的得到玛格丽特·撒切尔支持的欧盟计划。当我就任经济局局长时,这一计划正受到攻击,理由是该计划牺牲他国利益为欧盟成员国谋福利。我向反对者证明了它其实是合作外交,因为非欧盟成员国也能从中受益。后来,我出访东亚新兴经济体,足迹从新加坡延伸到韩国。之后发现,欧盟—加拿大关系受到频繁争端的困扰时,我再次提出了这些观点。加拿大与欧盟单一市场的联系以及欧洲与《北美自由贸易协定》的联系为他们带来的好处要比这些争议性问题可能带来的好处多得多。而解决渔场危机极大地考验了我处理问题的能力。加拿大方面决心禁止欧洲渔民捕杀濒危鱼种,必要时会使用武力。西班牙海军和加拿大海军之间险些擦枪走火。幸好一份处罚西班牙渔船的《欧盟—加拿大渔场条约》通过合作外交及时解决了这个问题。英国在幕后的建议帮助双方达成了这个结果——要是公开支持加拿大反对西班牙可就很难有如此成效了。

我在伦敦时,在整个白厅的支持下,还帮助克里斯托弗·罗伯茨在关贸总协定贸易谈判中争取到常任英国代表的位置。他在欧盟各国辩论中提出欧盟应该努力达成的一套目标远大的一揽子协议,而取得这一职位增强了他的话语权。尽管农业问题使得协商停滞了三年之久,最终外部压力和内部压力的合力促使欧盟改革了《共同农业政策》。乌拉圭回合谈判在经过延迟之后终于达成了协议,为工业发达国家和发展中国家都带来了福利。新的世界贸易组织与之前的关贸总协定相比,包含更为严格的责任义务。这似乎是对全球化不断发展的一种积极回应,每个人都很满意。世界贸易组织还达成了更深层次的交易,包括《财政服务协议》——我帮助欧洲和美洲的企业通力合作取得了这样双赢的结果。但是,当新的体制开始实施时,发展中国家大失所望。他们认为,该体制并没有使全体受益,而是以他们的牺牲为发达国家铺路。当世界贸易组织准备发起新一轮谈判时,工业发达国家没有回应发展中国家的诉求而是追求新的成果,于是我就在西雅图见证了贸易体系在混乱中崩溃了。

"冷战"结束也加速了全球环境问题的解决。这些问题需要全球共同参与,通力合作——"冷战"的结束使这一切成为可能。最初的动力是积极的。在里约召开的联合国环境大会达成了广泛共识,要采取根本性措施，运用具有法律约束力的公约应对气候变化并保护生物多样性。然而很快纷争就爆发了。发展中国家不愿意限制温室气体排放，从而阻碍其经济增长，他们认为，工业发达国家才是温室气体排放激增的罪魁祸首。1997年《京都议定书》只规定了发达国家有义务降低温室气体排放。之后，美国迫于其能源产业的压力，也拒绝承担任何义务。美国国会不批准《京都议定书》，美国也拒绝加入《生物多样性公约》。环境问题上的合作外交势头渐弱。

在财政问题上，焦点转向了贫困国家对他国政府和像国际货币基金组织以及世界银行这样的国际组织所欠的债务。英国、法国和加拿大在七国集团峰会上倡议减免这些债务。开始只是小范围的，但是，整个20世纪90年代，这一提议逐渐被推广。倡议者们一个接一个说服了对此持怀疑态度的美国、德国和日本，并最终征服了不情愿的国际货币基金组织和世界银行。到20世纪90年代末，贫困国家所欠的政府债务被全部免除，所欠相关机构的债务也得到了重大减免。非政府组织进行的卓有成效的游说也在其中发挥了作用。

1995年举行了哈利法克斯七国峰会，通过合作外交，对墨西哥政府违约给予回应；决定加强国际货币基金组织的政策监督，扩大其收入来源并统一财政规范。但是，美国和英国为了保持纽约和伦敦所享有的竞争优势，拒绝接受外部审查。两年之后，当泰国、印度尼西亚和韩国引发一场席卷东亚的危机时，国际货币基金组织实施了紧缩的货币和财政政策，好像这场危机又是由政府引起的一样。亚洲国家对这样的待遇十分不满，并采取措施以避免再次招来国际货币基金组织的干涉，主要通过管理其巨额收支盈余以及积累外汇储备。真正引起这次危机的是私营部门：它凭借用薄弱的监管制度，过度参与国际竞争。

亚洲金融危机之后，国际货币基金组织通过的改革也是对全球化要求的积极回应。"新架构"创立了一个各国财长们的组织——二十国集团，包括巴西、中国和印度在内的新兴力量也加入进来。二十国集团建立了金融稳定论坛以实现在监督管理上的通力合作。但美国阻止该论坛开展工作，并且拒绝接受国际货币基金组织的监管审查。美国和英国相信市场能够阻止不负责任的行为。我在贸易自由化委员会任职时，这份信任没有被错付。我所代表的银行及保险公司都支持以清晰且可预见的监管来阻止欺诈和失当的运作。但是，如果私营部门后来被贪婪和自大引诱，控制它的措施就太薄弱了。

21 世纪前十年，我不再是经济外交领域的活跃选手，但是，我一直是一名热心的观众。我对于八国峰会尤为关注，它对于非洲贫困国家表现出的兴趣受到国际社会的欢迎。这些贫困国家原本很容易被全球化的发展排斥在外，但是，一批非洲领导人意识到他们不得不为全球化的问题承担责任，于是他们主动为这个大陆的经济复兴行动起来。八国集团成员国对此十分钦佩，承诺支持非洲发展，建立起类似于马歇尔计划那样的合资企业。20 世纪 90 年代，非洲经济衰退，受到的援助也因为大量转移给东欧国家而缩水。现在，对非洲的援助再次大量增加，预计目标是达到原定总额的两倍，同时非洲贫困国家所欠国际货币基金组织和世界银行的债务也得到全部的减免。到 21 世纪头十年的末期，八国集团履行承诺的热情渐渐衰退，但是这个时候，许多非洲国家通过自身的努力实现了经济的稳步增长和执政水平的提高。

21 世纪初的贸易和环境问题没有取得多大进展。世界贸易组织开始了新一轮谈判，旨在惠及发展中国家。但是，无法达成让各方都满意的一揽子计划，于是这轮谈判被迫搁浅。有些国家开始寻求双边或是地区性贸易安排，而这有可能会提高对于非成员国的贸易壁垒。在环境方面，尽管像中国这样的发展中大国都变成了主要排放者，美国依然强硬地拒绝限制温室气体排放。后来，当美国回归联合国谈判，中国及其他发展中国家也加入对话，才有了实现全球合作的希望。2009 年哥本哈根峰会希望达成新的体制以取代即将到期的《京都议定书》，但是，各方无法达成一致，争论还在继续。

"全球化也有不好的地方，"我在《新经济外交》中写道，"国际金融市场以一种超出政府及中央银行控制的规模飞速发展。"而权力的分散使其控制力进一步弱化。政府把制定货币和金融政策的工作交给中央银行，中央银行又把控制权交给独立机构。亚洲国家把自己的外汇储备大量投资到纽约或是伦敦，市场大幅膨胀。而债务水平（尤其是美国和英国）则上涨到了可怕的高度。银行推出了新的莫名其妙的手段，看似是减轻风险，实则掩盖了潜在的损失。有一些先知警告说灾难即将爆发。然而多数发达国家的人民还是热衷于贷款消费，而政府则为这样的经济繁荣感到欢欣鼓舞。

当 2007 年 8 月次贷危机爆发时，政府对于发生的灾难感到难以置信，任由自己的中央银行独自承受打击。一年之后，雷曼兄弟破产彻底引发了自大萧条之后最严重的一场经济危机。政府手忙脚乱地拼命拯救将要破产的机构，注入大量资金，试图拯救因为金融崩溃而引起的经济衰退。然而，破坏需要很多年才能修复好，因为积累的巨额债务急需被清除，而政府采取的措施令情况雪上加霜。在公共财政恢复平衡前，政府对市场变得空前依赖。我曾在20世纪90年代见证了加拿大政府使经济起死回生，因此我知道如果有足够的决心这是可以做到的，但那会是个痛苦的过程。

国际行动聚焦二十国集团峰会。新兴市场值得在谈判桌前拥有一席之地，因为它们遵循着审慎的政策并在很大程度上避开了经济衰退。国际货币基金组织在危机爆发后对其进行了精准的判断，并在被忽略10年之后应国际社会的需要又一次回来了。随着危机加重，人们越来越欢迎合作外交，表现为国家之间在宏观经济政策上协同合作，改革监管机制以及强化国际金融体制。但是，策略是集体制定的，应用却是因国而异的。有些国家在国际讨论结束前就开始了行动。像这样只要不一致行动，后期就很容易发展成互相竞争。

回顾40年的经济外交之路，我感慨良多。合作外交能惠及所有人，超越任何一个国家单独所能取得的成果。但是，这很难达到，更难维系。重大的变动会带来合作外交，不管是如第一次石油危机一样的消极变动，还是如"冷战"结束一样的积极变化。但是，如果合作是基于错误的或者是不完善的策略，那么就很容易受挫。然而即使没有合作外交，只要有以牺牲他人为自己谋利益的团体，竞争外交就会得到发展的机会。"冷战"的结束引发了强大的合作效应，对多边贸易、全球环境和国际金融体制都产生了巨大影响。但这些部门又很快再次陷入麻烦中，原因是发达国家错误地估计了发展中国家日益强大的力量。

在这个时期，对开放的、竞争性市场的依赖逐渐增长，这样的市场既能刺激经济增长，又可以产生约束力。而这样常常会导致对国家机构的忽视，因为市场被视为是更有效率的工具。正如公共部门会犯错一样，私有部门也会犯错，也有失误并且有可能被滥用。对政府缺乏关注阻碍了贫困国家的发展，也导致了发达国家陷入如今的金融危机之中。在许多发展中国家，政府掌握的权力更大，尤其是在中国，但是，政府可能会以不受国际社会欢迎的方式干预经济。西方民主国家应该重新定义在经济外交中政府可以做什么、应该做什么。

　　一开始的相互依存如今发展成了全球化，这意味着经济外交更加深入到国内政策中。政府要说服选民相信，合作所带来的惠及各国的利益是他们也可以共享的。但是，公众通常都更喜欢看到政府能够牺牲别国为自己国家争取更多利益，这样的竞争外交也是媒体所鼓励的。因此，政府不得不更努力地进行解释，阐明合作的好处，必要时会把其他国家也拉进来。事实上，政府并不愿意冒着失去民意的危险发表这些观点。有些最近出现的增强经济外交的策略，比如，让部长大臣参与进来或者是提高透明度，会让情况变得更糟。部长们会优先考虑国民的关注点，而透明则使得一些敏感的议题无法得到讨论。

　　在金融和经济动荡的压力下，合作型的经济外交得到了发展的新机会。然而通过反思，我对于二十国集团所能取得的成就的预测变得更为谨慎。早期的二十国集团峰会取得了出人意料的丰硕成果，并且与国际货币基金组织和改革后的金融稳定委员会建立了积极的合作。但是，通过建立宏观经济协调的架构来减少国际不平衡的目标十分宏大，超过了所有过去30年中的其他计划。在主导了数十年金融体系之后，七国集团成员国必须学会同其他二十国集团成员分享权力，学会收敛自己，鼓励其他国家积极带头。维持合作的体系就需要保持警惕性：如果七国集团成员和非七国集团成员国都争相以他国为垫脚石为自己铺路，合作外交就极容易变成竞争外交。

　　尽管我直接参与经济外交的日子已经渐渐远去，成为回忆，但我仍然希望继续关注接下来发生的事。我不会忘记我的继任者在幕后的辛苦劳动，正如索尔兹伯里勋爵描述的那样：

　　一位外交官的成功里没有任何戏剧性的成分。他的胜利是由一系列微小的优势组成的：在此处提出一个审慎的建议，或是在彼处表现出恰当的礼仪；于此时做出了一次明智的让步，或是于彼时有远见地选择了坚持；时刻保持圆通的处事能力，不可动摇的冷静以及不论是愚蠢、挑衅还是莽撞都无法动摇的耐力。

　　不断地撰写回忆录也提醒我，生活不仅仅是外交。检索人生记录借此回溯过去的一生，这给我带来了极大的愉悦，这个过程又重新激发了我的考古本能。保存下来的东西比我预想的要多得多：我的父母悉心收藏我童年时期的材料；迪伊我俩在恋爱时以及此后每次分离时往来的书信；还有我俩在海外工作时寄回家的清单，我们到加拿大之前，迪伊还一直坚持寄给她父亲；一本本的家庭相册，记录着孩子们的成长和我们居住过的地方。劣质的航空信纸以及褪色的老照片所勾起的回忆，一幕一幕地再次重现，生动如初，难以言表。

我一直享受着这样一份能够"周游列国"的职业——身在驻外部门，每过三年左右我就会在新的地方开始新的工作。迪伊和我在 35 年间搬了 18 次家。从职业角度来讲，我认为这很适合我。但是，从我个人生活出发，我更倾向于安稳的生活。我珍视我所信赖和依赖的人和事，也努力让自己成为值得信赖的、可靠的人。和迪伊结婚并看着我们的儿孙在她的照料下开心成长是我生命中安稳与满足感的最大来源。我们在一起熬过了查理出事时的震惊和他去世的伤痛。在中间的这些岁月中，他得以度过了充实的人生都要感谢迪伊的奉献和被他所激励的（志愿者们）自愿帮助他的人的忠诚。在我们恋爱的时候，迪伊就预见我们会相伴到老，因为我们是如此温柔而又热烈地爱着彼此。现在我们正期待着明年我们的金婚，而我们将一如既往地彼此忠诚。

我们结婚之前，我曾写给迪伊一首关于爱情和变老的诗。现在我们老了，诗中所写的一切也都成真了。

给我的挚爱：1960 年圣诞
（最后一小节是 2010 年加上的）
让我这笨拙的笔默诵
穿过这首小诗的字行
那些欢愉和快乐在我的挚爱的身上和脸上
找到了方向
在你褐色的眼眸里
藏着我爱人平静的目光
或是惊叹于跳动的光亮
那是爱燃烧时的光芒
当你漫步，身姿笔直优雅
你的纤腰在我怀中
连我也感受得到

你那轻快的步伐里的平衡

可惜年华催得人消瘦

时光照人眼迷离

岁月把笑靥带走

当这一切都已腐朽，爱又在哪里？

在那坚定果敢的步伐背后

在那不可摧折的挺拔的脊梁背后

是一颗忠贞不渝的心

爱，经年不改

爱无疆，是谁用这样神奇的力量

将我们的心和思想，紧紧捆绑

让我们的唇角笑意轻扬

连时光也无力抵抗

而藏在你双眼后的那个灵魂

冷静，慈悲而睿智

欢欣或是哀愁，都平静从容

不曾改变，光阴流逝也枉然

半个世纪前

我预言了我现在知道的一切

只要我们还活着，爱就不会散去

它如美酒，历久弥香